U0089875

中國學術思想 研究輯刊

三七編

林慶彰 主編

第 2 冊

天道與人道——
比較視域下李澤厚「巫史傳統論」研究（下）

張永超 著

花木蘭文化事業有限公司

國家圖書館出版品預行編目資料

天道與人道——比較視域下李澤厚「巫史傳統論」研究（下）
／張永超 著 -- 初版 -- 新北市：花木蘭文化事業有限公司，
2023〔民 112〕
目 8+218 面；19×26 公分
（中國學術思想研究輯刊 三七編；第 2 冊）
ISBN 978-626-344-170-5（精裝）
1.CST：李澤厚 2.CST：學術思想 3.CST：中國文化
4.CST：巫術
030.8   111021694

ISBN-978-626-344-170-5

9 786263 441705

中國學術思想研究輯刊
三七編 第 二 冊   ISBN：978-626-344-170-5

天道與人道——
比較視域下李澤厚「巫史傳統論」研究（下）

作　　者　張永超
主　　編　林慶彰
總 編 輯　杜潔祥
副總編輯　楊嘉樂
編輯主任　許郁翎
編　　輯　張雅淋、潘玟靜　美術編輯　陳逸婷
出　　版　花木蘭文化事業有限公司
發 行 人　高小娟
聯絡地址　235 新北市中和區中安街七二號十三樓
　　　　　電話：02-2923-1455／傳真：02-2923-1452
網　　址　http://www.huamulan.tw 信箱 service@huamulans.com
印　　刷　普羅文化出版廣告事業
封面設計　劉開工作室
初　　版　2023 年 3 月
定　　價　三七編 17 冊（精裝）新台幣 46,000 元
版權所有・請勿翻印

天道與人道——
比較視域下李澤厚「巫史傳統論」研究（下）

張永超　著

目
次

第五章 「巫史傳統論」之論證（二）：
「一個世界」的意義尋求

問題引入 「一個世界」「兩個世界」還是「三個世界」？

李澤厚在對比語境下明確提出「一個世界」的說法，他說「與西方『罪感文化』、日本『恥感文化』（從 Ruth Benedict 及某些日本學者說）相比較，以儒學為骨幹的中國文化的精神是『樂感文化』。『樂感文化』的關鍵在於它的『一個世界』（即此世間）的設定，即不談論、不構想超越此世間的形上世界（哲學）或天堂地獄（宗教）。它具體呈現為『實用理性』（思維方式或理論習慣）和『情感本體』（以此為生活真諦或人生歸宿，或曰天地境界，即道德之上的準宗教體驗）。『樂感文化』『實用理性』乃華夏傳統的精神核心。」〔註1〕由此可以看出「一個世界（人生）」的說法，在李澤厚的「巫史論」中處於「中介」地位，作為理解「華夏傳統精神核心」的關鍵。而對比於西方文化，李澤厚認為其特質在於「兩個世界」：「我一直強調中國文化特徵是『一個世界』，即這個充滿人間情愛的現實世界，即以『里仁為美』也，而與其他文化的兩個世界（天國——人間）頗不相同。」〔註2〕「中國文化的特點是一個世界，西

〔註1〕李澤厚：《論語今讀》，北京：生活・讀書・新知三聯書店，2004 年 3 月版，第 25 頁。

〔註2〕李澤厚：《論語今讀》，北京：生活・讀書・新知三聯書店，2004 年 3 月版，第 106～107 頁，安樂哲（Roger T. Ames）也有類似的觀點。參見李澤厚：《由巫到禮》，載氏著：《由巫到禮 釋禮歸仁》，北京：生活・讀書・新知三

方文化是兩個世界。」〔註3〕

　　從表徵上看，「一個世界」確實符合我們上一章論述的「人神關係」，而且對於李澤厚所說「實用理性」「樂感文化」又可以有著圓融解釋，在「巫史論」框架中可以理論自洽。但是，若仔細探究的話，又總有意猶未盡之處：第一、「一個世界」的理論模型自然可以作為理解「華夏傳統精神核心」的關鍵，但是，對於其他文明是否也適用？是否也有重疊之處？第二、說西方是「兩個世界」，突顯「此岸」「彼岸」的對立，基督教文化確實有此「肉」與「靈」的張力，但是，此種張力是否在其他文明中也存在？是否只是名義的不同，精神生活中是否存在張力的普遍性？第三、從方法論上講，「一個世界」與「兩個世界」的說法，只是一種「描述」，其依據是什麼？若只停留在「一個世界」「兩個世界」的說法，而沒有「可普化」理論模型，那麼此種比較只是淺層次的描述。就如同晚清民初存在的「中體西用」現象，用動—靜、物質—精神等來描述中西一樣，這只是二階描述，沒有自覺的比較模式。這些描述只是一種經驗層面的感受，感受很容易被另一種感受取代，解釋效力是很有限的。這還不是一種理論研究。因為「體—用」「動—靜」「物質—精神」是任何文明的共有現象，以此分開來做文明對比是不合法的，「一個世界」與「兩個世界」的解釋模式也有類似缺陷。因為，從人神關係上講，任何文明都有「人神同居」現象，同時也有「人神緊張」一面。只有在某種「可普化」理論模型下，才可以理解這些重疊現象。若徑直從「重疊現象」出發，這樣的比較，從方法論上講，是不合法的。

　　關於「世界」的論述，我們很容易聯想到波普爾的說法「世界3」，他說「世界至少包括三個在本體論上涇渭分明的亞世界，或者如我要說的，存在著三個世界。第一個是物理世界或物理狀態的世界；第二個是精神世界或精神狀態的世界；第三個是可理解物即客觀意義的觀念的世界——這是可能的思想客體的世界；自在的理論及其邏輯關係的世界，自在的論據的世界，自

　　　　聯書店，2015 年 1 月版，第 85 頁，李澤厚引用了安樂哲《孫子兵法》的類似觀點。但是，就我目力所及，李澤厚「一個世界」是獨立提出的，較早的文本依據在《論語今讀》（1989 年秋冬）、《哲學探尋錄》（1991 年春）有著詳細論述。

〔註 3〕李澤厚：《世紀之交的中西文化和藝術——在〈文藝研究〉座談會上的對話》，載氏著：《李澤厚對話集》（九十年代），北京：中華書局，2014 年 8 月版，第 273 頁，此文原載《文藝研究》2000 年第 2 期。

在的問題情境的世界。」〔註4〕我們可以看出，李澤厚的「一個世界」及「兩個世界」與波普爾的「三個世界」理論似乎是不搭界的，處於不同的語境。儘管波普爾的「三個世界」論述存在很大爭議，但是，它卻可以給我們提供某種論證參照，畢竟它是個能通過「可普性」檢驗的理論模型，因為他所說「三個世界」是普遍的，不限於任何地域。但是，「一個世界」和「兩個世界」則似乎只是一種「感受」，只是一種對比描述的結果，因缺乏對應理論模型依據，而不是一種理論研究。比如說在「人神關係」理論模型下，是否能得出「一個世界」或「兩個世界」？進一步歸屬於某種文化體系？這恰恰是很成問題的。或者說，即便認可「人神同居」與「人神對立」的人神關係論述，這都是在「一個世界」語境下的。只有設定共同的理論模型，後續的展開，才是有效的。

　　儘管「一個世界」在「巫史論」中有著精彩的描述能力，但是，從方法論視角予以審視是必要的。另外，即便在精彩描述的地方，我們也看到很多內容是重疊的〔註5〕，對於中西共有的內容分別納入對立的「一個世界」與「兩個世界」分類，似乎顯得牽強。所以，在內容上，我也嘗試提一些質疑。並且嘗試回到「活著」的哲學起點，在「人間世」的視角下，將「一個世界」作為「可普化」的理論模型，而不再單獨歸屬於中國傳統描述。在「一個世界」的理論模型下，我們看到不同文明體系對於「一個世界」的生成、情愛、意義有著不同的論述。

　　下面我們首先審視一下「一個世界」的提出及其方法論困境。

<hr />

〔註4〕波普爾：《論客觀精神理論》，載氏著：《科學知識進化論：波普爾科學哲學選集》，紀樹立編譯，北京：生活・讀書・新知三聯書店，1987年11月版，第364頁。本文為作者1968年9月3日在維也納的一次講演改寫稿，最初收入《客觀知識》第四章。據編譯者稱「這本書的目錄曾經過波普爾博士本人過目，他沒有提出任何異議。」（編譯前言第38頁），我們在書中也確實看到1985年8月23日波普爾先生所撰寫的「作者前言」「為《波普爾科學哲學選集》而寫」，這是個很有趣的「作者前言」，我們很看重「科學的」判準，但是基於波普爾「證偽理論」，我們「怕犯錯」、以真理自居的態度，恰恰是最為反科學的態度。他說「這種態度，如我所說，是同科學態度不相容的。」「可以把這種態度叫做權威主義或者教條主義的態度。」（作者前言，第2頁）

〔註5〕參見姚新中：《儒教與基督教：仁與愛的比較研究》，趙艷霞譯，北京：中國社會科學出版社，2002年1月版，第19頁，姚新中教授專門強調了這一點「三種宗教類型時常是交相重疊的」。

第一節 「一個世界」之提出及其方法論審視

一、「一個世界」之提出

（一）提出背景

　　李澤厚為何會提出「一個世界」？前面第二章提到有個需要留意的現象是李澤厚反覆提到在國外有學生問他，為何沒有上帝，中國傳統卻能延續千年？這在我們看來，或許有相反的疑問，為何西方會有那樣虔誠的「至上神」信仰，「一神教」的排外性，何以延續數千年？在彼此融為人倫日用的生活習俗，在另種文化視角看來，則是大不可思議的。而正是這些「不可思議」引發了李澤厚對中西文化的深層比較，他將此種不同歸結為「一個世界」（人生）與「兩個世界」的差異，進一步，由「一個世界」而提出「巫史論」，認為那是源頭所在。

　　李澤厚第一次提及美國學生的疑問是在 1988 年 11 月，當時回國與香港林道群先生有個對談，李澤厚說「這次給美國學生講課，他們聽了中國人沒有上帝的觀念和信仰，卻居然能生存幾千年，覺得震動。」〔註6〕在 1994 年與王德勝對談論及美學時再次提到「美學在中國的地位就比較高。西方學生對這一點很感興趣，有學生問：中國沒有對上帝的信仰，為什麼這種傳統能維持這麼久？」〔註7〕另外，1999 年 9 月 2～3 日在北京未名山莊舉行的由中國藝術研究院比較藝術研究中心舉辦的「'99 世紀之交比較藝術研討會」上，李澤厚再次談到「我對中西藝術的比較考慮的比較少，而對中西文化的比較，這個時期想的多一些。我多次提到，文章裏也寫過，有一次外國學生問我：你們中國人不相信上帝，怎麼還能維持這麼久？這問得很有意思，是一個大問題，牽涉到中華文化一些根本性問題。假如把中國文化和西方文化說的非常粗淺和非常簡單的話，我說，中國文化的特點是一個世界，西方文化是兩個世界。」〔註8〕

〔註6〕李澤厚：《「五四」回眸 70 年──香港答林道群問》，載氏著：《李澤厚對話集》（八十年代），北京：中華書局，2014 年 8 月版，第 167 頁。

〔註7〕李澤厚：《美學──中國人最高的境界──與王德勝對談（續）》，載氏著：《李澤厚對話集》（九十年代），北京：中華書局，2014 年 8 月版，第 110 頁，原載《文藝研究》1994 年第 6 期。

〔註8〕李澤厚：《世紀之交的中西文化和藝術──在〈文藝研究〉座談會上的對話》，載氏著：《李澤厚對話集》（九十年代），北京：中華書局，2014 年 8 月版，第 273 頁，此文原載《文藝研究》2000 年第 2 期。

那麼進一步我們可以追問：「一個世界」究竟有何特點？又來自哪裏？

（二）主題內容

1.「一個世界」之特點

李澤厚在《論語今讀》中說：「孔門儒學確認『真理』總是具體和多元的，即在此各種各樣的具體人物、事件、對象的活動、應用中，即『道在倫常日用之中』。離此多元、具體而求普泛，正如離此人生而求超越，為儒學所不取。孔門儒學在信仰上不談鬼神，思維上不重抽象，方法上不用邏輯，均此之故。此『實用理性』所在，亦『情感本體』而非理性本體所在，亦『一個世界（人生）』而非『兩個世界』之特徵所在也。」〔註9〕

> 從社會歷史說，古代「如在」本是「屍」，即以活人（『王』）代表祖先（王之父祖）接受祭祀，並可與祭祀者（其子孫）有交流。可見中國人神共在由來久遠，此即巫術遺痕；至近現代，家庭的祖先排位仍供奉在活人居住的房屋中。中國「**一個世界**」乃基本傳統，充分表現在文化各方面，也決定了哲學面貌。〔註10〕
>
> 正因為以情為體，儒家總肯定此世間生活即為美、為善，不必硬去追求來世、彼岸或天國的美善。《楚辭·招魂》描寫天上地下四面八方都是可怕的猛獸妖魔，不可居處，還是回到這塊人間故土上來吧，似深受儒學影響，此乃「里仁為美」的深意。我一直強調中國文化特徵是「**一個世界**」，即這個充滿人間情愛的現實世界，即以「里仁為美」也，而與其他文化的兩個世界（天國──人間）頗不相同。〔註11〕

在《由巫到禮》中李澤厚再次提及：「許多學者講，宗教與世俗的很大區別就是，那個是超乎經驗的世界，這個是經驗的世界。而中國恰恰不是這樣，中國是將這兩個世界合在一起，神就在人間的『禮』中，人間的禮儀就是神明的旨意，人與神同在一個世界，所以『禮教』成了中國的『宗教』。正由於沒有很明確的另個世界，也就很難談什麼『超越』，因為又能超越到哪裏去呢？

〔註9〕李澤厚：《論語今讀》，北京：生活·讀書·新知三聯書店，2004年3月版，第55頁。

〔註10〕李澤厚：《論語今讀》，北京：生活·讀書·新知三聯書店，2004年3月版，第90頁。

〔註11〕李澤厚：《論語今讀》，北京：生活·讀書·新知三聯書店，2004年3月版，第106～107頁。

『山氣日夕佳，飛鳥相往還。此中有真意，欲辨已忘言』，『問余何事棲碧山，笑而不言心自閒。桃花流水杳然去，別有天地非人間』。中國喜歡講的是這種回歸自然的心境超脫，而不追求靈魂離開肉體到另一個世界的超越，也就是說，中國人講超脫不講超越。」〔註12〕

　　基於上述，我們可以看出，李澤厚「一個世界」的理論模型可歸納為：第一、「一個世界」用來解釋中國傳統思想特點，尤其是人神關係；「兩個世界」用來解釋西方特點，尤其是人神關係。第二、「一個世界」在人神關係上表現為「人神同居」，因此注重此世間的「超脫」「溫情」；第三、「一個世界」追求真理觀上的多元論、人生觀上的超脫與樂觀、思維方式上注重「實用理性」。這些用來解釋或者描述中國傳統思想乃至於現代生活行為特點，應當說是比較傳神的（不過「在信仰上不談鬼神」有待重估），李澤厚在《論語今讀》前言中就說他做的就是「直探心魂」的工作。但是，若我們擴展一下視域的話，這些描述，儘管我們不否認細節差異，在任何文化體系中是否都存在呢？

　　比如「人神同居」「真理多元」「實用理性」「樂感文化」？或許次序不同、依據不同，但是，這些表徵在任何文化體系中似乎都可以找到堅實的證據。至少，依據筆者對於《聖經》的研讀，對這些表徵，依據《聖經》文本，甚至可以提供更堅實的證據。另一方面，說西方是「兩個世界」，固然可以凸顯「有限—無限」「創造—受造」「靈—肉」「此岸—彼岸」的特點，但是這些特點恰恰是在「人間世」中彰顯出來的，而且，依據《聖經》文本，我們一方面確實可以看到人作為上帝的「作品」，但同時，甚至是更重要的一點：人是上帝地肖像，在「靈」上，人神恰恰是本體論一致的。這才是關鍵，至於「律法寫在心版上」「天國在心中」之類更多，比如「耶和華是看內心」（撒上 16：7）、「行仁義公平比獻祭更蒙耶和華悅納」（箴 21：3）、神對人的要求「敬畏、行道、愛他」（申 10：12）、「神所要的祭，就是憂傷的靈」（詩 51：17）、「神的國不在乎吃喝，只在乎公義」（羅 14：17）。這些突顯的恰恰是「人神同居」，而且通過「愛」得以成全。

　　後來，李澤厚嘗試論述「儒學的深層結構」，他說：「什麼是這個『深層結構』的基本特徵呢？我以前論述過的『樂感文化』和『實用理性』仍然是

〔註12〕 李澤厚：《由巫到禮》，載氏著：《由巫到禮 釋禮歸仁》，北京：生活‧讀書‧新知三聯書店，2015 年 1 月版，第 100 頁。

－280－

很重要的兩點。它們既是呈現於表層的文化特徵，也是構成深層的心理特點。講這兩點歸結起來，就是我近來常講的『一個世界（人生）』的觀念。這就是儒學以及中國文化（包括道、法、陰陽等家）所積澱而成的情理深層結構的主要特徵，即不管意識到或沒意識到、自覺或非自覺，這種『一個世界』觀始終是作為基礎的心理結構性的存在。儒學（以及中國文化）以此而與其他文化心理如猶太教、基督教、伊斯蘭教、印度教等等相區分。自孔夫子『未知生，焉知死』，『未能事人，焉能事鬼』，『子不語怪力論神』開始，以儒學為主幹（道家也如此，暫略）的中國文化並未否定神（上帝鬼神）的存在，只是認為不能論證它而把它沉放在滲透理性的情感狀態中:『祭如在，祭神如神在』，『吾不與祭，如不祭』。儒學之所以既不是純思辨的哲學推斷，也不是純情感的信仰態度；它之所以具有宗教性的道德功能，又有尊重經驗的理性態度，都在於這種情理互滲交融的文化心理的建構。儒學不斷發展著這種『一個世界』的基本觀念，以此際人生為目標，不力求來世的幸福，不希冀純靈的拯救。而所謂『此際人生』又不指一己個人，而是指群體—自家庭、國家以至『天下』（人類）。對相信菩薩、鬼神的平民百姓，那個神靈世界、上帝、鬼神也仍然是這個世界——人生的一個部分。它是為了這個世界、人生而存在的。人們為了自己的生活安寧、消災祛病、求子祈福而燒香拜佛，請神卜卦。」〔註13〕

這裡面有幾點需要留意，第一、情理交融問題，在我看來也是任何文明的重疊表徵；第二、人神關係問題，在前面一章我們略有論述，儘管有「不語怪力亂神」的說法，但是，根據一些宗教學者的研究，中國人的「鬼神世界」異常豐富。如前面所引用的「孔門儒學在信仰上不談鬼神，思維上不重抽象」似乎是難以成立的。「禮」「理」「仁」似乎都有抽象的一面。孔門儒學只是談鬼神的方式不同，但似乎從未中絕，比如對於注重「孝」的儒門教義而言，「祖先崇拜」是否為一種信仰形式呢？「祖先崇拜」的另種說法是「祖先神信仰」。有許多問題，亟待重估。

接續李澤厚的說法，「儒學不斷發展著這種『一個世界』的基本觀念」又來自哪裏呢？李澤厚在一次演講中說:「講中國是『一個世界』，為什麼呢？因為這與對鬼神的態度一樣，中國人的另一個世界也是相當模糊的、籠統的、

〔註13〕李澤厚:《初擬儒學深層結構說》，載氏著:《由巫到禮 釋禮歸仁》，北京:生活·讀書·新知三聯書店，2015 年 1 月版，第 177～178 頁。

不很明確的。對中國人來說，另一個世界似乎並不比這個世界更重要、更真實，相反，另一個世界倒似乎是這個世界的延伸和模仿。人死了，古代要埋明器，現在就燒紙房子、紙家俱，讓死人繼續享受這個世界的生活。另一個世界跟這個世界並沒有多少差別，另一個世界實際是為這個世界的現實生活服務的。中國人很講實用，很講功利，到廟裏去燒香的，求福啊、求子啊，保平安啊、去疾病啊，都是這個世界的要求，為了一些非常世俗的目的，很難說是真的為了拯救靈魂啊、洗清罪惡啊，等等。為什麼？這些文化上面的特徵，是怎麼來的？安樂哲（Roger T. Ames）《孫子兵法》一書也指出，不同於西方傳統的兩個世界，中國是一個世界，但沒說這是怎麼來的。」〔註14〕前面我們有提到，關於「一個世界」的由來，李澤厚從「由巫到史」理性化的視角去解釋。

2.「一個世界」之由來

李澤厚在《論語今讀》中多次提到：「中國之所以是『一個世界』，蓋因巫術世界觀之直接理性化（通過三禮、《周易》），此乃中國古史及思想史之最大關鍵，亦梁漱溟所謂中國文化之『早熟』（《東西文化及其哲學》）。」〔註15〕「巫的特徵之一是人能主動地作用於神，重活動、操作，由此種種複雜的活動、操作，而與神交通，驅使神靈為自己服務，這與僅將神作乞求恩賜的祈禱對象，人完全處在被動祈禱的靜觀地位頗為不同。各原始民族都有巫術，今日現代生活中也仍有巫的痕跡。但中國巫術傳統因與政治體制和祖先崇拜相交融混合，並向後者過渡而迅速理性化，就形成了一種獨特傳統：巫（宗教領袖）也就是王（政治領袖），禹、湯、文王都是大巫師，死後更成為崇拜對象。祖先成為祭祀的中心，經由巫術中介，人神聯續（祖先原本是人），合為一體，這正是中國『一個世界』的來由。」〔註16〕「中國從巫術中脫魅途徑不是將宗教（情感、信仰）與科學（思辨、理性）分離，而是融理於情、情理合一，從而既不是盲目的迷狂執著，也不是純冷靜的邏輯推理，終於形成了『實用理性』『樂感文化』的傳統而構成『一個世界（人生）』的宇宙觀，

〔註14〕 李澤厚：《由巫到禮》，載氏著：《由巫到禮 釋禮歸仁》，北京：生活‧讀書‧新知三聯書店，2015 年 1 月版，第 85 頁。

〔註15〕 李澤厚：《論語今讀》，北京：生活‧讀書‧新知三聯書店，2004 年 3 月版，第 32 頁。

〔註16〕 李澤厚：《論語今讀》，北京：生活‧讀書‧新知三聯書店，2004 年 3 月版，第 89 頁。

亦可移在此處講。」〔註17〕

在《說巫史傳統》中，李澤厚再次強調了「一個世界」的「巫史」淵源：「『巫』的特徵是動態、激情、人本和人神不分的『一個世界』。相比較來說，宗教則屬於更為靜態、理性、主客分明、神人分離的『兩個世界』。與巫術不同，宗教中的崇拜對象（神）多在主體之外、之上，從而宗教中的『神人合一』的神秘感覺多在某種沉思的徹悟、瞬間的天啟等等人的靜觀狀態中。西方由『巫』脫魅而走向科學（認知，由巫術中的技藝發展而來）與宗教（情感，由巫術中的情感轉化而來）的分途。中國則由『巫』而『史』，而直接過渡到『禮』（人文）『仁』（人性）的理性化塑建。」〔註18〕

然而，這裡需要留意的問題是：第一、若「巫」是人類文明的共有源頭，為何會出現截然不同的「一個世界」與「兩個世界」？此種演進動力和依據何在？第二、在「人神關係」層面，人神同居和人神分離是共有現象；由此而勉強將共有特徵單獨歸屬於某種文化表徵是不妥當的。第三、動靜模式、理性情感模式、主客模式，這些論述也不是文化對比的恰當理論模型，前面已說過了，這是任何文明系統的共有現象。而且，若仔細審查的話，動靜、理性情感、主客恰恰是互動、共融的，而非二分對立的。這一點在前面一章論述「理性化」時已述及，張汝倫教授《巫與哲學》一文〔註19〕就專門澄清這一點，此不贅論。

3.「一個世界」之呈現

由此所形成的「一個世界」的宇宙觀、人生觀便呈現如下特點：

> 由於儒家的「**一個世界**」觀，人們便重視人際關係、人世情感，感傷於生死無常，人生若寄，把生的意義寄託和歸宿在人間，「於有限中寓無限」，「即入世而求超脫」。由於「**一個世界**」，人們更注意自強不息，韌性奮鬥，「知其不可而為之」，「歲寒，然後知松柏之後凋」。由於「**一個世界**」，儒學賦予自然、宇宙以巨大的情感性的肯定色彩：「天地之大德曰生」，「生生之謂易」，「天行健」，「厚德載物」……用這種充滿積極情感的「哲學」來支持人的生存，從而

〔註17〕李澤厚：《論語今讀》，北京：生活·讀書·新知三聯書店，2004 年 3 月版，第 175 頁。

〔註18〕李澤厚：《說巫史傳統》，載氏著：《己卯五說》，北京：中國電影出版社，1999年 12 月版，第 43 頁。

〔註19〕張汝倫：《巫與哲學》，《復旦學報》，2016 年第 2 期。

人才能與「天地參」，以共同構成「本體」。此即我所謂的「樂感文化」。由於「**一個世界**」，思維方式更重實際效用，輕邏思、玄思，重兼容並包（有用、有理便接受），輕情感狂熱（不執著於某一情緒、信仰或理念），此即我所謂的「**實用理性**」。……中國巫術的過早理性化，結合了兵家和道家，而後形成了獨特的巫史文化，這是一個極為重要的古史和思想史課題，另文再論。〔註20〕

這裡面至說一點，關於「巫術是人去主動地強制神靈，而非被動地祈禱神靈」，陳來教授指出「中國古巫也完全沒有弗雷澤所說原始巫術的那種屬性——要頤指氣使地調動神靈或自然力，而恰恰是以弗雷澤所說的超乎巫術的獻媚態度，恭請（與祭祀配合）神靈的降臨或滿足神靈的要求，以便使神靈幫助人類。」〔註21〕應當說，看到「中國古巫」與人類學中關於「巫」的描述之區別，是值得留意的現象，為何會有這種區分？陳來老師認為是「因為文獻中的中國古巫已不再是原生形態的了，而是神靈觀念較發展時期的次生形態。」〔註22〕這更多是一種想像，因為「原生形態」與「次生形態」是不好劃界的，或許在於，人類學的一些經典表述，在有新的文獻證據提供新的「巫文化現象」時候，當不斷修正自己，畢竟理論總是灰色的。但我們把理論視為結論，那就只是教條了。如同前面所引用的，在波普爾看來是「與科學的態度不相容的。」

接續李澤厚「一個世界」理論，我們可以看到「一個世界」之宇宙觀對後世之影響是深遠的：「由於是『一個世界』，便缺乏猶太——基督教所宣講的『怕』，缺乏無限追求的浮士德精神。也由於『一個世界』，中國產生了牢固的『倫理、政治、宗教三合一』的政教體制和文化傳統；『天人合一』成了公私合一，很難出現真正的個性和個體。於是，一方面是打著『天理』招牌的權利——知識系統的絕對統治，另方面則是一盤散沙式的苟安偷生和自私自利。總之，由於『一個世界』的情理結構使情感與理知沒有清楚劃分，工具理性與價值理性混為一體，也就開不出現代的科學與民主。」〔註23〕這似乎可以給「一

〔註20〕李澤厚：《初擬儒學深層結構說》，載氏著：《由巫到禮 釋禮歸仁》，北京：生活‧讀書‧新知三聯書店，2015 年 1 月版，第 178～179 頁。

〔註21〕陳來：《古代宗教與倫理：儒家思想的根源》，北京：生活‧讀書‧新知三聯書店，1996 年 3 月版，第 42 頁。

〔註22〕陳來：《古代宗教與倫理：儒家思想的根源》，北京：生活‧讀書‧新知三聯書店，1996 年 3 月版，第 43 頁。

〔註23〕李澤厚：《初擬儒學深層結構說》，載氏著：《由巫到禮 釋禮歸仁》，北京：生活‧讀書‧新知三聯書店，2015 年 1 月版，第 179 頁。

個世界」理論一個較為自洽圓滿的解釋。其上可以承繼「由巫到史」的理性化進程，可謂淵源有自；其下可以延續「實用理性」的負面化影響，可謂源遠流長。前者對應於「人神同居」，後者對應於「科學民主」。但是，無論是研究方法，還是內容表述，都有一些疑點有待審視。

二、「一個世界」之審視

（一）方法論層面

在論證方法上，「一個世界」「兩個世界」只是一種描述性結論，還不是一種論證。只是一種文化表徵的經驗性描繪。是一種「描繪」結果。問題在於，任何描述結果都有著問題域和理論前提，否則，這種描述結果便顯得無處安放。所以，在方法論上，我們當回到李澤厚「一個世界」「兩個世界」的問題域和理論前提上來。儘管「一個世界」「兩個世界」是中西文化的全面性診斷，但是，其問題域，或者說比較集中的理論前提還在「人神關係」層面。所以，若回到「人神關係」層面，能否得出中西分別為「一個世界」「兩個世界」就是懸而未決的問題。畢竟關於「人神關係」的研究，學界有著多種備選模型，比如孔漢思的「三種宗教」模型；包括姚新中教授的改進加強版〔註24〕。無論如何，「一個世界」當由描述層面上升到理論論證層面，這就需要方法論自覺，並且需要符合「可普性」檢驗。

（二）內容表述層面

內容表述上有兩點值得留意：第一、問題域自覺。比如在人神關係層面，若談論「人神同居」問題，就比較不同信仰形態的「人神同居」現象；不能以一種文化中的「人神同居」去比對另一種文化的「人神對立」特徵，這是一種錯位比較；若考察「人神對立」特徵，也應由此自覺。否則，只是一種感覺描述和成見加強版。第二、對經典的同情理解。記得新儒家在「文化宣言」裡面提倡一種「同情的理解」，這大約是不錯的；但是，實際上，真正的「同情理解」應指向對他者文明經典，而非只號召別人來「同情理解」自己。儘管每個人的知識限度，很難成為百科全書式的人物，但是，對於所論斷的對象，尤其是其經典文獻，還是要有相當之瞭解，否則，比較論斷只是一種「襯托」，「他山之石」不是用來「攻玉」，只是用來作為自己「經典成見」的

〔註24〕 姚新中：《儒教與基督教：仁與愛的比較研究》，趙豔霞譯，北京：中國社會科學出版社，2002 年 1 月版，第 14～18 頁。

裝飾。所以，「對經典的同情理解」，蘊含的意味是對於論斷內容的慎重，比如說西方為「兩個世界」，強調「人神對立」，注重「彼岸世界」，這在《聖經》裏確實可以找到一些對應文本依據，如《約翰福音》所說「叫人活著的乃是靈，肉體是無益的」（約 6：63）、「凱撒的物當歸給凱撒；神的物當歸給神。」（太 22：21）。但是，更多的經典依據卻指向「人神同居」現象。下面我們將著重論述這一點，尤其是在「愛觀」方面和「意義」尋求方面。

　　另外，李澤厚在《由巫到禮》的演講中指出一個有趣的現象，他說「『天』這個字，到現在為止仍然有雙重含義，一個是自然的天，一個是有賞懲權力的天。」〔註25〕並引用〔註26〕王國維關於「天」的說法「《中庸》之第一句，無論何人，不能精密譯之。外國語中之無我國『天』字之相當字，與我國語中之無『God』之相當字無異。吾國之所謂『天』，非蒼蒼者之謂，又非天帝之謂，實介二者之間，而以蒼蒼之物質具天帝之精神者也。『性』之字亦然。」〔註27〕這個現象之所以值得留意在於，第一、「天」之「蒼蒼之物質」層面與「天帝之精神者」似乎具有「經驗而先驗」、「物質而精神」之特質，此種「二重性」特點，很可以作為「一個世界」的明證。第二、此種「二重性」，甚至不限於「天」，包括王國維所說的「性」字，比如「氣質之性」和「義理之性」，這大約是很明顯的區分；再比如「神」字，具有位格的「神靈」與「陰陽不測之謂神」似乎又是很大的不同；再比如「氣」字，「陰陽之氣」與「浩然之氣」似乎也具有此「二重性」特點；即便如「道」字，也存在類似「唯物」「唯心」之論爭〔註28〕。第三、此種「二重性」特點能否得出「一個世界」的結論？則是個有待論證的問題，比如說「一詞多義」的解釋就無法得出這樣的結論。否則，馮友蘭說「天有五義」〔註29〕可能就需要新的詮釋。

〔註25〕李澤厚：《由巫到禮》，載氏著：《由巫到禮 釋禮歸仁》，北京：生活・讀書・新知三聯書店，2015 年 1 月版，第 92 頁。

〔註26〕李澤厚：《「說巫史傳統」補》，載氏著：《由巫到禮 釋禮歸仁》，北京：生活・讀書・新知三聯書店，2015 年 1 月版，第 76 頁注釋 1。

〔註27〕王國維：《書辜氏湯生英譯〈中庸〉後》，載氏著：《王國維文選》，徐洪興編，上海：上海遠東出版社，2011 年 5 月版，第 98 頁。

〔註28〕劉笑敢：《詮釋與定向──中國哲學研究方法之探討》，北京：商務印書館，2009 年 3 月版，第三章（中西篇──「以中釋西」還是「以西釋中」？）中「物質與精神的判斷」一節。

〔註29〕馮友蘭：《中國哲學史》上冊，上海：華東師範大學出版社，2011 年 7 月版，第 27 頁。

三、對「一個世界」的論證改進

（一）「世界理論」視角

不過，我們或許可以給出「一個世界」理論的加強版論證，不再將其作為單獨歸屬於中國傳統思想的現象化描述，而將其發展成為一種「可普化」的「一個世界」視角。至少從「活著」或「如何活」的哲學起點來看，無論是「人神關係」還是「人人關係」以及「人與自然」，都是在「一個世界」視域下的，而且都存在著「統一」與「緊張」的關係。在「一個世界」的理論模型下，注重問題域自覺，比如側重世界的「生成」「愛觀」「意義」，或許可以對於不同文明體系給出更嚴謹論證的比較。

前面我們提到波普爾的「三個世界」理論，他說「世界至少包括三個在本體論上涇渭分明的亞世界，或者如我要說的，存在著三個世界。第一個是物理世界或物理狀態的世界；第二個是精神世界或精神狀態的世界；第三個是可理解物即客觀意義的觀念的世界——這是可能的思想客體的世界；自在的理論及其邏輯關係的世界，自在的論據的世界，自在的問題情境的世界。」〔註30〕其實，在 1967 年的第三次國際邏輯、方法論和科學哲學大會的演講「沒有認識主體的認識論」，作者就對此做了簡練的概括：「第一，物理客體或物理狀態的世界；第二，意識狀態或精神狀態的世界，或行為的動作傾向的世界；第三，思想的客觀內容的世界，尤其是科學思想、詩的思想和藝術作品的世界。」並且作者說「大家承認我說的『第三世界』與柏拉圖的形式論或理念論有很多共同點，從而也與黑格爾的客觀精神有很多共同點，儘管我的理論在一些決定性的方面，與柏拉圖和黑格爾的理論根本不同。它與玻爾扎諾的自在命題和自在真理的宇宙理論有更多的共同點，儘管也有不同。我的第三世界與弗雷格的客觀思想內容的宇宙最為類似。」〔註31〕

對於「第三世界」的「居住者」，波普爾先生說「更突出的是理論體系；但問題和問題情境也很重要。我將論證，這個世界最重要的成分是批判論據以及可稱之為——類似物理狀態或意識狀態——討論狀態或批判論據狀態的東

〔註30〕波普爾：《論客觀精神理論》，載氏著：《科學知識進化論：波普爾科學哲學選集》，紀樹立編譯，北京：生活・讀書・新知三聯書店，1987 年 11 月版，第364 頁。

〔註31〕波普爾：《沒有認識主體的認識論》，載氏著：《科學知識進化論：波普爾科學哲學選集》，紀樹立編譯，北京：生活・讀書・新知三聯書店，1987 年 11 月版，第 309～310 頁。

西；當然還有雜誌、書籍和圖書館的內容。」〔註32〕在此演講中，波普爾先生提出了他著名的思想實驗：實驗（一）：所有機器、工具＋主觀學問全毀，但是「圖書館以及我們從圖書館中學到的能力卻保存下來」；實驗（二）則機器、工具＋主觀學問＋所有圖書館全毀。他說「如果你想到這兩個實驗，第三世界的實在性、意義和自主程度（以及它對第一、二世界的作用）也學會使你更清楚一些。因為在第二個實驗中，我們的文明在幾千年內不會重新出現。」〔註33〕嚴格來講，這不是一個嚴謹的思想實驗，可以提出許多反例，比如記憶、背誦與口述，但是，就波普爾想突顯的「第三世界」的「實在性」「客觀性」與「自主性」則依然發人深省。在此思想實驗之後波普爾提出了三個主要論點和三個輔助論點。都是很有趣也富有爭議的，當然依照他的「猜想—反駁」的「可證偽性」標準，也是「科學的」。我只想重點討論第一個論點。

　　波普爾說「一個論點是這樣。傳統認識論已研究了主觀意義上的知識和思想──按照『我知道』或『我在想』這些詞通常使用的意義。我認為，這就把認識論研究者引到枝節問題上了：他們想研究科學知識，事實上卻研究了一些與科學知識無關的東西。因為科學知識不單是『我知道』這些詞通常意義上的知識。在『我知道』的意義上，知識屬於『第二世界』，即主體的世界，而科學知識屬於第三世界，即客觀理論、客觀問題和客觀論據的世界。」〔註34〕這裡我們無意延續波普爾的語境討論科學哲學問題或者認識論問題，但是，在「第三世界」這一「客觀理論、客觀問題和客觀論據」的「客觀性」「自主性」論述則給我們很大啟發。在人文科學領域是否應當有此種自覺？是否應區分「第二世界」與「第三世界」？如果停留在「第二世界」，只是在「我知道」意義上的「感覺」「意見」，這不待反駁，其自身具有理論相悖性，因為，不同的「意見」「感受」都具有同等效力，而且其內容指向完全可以相反。我們對李澤厚「一個世界」說法的反省就在於，此種說法不能僅僅停留在「我知道」

〔註32〕 波普爾：《沒有認識主體的認識論》，載氏著：《科學知識進化論：波普爾科學哲學選集》，紀樹立編譯，北京：生活・讀書・新知三聯書店，1987 年 11 月版，第 310 頁。

〔註33〕 波普爾：《沒有認識主體的認識論》，載氏著：《科學知識進化論：波普爾科學哲學選集》，紀樹立編譯，北京：生活・讀書・新知三聯書店，1987 年 11 月版，第 311 頁。

〔註34〕 波普爾：《沒有認識主體的認識論》，載氏著：《科學知識進化論：波普爾科學哲學選集》，紀樹立編譯，北京：生活・讀書・新知三聯書店，1987 年 11 月版，第 311 頁。

的層面：「我一直強調中國文化特徵是『一個世界』，即這個充滿人間情愛的現實世界，即以『里仁為美』也，而與其他文化的兩個世界（天國——人間）頗不相同。」〔註35〕「中國文化的特點是一個世界，西方文化是兩個世界。」〔註36〕包括「巫史論」主張，李澤厚多次說是一種「假說」，但是，即便是「假說」也有待於上升至「客觀理論、客觀問題和客觀論據」的層面，否則「假說」只是另一種「我知道」「我感覺」和「我強調」。

（二）「人神關係」視角

在「第三世界」視域下，我們可以看到，李澤厚「一個世界」的論述，側重的是「人神關係」問題。若這一點可以得到辯護，那麼，下面我們要討論的是「人神關係」的模型建構問題。關於這方面的研究漢斯・昆教授提出著名的三大宗教類型說：第一大類型起源於閃米特人——「亞伯拉罕宗教」——以先知預言為特徵——猶太教、基督教和伊斯蘭教——注重「虔誠的信仰」；第二大類型起源於印度——特點是神秘主義——比如耆那教、佛教和印度教——核心教義為與此神秘的「一」合一；第三大類型起源於中國——以聖人完美理想為特點——可稱為「智慧宗教」——比如儒教和道教。但是，此宗教模型的缺點是「掩蓋了不同宗教體系之間的同一性或同一系統中不同宗教派別的差異性。」〔註37〕由此，姚新中教授建構了新的宗教分類模型，他根據「超越」「人類」「自然」建構出宗教的三個方面（關係）：「超越」「宗教」「倫理」三個端點，分別以其中之一為中心建構出了「以神為中心的宗教」「人本主義的宗教」和「自然主義的宗教」〔註38〕。這是個有趣的理論模型建構嘗試，自然也充滿了爭議性，比如三個端點作為宗教的「三個方面」是不嚴謹的，再比如

〔註35〕 李澤厚：《論語今讀》，北京：生活・讀書・新知三聯書店，2004 年 3 月版，第 106～107 頁，安樂哲（Roger T. Ames）也有類似的觀點。參見李澤厚：《由巫到禮》，載氏著：《由巫到禮 釋禮歸仁》，北京：生活・讀書・新知三聯書店，2015 年 1 月版，第 85 頁，李澤厚引用了安樂哲《孫子兵法》的類似觀點。但是，就我目力所及，李澤厚「一個世界」是獨立提出的，較早的文本依據在《論語今讀》（1989 年秋冬）、《哲學探尋錄》（1991 年春）有著詳細論述。

〔註36〕 李澤厚：《世紀之交的中西文化和藝術——在〈文藝研究〉座談會上的對話》，載氏著：《李澤厚對話集》（九十年代），北京：中華書局，2014 年 8 月版，第 273 頁，此文原載《文藝研究》2000 年第 2 期。

〔註37〕 姚新中：《儒教與基督教：仁與愛的比較研究》，趙豔霞譯，北京：中國社會科學出版社，2002 年 1 月版，第 15 頁。

〔註38〕 姚新中：《儒教與基督教：仁與愛的比較研究》，趙豔霞譯，北京：中國社會科學出版社，2002 年 1 月版，第 15 頁。

「自然主義宗教」也是比較有歧義的，以道家為例也是欠考慮的。但是前兩大分類「以神為中心的宗教」「人本主義的宗教」確實對於他的研究主題「儒教與基督教：仁與愛的比較研究」提供較好的理論模型。而且，他的這一研究，也可以納入波普爾所說的「客觀理論、客觀問題和客觀論據」的層面。

姚教授還敏銳的指出「儘管每一種類型的宗教都有他們自身的獨特特性，因而理所當然地可以與其他的類型相區別，但是，這些類型中沒有任何一種是絕對的、不能被其他類型所包括的。三種宗教類型時常是交相重疊。……我們還應當留意到他們之間各種各樣的重疊方式，比如說，我們要特別注意以神為中心的宗教中的人本主義因素以及人本主義宗教中的神性因素。」〔註39〕這些都是睿智之見。然而即便「以神為中心的宗教」，還是依賴於「詮釋學」悖論，換句話說，即便「天主」具有至上特點，但是，就人類信仰來說，依賴於「第三世界」的客觀理論詮釋。此種「以人為中心」的詮釋模式是任何宗教分類模型的前提，所以說，無論一個信徒多麼虔誠，都無法獨斷論認為，他的見解等同於「天主之言」或者「聖經」之「神諭」，《聖女貞德》便是一個很好的特例。人只能不斷去理解「天主」的意思，但是，永遠無法斷定那種等同關係：人的理解——聖言本意。此處詮釋學格局決定了「聖言」在詮釋上的開放性，同時也決定了人類思想的動態性，用波普爾的話說是「可被證偽性」。正因為如此，波普爾的「第三世界」理論之「最重要的成分是批判論據」及其論證才是必要的。區分於第二世界的「我知道」「我認為」「我強調」才是必要的。自覺去反省「權威主義或者教條主義的態度」才是必要的。

（三）「一個世界」的理論模型建構

由此，我們可以借助波普爾的「世界3」理論對於李澤厚「一個世界」論述做出如下加強版改進：

第一、將「一個世界」作為哲學起點「活著」的共有視域，等同於「人間世」的含義。這一視域是不同文明所共同的生成語境。因此不把「一個世界」單獨歸屬於中國傳統思想的特質描述。

第二、在「一個世界」視域下，借鑒波普爾的「三個世界」理論，尤其是關於「第三世界」：「思想的客觀內容的世界」的描述，嘗試做專題研究。盡可能避免對於文化比較停留在「我認為」「我知道」「我強調」的「第二世界」層

〔註39〕姚新中：《儒教與基督教：仁與愛的比較研究》，趙豔霞譯，北京：中國社會科學出版社，2002 年 1 月版，第 19 頁。

面，嘗試做一種「客觀理論」的論證和批判性研究。

第三、根據李澤厚「一個世界」的內容側重，我們嘗試從「人神關係」視角予以專題研究，在此，我們可以借鑒姚新中教授的宗教模型分類，並且汲取他關於不同宗教類型間的「理論重疊」部分。

第四、在「人神關係」視角下，進一步，我們圍繞「一個世界」或「人間世」的「生成」「愛觀」「意義」三個方面予以專題研究，由此可以看出不同文明（尤其是儒耶文明）的異同及其特質。

下面我們就從「生成」「愛觀」「意義」三個方面予以探究。

第二節 「一個世界」的生成模式：創生與化生

一、創生與化生：中西「創世紀」的不同模式

（一）《聖經》「創世紀」對人和世界的創造

《聖經》中關於人和世界的創造有著明確而又清楚的記載，與中國不同「創世紀」不是被作為神話傳說（比較晚起），而是被作為世界的開端、歷史的起源、意義的生成而被作為經典的一部分來看待的。在《創世紀》中我們看到關於世界與人的「創生」問題，有 The Beginning 和 Adam and Eve 章節，嚴格來說，這兩個版本的創造又不太相同，前者偏重六天創造世界的過程，而後者主要是突顯亞當作為有靈性的人被造的最初情境。關於人的再生問題，《聖經》中還有「創世紀」第七章洪水後諾亞方舟的問題，另外還有在 19 章提及「摩押人和亞捫人的起源」問題，但是這些嚴格說來是屬於「毀滅與再生」的問題，這是上帝在創世之後「後悔造人在地上，心中憂傷」（創：5～6）或者是懲罰所多瑪罪惡（創：18～19）的問題，所以我們下面會有側重的分析。在《創世紀》〔註40〕第一章和第二章中關於世界的創造與人的創生有不同的表述，包括對神的稱謂也不太相同。我們集中考察創世和造人上，第一章和第二章的記載不俱引，這似乎已經是很熟悉的材料了，但是與中國天地人的生成模式相比的話，我們會看出明顯的不同，後世的歧異、尤其是思維方式的不同似

〔註40〕 本文參考的聖經版本有《聖經》，中國基督教三自愛國運動委員會、中國基督教協會出版發行，2009 年版；香港聖經公會和合版，1999 年；思高聖經學會譯本，1991 年香港 20 版；New International version, Zonderevan Bible Publishers, 1984。

乎在根源處已經奠定了：

1. 上帝作為造物主及其獨一真神特質

我們看到《創世紀》被賦予「Genesis」便具有起源、創始的含義，這正是我們要考察的語境，第一章的英文標題便是「The Beginning」，首句為：In the beginning God created the heavens and the earth.〔註41〕

這裡我們可以清楚的看到上帝作為「最初者」以及「創造者」的含義。具體來講我們看到「2. 地是空虛混沌‧淵面黑暗。　神的靈運行在水面上。」這裡似乎也談到了「混沌」「水」，我們知道在中國文獻裏也提到過「混沌」（盤古神話以及莊子書中中央之帝）和水（多是氣表示），但是似乎那就是源頭，而沒有另外一隻手來加工和創造，而且後來都化歸自然了。而《創世記》裏不同，或許可以爭辯說混沌也是上帝所創，但是依據第一章的創造背景和過程，那似乎是創造時的背景，是「在起初」的情境，但是側重點不在於上帝創世時的具體情境，而在於上帝的「創造」性和起初性；即便上帝創世時這些是存在的，也只是毫無意義、生氣的空虛混沌而已，是上帝在起初賦予了他們生命、光和意義。

關於上帝的描述，我們還可以看到在《出埃及記》第三章裏涉及到：「I AM WHO I AM」的問題，一般將它翻譯成「我是自有永有的」，有些也依據「I AM THE BEING」來翻譯，漢譯為「我是存在」，這似乎沒有我是「自有永有」的更貼合神性。在 15 節還有「耶和華」（雅威）的稱呼，在英文中為：「Yahweh (YHWH), the God of your ancestors, the God of Abraham, the God of Isaac, and the God fo Jacob, has sent me to You.」

據臺灣輔仁大學陳德光教授的說法「Yahweh」（或 Yehowah）的原始含義都有「生」（life）的含義，這似乎與中國經典文獻裏所說「天之大德曰生」「天有好生之德」是相似的，但是語境完全不同，同是生命的源頭，天只是自然演化的過程或顯示，而 Yahweh 則是生命的創造者；而且「天」在中國思想歷程中的演化逐漸走向了「人事」「民心」和「祖先崇拜」，而上帝（雅威）則始終是至上的、自有永有的獨一真神。楊慧林先生對此評論道「較之多神的希臘文化，希伯來文化是人類歷史上最早的『一神文化』之一。在《聖經》的記述當中，上帝是唯一至高無上的主宰。」〔註42〕

〔註41〕英文版本採用的是 *Holy Bible.* New International version, Zondervan Bible Publishers, 1984。

〔註42〕楊慧林：《罪惡與救贖：基督教文化精神論》，北京：東方出版社，1995 年版，第 16 頁。

2. 上帝出於聖愛創造世界和人

首先，我們看到上帝創世是出於自己的圓滿豐盛而創造世界與人。這與中國神話中盤古身體的「自然化」不同，上帝在創世前與創世後沒有任何虧損，而且同樣豐盛圓滿。其次，上帝欣賞庇護自己的作品，他「看光是好的」，隨後在二、三、四、五日都說了「神看著是好的」這樣的話，在造人之後「神看著一切所造的都甚好。」而且，他專門造人，「要生養眾多，遍滿地面，治理這地；也要管理海裏的魚、空中的鳥，和地上各樣行動的活物。」可以說上帝對所有受造物的「愛」最後都落實到了對「人」身上，只有對人的「愛」才是對自然的愛成為了可能和現實，所以，我們可以說，上帝創世造人，其豐盛與完滿最終落實到對人的「愛」上。再次，我們看到神對人愛表現在安息日制度上，也表現在「神使各樣的樹從地里長出來，可以悅人的眼目，其上的果子好作食物。」更重要的表現在他對夏娃——亞當伴侶的製造上。「那人獨居不好，我要為他造一個配偶幫助他。」

另外，「上帝是生命的賜予者」（《尼西亞信經》），而且上帝賦予了萬物次序。更重要的是上帝賦予了人「有靈」的意義：7. 耶和華　神用地上的塵土造人、將生氣吹在他鼻孔裏、他就成了有靈的活人、名叫亞當。The lord God formed the man from the dust of the ground and breathed into his nostrils the breath of life, and the man became a living being.

這是個很值得注意的現象，同樣是泥土造人（如同女媧），但是沒有說明是「搏黃土」還是具體如何造，更沒有疲憊的問題（「劇務力不暇供」），但是提到了「吹生氣在他鼻孔裏」，這裡我們很可以看出中西創造者以及創造物的不同，創造者是否因創造而虧損（或者化掉）或者忙不過來，這涉及創造者自身的大能是否完滿豐盛的問題；而對於受造物來說，是僅僅泥土還是有稟賦創造者的「生氣」，這涉及到肉體生命與精神靈性的問題，而恰恰是後者——「靈性」上中西有著極為明顯的分別，無論是女媧造人還是天地之大德曰生，中國語境裏似乎沒有「靈性」的問題，後世固然有「稟天地之靈氣」「萬物之靈長」也似乎只是說明「人之異於禽獸者幾希」的問題，而不是精神靈性的問題（與肉體相對）。由此，我們可以看出上帝作為「造物主」的豐盛與聖愛，不因創造萬物而自虧，創造有次序的萬物，派人管理，對人的受造上賦予了「靈性」的意義，而且人不是獨體，是在伴侶的關愛幫助中成長的，這涉及到了「我與你」的人與人群體意識中的生存意義問題，但是這一切都來自上帝。

3. 聖言賦予世界次序和意義

與中國的創世過程不同，我們看到的是「天地不仁」「天地不言」，沒有「言」參與創世過程。在神話中，無論是盤古還是女媧，他們似乎是不說話的，包括伏羲女媧，他們由兄妹而夫妻，我們似乎也沒有看到他們說話的記載。關於他們神態的表示，我們似乎只見到了女媧造人時「據務力不暇供」，似乎很累，應付不過來，所以「引繩於泥中」，她與受造者之間似乎沒有「言」的參與，更沒有「吹氣」的接觸。就言來說，我們可以看到《創世紀》裏似乎是上帝「創世」的重要媒介：God said, let there be light. / God said, let there be an expanse between the waters to separate water from water. / Then God said, "Let us make man in our image, in our likeness, and let them rule over the fish of he sea and the birds of the air......"

我們可以看到「God said」（神說）伴隨了整個創世過程。另外我們可以參考新約中耶穌試探時他說「人活著，不是單靠食物，乃是靠神口裏所出的一切話。」（馬 4：4，引自申 8：3），英文文本如下：Jesus answered, "It is written: 'Man does not live on bread alone, but on every word that comes from the mouth of God.'"

這裡我們可以看出「聖言」對於人的意義，我們無法說是「聖言」創造了萬物與人，但是毫無疑問「聖言」對於世界和人的生成都充當了無比重要的角色，「聖言」從某中意義上代表了上帝的權威，上帝的臨在，命名是權限的印記。同樣我們可以看到，亞當作為上帝的受造物，在《創世紀》中他開始為一些動物命名。這裡有一個問題，在人給飛禽走獸命名（he would name them）之後，我們看到「the man said」通過「他說」界定了女人「骨中骨，肉中肉」，而「因此，人要離開父母，與妻子連合，二人成為一體。」這與中國的「君子之道，造端乎夫婦」很不相同，前者要「離開父母」，後者恰恰是要「孝養父母」。在這裡，我們可以看出上帝在通過「聖言」創造世界與人的同時，創造了一種新的倫理關係，基於此種新倫理，人要愛的是造物主上帝，以及平等的去愛上帝的受造物，因為上帝懷著「愛」創造了世界和人，在起源上「愛」不是來自父母而是來自造物主。

（二）中國傳說時代的「創世神話」

創世神話的少見，是中國神話傳說上的顯著特徵，對此有所關注研究的魯迅、茅盾、徐旭生、袁珂等先生都注意到了這個問題，所以在文獻引用上無法謹守「先秦文獻範圍」，而只好以事實上出現的年代為據。具體說來關於創世

神話，我們僅知道一人（神），那就是盤古；而關於造人的傳說，也只有女媧。關於盤古的女媧還有很多要說明的地方，下面是具體分析:

1. 盤古「開天闢地」的方式不具備「造物主」特質

我們依照袁珂先生對神話的整理與搜集〔註 43〕，可以看到關於盤古的原始文獻記載有如下可以參考:

> 天地混沌如雞子，盤古生其中。萬八千歲，天地開闢，陽清為天，陰濁為地。（唐歐陽洵《藝文類聚》卷一引自三國時吳人徐整佚書《三五曆紀》）

> 首生盤古，垂死化身。氣成風雲，聲為雷霆（清馬驌《繹史》卷一引三國吳人李整《五運曆年記》）

> 吳楚間說:盤古氏夫妻，陰陽之始也。今南海有盤古氏墓，亙三百餘里，俗云後人追葬盤古之魂也。桂林有盤古祠，今人祝祀，南海有盤古國，今人皆以盤古為姓。（題名為六朝時梁人任昉《述異記》上）

據上述記載，儘管是很晚期的記載，我們可以得出中國歷史上流傳下來的盤古開天地神話具有以下特徵:

（1）盤古有生死

三處文獻記載，但主要是依據三國吳人徐整的佚書，這足見盤古神話晚出，而且沒有確切的文獻保留。依照目前我們看到的第一則文獻，盤古是生於混沌雞子中，並且逐漸「日長」，生長的方式似乎主要是依據「陰」和「陽」的自然力量；第二則材料提到了盤古首生，但是沒有說明如何生，不過提到了盤古的「死」，而且身體化為風雲江河湖嶽；值得留意的是，第二則文獻提到了人的生成，那便是在盤古死後身上的「諸蟲」，「因風所感」「化為黎甿」。在第三則文獻中，我們可以看出整理的齊全，談到了盤古的死，化為月江河；需要留意的是「盤古氏夫妻，陰陽之始也。」在這裡再次提到了「陰陽」而且與夫妻聯合起來，這似乎與《易》中「男女構精萬物化生」聯繫起來。任昉的案裏提到「盤古氏，天地萬物之祖也，然則生物始於盤古。」這基本上可以說明中國傳世文獻中具有造物特徵的盤古，作為萬物之祖和生物之始的特質。盤古有生有死，而且死後化為萬物，這意味著盤古不具備「神」（不朽無死）的特

〔註43〕參見袁珂:《古神話選釋》，北京:人民文學出版社，1982 年版。

徵，似乎只是一種自然現象，而且盤古並沒有手創天地自然的力量，包括造人，這都是他死後「化生」而成。

（2）盤古與「陰陽」

這裡需要說明的是，天地開闢者盤古，至少在我們現有的文獻裏所看到的，天地之生成依據的主要力量是陰陽「天地開闢，陽清為天，陰濁為地。盤古在其中，一日九變。」這裡我們可以看出，天地在形成，盤古也在「日長」，但是看不出盤古的「一日九變」就是在開天闢地，其實天地的生成也很清楚，那主要是依據「陽清」和「陰濁」，這是自然的力量，同時便是需要時間，經過「萬八千歲」的演化天地形成，同時盤古也長成了。嚴格來說，天地不是在盤古手下開闢的，盤古與天地一樣都是在陰陽力量以及時間的持續下完成的。不得不說，在傳世文獻中，關於天地開闢的說法，主要是一種陰陽變易的結果，這是一種自然而然的演化生成論，這裡沒有「造物主」的問題。

以上大致是對盤古神話的分析，可以得出三點結論：第一、盤古不是天地的「造物主」，天地包括他本人都是陰陽消長自然演化生成的結果；第二、盤古不是自有永有的，而是有生有死，而且死後化為萬物以及人類；第三、從傳說起源上來看主要是來自於苗蠻集團（參見徐旭生先生考證[註44]），這可以解釋華夏主流文獻幾乎沒有此記錄的原因，又因為此傳說融入華夏族較晚，所以基本不被重視，與堯舜禹等等人王或者神不可同日而語。下面我們再看一下關於造人的傳說：

2. 女媧造人的疑問：「女媧有體，孰制匠之」

關於女媧的傳說集中表現在三個方面：摶土造人、煉石補天、為伏羲婦。基於本節我們要討論的主題主要是圍繞人的生成問題，所以煉五色石補天的材料不予引用，集中討論女媧造人和女媧伏羲由「兄妹」而夫婦的關係，這在儒家看來是不可想像的轉換，所以徐旭生先生研究認為伏羲女媧的傳說同樣也來自苗蠻集團。女媧的傳說比後起的盤古要複雜的多，不僅在《山海經》中有記載，在屈原的「天問」中也有記錄，看來是傳頌較遠的，我們先看她的造人神話：摶黃土與諸神共造。

> 俗說天地開闢，未有人民，女媧摶黃土作人，劇務力不暇供，
> 乃引繩於泥中，舉以為人。（宋李昉等《太平御覽》卷七八引東漢

[註44] 徐旭生：《中國古史的傳說時代》，桂林：廣西師範大學出版社，2003年版，第284頁。

應劭《風俗通義》）

有神十人，名曰女媧之腸，化為神，處栗廣之野。橫道而處。
（《山海經‧大荒西經》）

媧，古之神聖女，化萬物者也。（漢許慎《說文解字》十二）

傳言女媧人頭蛇身，一日七十化。（屈原《楚辭‧天問》，王逸注）

皇帝生陰陽，上駢生耳目，桑林生臂手，此女媧所以七十化也。
（漢劉安《淮南王‧說林篇》）

女媧禱詞神，祈而為女媒，因置婚姻。（宋羅泌《路史‧後記二》
注引《風俗通》）

以其載媒，是以後世有國，是祀為載媒之神。（《路史‧後記二》）

女媧作笙簧。（《世本》）

首先我們看到關於女媧「摶黃土作人」的傳說出現的很晚，到東漢方有，而且我們見到的是《太平御覽》的引文。從這則材料中我們看不出更多的信息，只是在天地開闢時，沒有人，但是有女媧；在造人的方式上，先是摶黃土作人，後來任務量太大，引繩泥中，量化生產了⋯⋯但是這裡我們可以看出，天地開闢不是女媧的功勞，另外據許慎的注釋，女媧是「化生萬物者」；與此同時我們可以看出，神的數量不是僅僅她一位，「有神十人」，據《山海經》的記載，「有神十人」正是從女媧之腸「化為神」而來，我們無法判斷，她化為十人之後，是否還存在，但是依據《淮南子》的記載，她「七十化」主要是依託於皇帝、上駢、桑林等神靈而生人。這裡，我們又看出人類的創造方式是諸神共同作用的結果。而在最後兩則材料，女媧則被視為月下老人了。

另外比較值得重視的是她與伏羲的傳說：**女媧與伏羲：兄妹而夫婦**

女媧，伏羲之妹。（宋羅泌《路史後記二》注引《風俗通》）

女媧本是伏羲婦。（唐盧仝《與馬異結交》詩）

伏羲鱗身，女媧蛇軀。（梁蕭統《昭明文選‧魯靈光殿賦》）

女媧，陰帝，佐慮戲，治者也。（《淮南子‧覽冥篇》高誘注）

昔宇宙初開之時，有女媧兄妹二人，在崑崙山，而天下未有人民。議以為夫婦，又自羞恥。兄即與妹上崑崙山，咒曰：天若遣我兄妹二人為夫妻，而煙悉合，若不，使煙散。於煙即合，其妹即來

就兄，乃結草為扇，以障其面。今時娶婦執扇，象其事也。(唐李冗
《獨異志》卷下)

關於女媧和伏羲的記載都是比較早的，但是二人發生關係則是比較晚的
事情，而且有兩種關係兄妹和夫婦，這在華夏族文化看來是無法產生關聯的說
法，卻一直伴隨在不同時期記錄的文典中。最為清楚的表述是李冗的《獨異
志》，但是仔細分析，這個故事有很多漏洞，宇宙初開，天下未有人民，那麼
怎麼會有女媧兄妹二人？就如同屈原的反問一樣「女媧有體，孰制匠之」，這
是個很難索解的問題。若仔細考究這段傳說的來歷，我們見《壯族民間故事數
據》第二集有「洪水淹天的傳說」，那是雷神發怒大洪水滅絕人類，只有曾經
救過他的伏羲兄妹得以逃生，隨後成為夫婦，隨而產生了諸種生物。〔註45〕同
時我們也看到，清初陸次雲的《峒溪織志》裏說「苗人臘祭曰報草。祭用巫，
設女媧、伏羲位。」據徐旭生先生的考證，依據現代人類學者的實地考察，根
據苗族的傳說判斷，伏羲女媧為他們的祖先，他們本為兄妹，遭遇洪水後成為
夫婦，由此而成為最早的祖先。

由上中西創世文獻之比較，我們可以得出如下結論：《聖經》中的「創世」
方式是「創生」；而中國傳說中的「創世」模式是「化生」〔註46〕。

二、中西傳統對人和世界「創世」模式之不同及其造成的思維方式差異

(一)創造者自身的比較

首先，我們看到就中國傳世文獻中，無論是神話傳說還是自然因素的演化
成世界和人，沒有形成「人格神」或者說「造物主」概念。盤古開天闢地只是
後來的傳說，通過對具體神話文獻的分析，我們看到盤古只是自然演化的「產
物」之一，天地是由於陰陽之氣的自然浮沉而形成的；關鍵的一點是，隨著天
地的形成，盤古不是作為造物主永遠存在，形成創造者與受造者的永恆關係，
而是化掉了，成為了自然萬物，也就是說，即便盤古作為造物主(開天闢地)

〔註45〕袁珂：《古神話選釋》，北京：人民文學出版社，1982年版，第46～49頁。
〔註46〕還可參考：夫天地之氣，不失其序。若過其序，民亂之也。陽伏而不能出，陰
迫而不能蒸，於是有地震。(《國語·周語》「伯陽父論地震」)天生蒸民，有物
有則。(《詩經·大雅·蒸民》)一陰一陽之謂道。(《易經·繫辭上》)天地氤氳，
萬物化醇。男女構精，萬物化生。(《易經·繫辭下》)道始於一，一而不生，
故分而為陰陽，陰陽合和而萬物生。故曰：一生二，二生三，三生萬物。(《淮
南子·天文訓》)

的功勞可以認同，但是他「有死」，這恰恰證明了他不具備造物主的「自有永有」特徵。而對於女媧來說，與盤古傳說一樣來自苗蠻集團；同樣我們看到她創造人「摶黃土造人」，後來感到「力不暇供」，然後用繩子蘸入泥中造人；而有些記載則說明「女媧之腸，化為十神」，是諸神共同造人的，這也說明女媧不具備獨一真神的特質，沒有形成「造物主」所具備的氣質。後來伏羲的參入，女媧化為「月老」的說法，等等距造人神話更遠，而伏羲女媧由兄妹而夫婦的傳說，似乎只是另一個「洪水」故事，這是關於人類「再生」的。對於經典文獻中所記載的「陰陽之道」，自然萬物由「氣化」而形成，再加上「五行」的構造，逐漸形成氣——陰陽——五行——萬物的模式，這只是古人對自然萬物形成的一種近似於自然哲學的猜想，更不可能形成「造物主」概念，這樣的自然形成萬物過程，是「天地不仁」的，一切都是「道法自然」，沒有「愛」的問題，愛或者仁只是後來聖人為人世所立的禮法，這是人與人之間的問題，沒有造物主與受造者這層關係的存在。

其次，就西方的創世記來講，我們看到創造者是「自有永有」的。就他自身來講，不因創造萬物而有任何虧損，更不會化掉；在創世之初，只有他存在，人和萬物產生後，他依然永在，造物主與受造物的關係一直存在；而且我們看到對萬物的創造，尤其是對人的創造是出於上帝的愛。與中國盤古的化為萬物和氣的自然特性不同，上帝永在，這意味著他對自己的「作品」有「毀滅和再生」的權能，而正是在賞罰中，上帝的權威再次被確定，選民再次蒙恩，這形成了「信仰與應許」的關係。上帝具有典型的人格神特徵，在創世記那裡，他可以與人「面對面」，可以直接「對話」，可以直接與人「立約」，這些在中國文獻中都是缺失的，至少在關於創世的神話或文獻中，我們沒有看到相應的證據。

（二）生成方式比較：創生與化生

通過上面的分析我們可以得出結論，《創世記》中對世界和人的「生成」方式是「創生」，而中國文獻所載的天地人生成方式是「化生」。在「創生」中，有著明顯的創造者與受造者的對立關係，儘管受造者來自「造物主」，依照他的「形象」產生，但是，在有限與無限，圓滿與豐盛，自由與限度等方面有著截然不同的分別。上帝創造了世界，由人來管理，上帝的誡命（律法或約定）便是人的自由限度，違反者，將受到嚴重的制裁；換句話說，對上帝誡命的違背便是「罪」的形成，這種悖離性來自自由意志（這是後來的解釋），就創世記來說，蛇的誘惑似乎是次要原因，人自身似乎有「悖離」上帝誡命的傾

向，所以，可以說，儘管上帝創造了人，但是，人的行為卻是自己決定的，這意味著人要為自己的行為負責，而最終的賞罰之權則來自上帝。從另一方面說，上帝創造世界，用恩賜庇護世界，派人來管理；對人的製造也是來自上帝之愛，他不但吹起到他鼻孔裏，使他成為「有靈」的人，而且給人尋求伴侶而不是孤獨的存活；更重要的是，上帝賦予了人「言說、命名」的能力，這些都是上帝之愛的體現；與此同時，人對上帝的悖離，又面臨著被毀滅的危險，而義人則得以存活，挪亞和羅得的命運正說明了這一點。創生的模式，使人活在有限與無限、人與神、肉與靈、罪與義的張力中，人生是個解脫的過程，可以享受萬物、繁衍後代，同時又困難重重，面臨種種「悖離」的危險，這些「人之困境」在創世之初人的生成時已經具備了。

中國文獻中的「化生」方式，則是另一種敘事。有限而晚出的創世造人神話，仔細審查（如同上面我們所做的），天地不是由盤古所「創造」的，而是陰陽之氣自然浮沉的結果，連盤古本人也是自然而然「長」出來的，有生便有死，盤古也是這樣，他最終化為了江河日月，通俗的說，即便勉強說天地是盤古開闢的（如同民俗所說），那麼最後他也死掉（化掉）了，也就是說他不是永生的。對於造人的女媧來講，固然搏黃土造人，但是也會感到「力不暇供」，這似乎是一種缺陷（又與耶和華的「心中憂傷」不同），她感到力不從心，所以用繩子批量生產了，這裡沒有提到「靈」的問題，這也決定了人與萬物沒有本質區別，至於後來所說「人為萬物之靈」，以及「人之異於禽獸者幾希」似乎只是後天的引導與嚮往，從人的生成上來講，由黃土所造，除此外再沒有別的神秘之處。這與上帝造人是不同的，他「吹氣為靈」。另外，女媧也有「一日七十化」的問題，而且關於人的生成還有諸神的幫忙，這似乎也逐漸走向了「演化」生成的例子，至於後來女媧與伏羲結合起來，我們更看不出他們的「造物主」性質，只是洪水神話的另一種敘事而已，而且是在儒家看來難以啟齒的兄妹變為夫婦關係。如上大致中國早期文獻中的天地人生成方式。

（三）「創生」與「化生」模式所造就的不同價值觀與思維方式

「創世」與「化生」建構了不同的文化世界。「化生」所造就的世界是一整個的，沒有此岸與彼岸、肉體與靈魂、物質與精神的截然二分，在這樣的社會中沒有「靈與肉」的問題，人只有「一個人生」，人生的意義便在於此生、此世，或者說子孫之繁衍（此生的延長），立德立功立言便是「不朽」；而「創生」所建構的世界則是二分的，從世界的來源上講，是創造而成，因此創造者

與創造物便截然不同，由此也形成了此岸與彼岸、肉體與靈魂、物質與精神的截然二分，人生的意義不在此世、此生而在於對靈魂不朽、在於對精神世界的追尋與實現，此世是罪惡的、短暫的，彼岸才是樂土和天國。

第一、「創世」與「化生」建構了不同的價值觀。「創世」與「化生」觀的不同不僅影響了文化基型的不同，而且形成了不同的人生觀和價值觀。在天人關係上、在人生意義上，二者都有明顯的不同。以價值觀中的正道、自由、正義為例，我們看到儒家的「道」主要是一種個人的修養並由此而擴展的「外王之道」，自由則是一種德性修養的心性自由，正義或者公義主要不是民眾的利益分配或者說君與民的制衡，而是指君王的利益，民眾的利益反而是「私義」；而基督教的價值觀中涉及的「道」就是「上帝」具體來說就是上帝的誡命和律法，這具體表現為「彼此相愛」；自由指的是一種個人通過律法而獲得的人身解放，進而遵行上帝誡命而獲得的心靈解脫；正義指的是一種依照上帝誡命對人、事之公平對待，具體表現為來自上帝的無私的愛。

第二、「創世」與「化生」造就了不同的思維方式。在二分世界與一個人生的文化世界裏，我們可以看到二者形成了不同的看待事物的方式，不同的思維模式。在仁愛為代表的儒家思想裏，即體即用，道器不離；不做感性與理性的明顯區分，更強調直覺和體悟，不重視語言、邏輯和論證，注重力行，得意忘言；在聖愛觀所影響建構下的思維模式則是二分的思維，注重分別，注重分科治學，注重懷疑、探究、推理、論證，「言」佔有很重要的地位；注重對問題的分析，認為塵世是變幻莫測的，因此也是短暫偶然的，靈性世界則是永恆的、至善的，因此追求對「一」、對「永恆」的理性探求和追尋〔註47〕。（關於中西思維方式之研究可參考蒙培元先生《中國哲學主體思維》〔註48〕、高晨陽先生《中國傳統思維方式研究》〔註49〕、劉長林先生《中國系統思維》〔註50〕等著作）

〔註47〕張世英先生將此兩種思維方式稱為「主客二分」與「天人合一」，參見：《天人之際：中西哲學的困惑與選擇》，北京：人民出版社，1995年版；另可參考利瑪竇當年對中西思維方式差異的認識，參見：謝和耐：《中國和基督教──中國和歐洲文化之比較》，耿昇譯，上海：上海古籍出版社，1991年3月版。

〔註48〕蒙培元：《中國哲學主體思維》，北京：人民出版社，1993年8月版。

〔註49〕高晨陽：《中國傳統思維方式研究》，北京：科學出版社，2012年1月版。

〔註50〕劉長林：《中國系統思維》，北京：中國社會科學出版社，1990年7月版；劉先生關於中國思維方式之研究最近幾年又有該書之修訂版，另社科院王樹人武大趙林教授都有此方面專著可參考。

本文認為，正是在起源上中西思維方式的歧異決定了後來中西哲學對談與融合的種種困境；同時也可以看到明清以來傳教士（甚或更早）在華傳教遭遇的種種困境在根源處也源自思維方式的不同。

三、結語：「一個世界」造成的思維方式歧異及其融合可能

記得 1921 年周作人先生在談到中國教會領袖英斂之《萬松野人言善錄》時說：我老實說，對於英先生的議論未能完全贊同，但因此引起我陳年的感慨，覺得要一新中國人的心，基督教實在是很適宜的。極少數的人能夠以科學藝術或社會的運動去替代宗教的要求，但在大多數人是不可能的。我想最好便以能容受科學的一神教把中國現在野蠻殘忍的多神教打倒，民智的發達才有點希望。〔註51〕

這裡周作人先生將基督教與科學聯繫起來，我們認為是公允的，這在西方似乎是常識，對二者的看法或有不同，但似乎沒有學者否定二者的事實性關係。其實注重西方的邏輯與理性思維方式的培養，在前代學者那裡幾乎是個心照不宣的共識，馮友蘭先生在《中國現代哲學史》第九章中說「中國需要現代化，哲學也需要現代化。現代化的中國哲學，並不是憑空創造一個新的中國哲學，那是不可能的。新的現代中國哲學，只能是用近代邏輯學的成就，分析中國傳統哲學中的概念，使那些似乎是含混不清的概念明確起來，這就是『接著講』與『照著講』的區別。」〔註52〕牟宗三先生在《中國哲學的未來》中談到：在此，我們看出來中國哲學未來的方向：（一）根據傳統儒釋道三教的文化生命與耶教相摩蕩，重新復活「生命的學問」。（二）吸收西方的科學、哲學與民主政治，展開智性的領域。就哲學說，西方哲學中的柏拉圖、亞里士多德一骨幹，萊布尼茨、羅素一骨幹，康德、黑格爾一骨幹，永遠有其哲學真理上的價值。〔註53〕

賀麟先生在《儒家思想的新開展》中則聲稱：欲充實並發揮儒家思想，似須另闢途徑。因儒家思想本來包含有三方面：有理學以格物窮理，尋求智慧，有禮教以磨煉意志，規範行為。有詩教以陶養性靈，美化生活。故求儒家思想

〔註51〕周作人：《文學與宗教》，轉引自楊天宏：《基督教與民國知識分子：1922～1927年中國非基督教運動研究》，北京：人民出版社，2005 年 7 月版，第 148 頁。
〔註52〕馮友蘭：《中國現代哲學史》，廣州：廣東人民出版社，1999 年版，第 200 頁。
〔註53〕牟宗三：《中國哲學的特質》，長春：吉林出版集團有限公司，2010 年版，第 98 頁。

的新開展，第一，必須以西洋的哲學發揮儒家的理學。儒家的理學為中國的正宗哲學，亦應以西洋的正宗哲學發揮中國的正宗哲學。第二，須吸收基督教的精華以充實儒家的禮教。儒家的禮教本富於宗教的儀式與精神，而究竟以人倫道德為中心。宗教則為道德之注以熱情、鼓以勇氣者。宗教有精誠信仰、堅貞不二的精神；宗教有博愛慈悲、服務人類的精神；宗教有襟懷廣大、超脫塵世的精神。基督教文明實為西方文明的骨幹。其支配西洋人的精神生活，實深刻而周至，但每為淺見者所忽視。若非宗教的知「天」與科學的知「物」合力並進，若非宗教精神為體，物質文明為用，絕不會產生如此偉大燦爛的近代西洋文化。我敢斷言，如中國人不能接受基督教的精華而去其糟粕，則決不會有強有力的新儒家思想產生出來。第三，須領略西洋的藝術以發揚儒家的詩教。儒學是合詩教、禮教、理學三者為一體的學養，也即藝術、宗教、哲學三者的諧合體。因此，新儒家思想的開展，大約將循藝術化、宗教化、哲學化的途徑邁進。〔註 54〕

　　另外，張東蓀先生留意到斯賓格勒在《西方的沒落》中提到自然科學的前身是宗教，懷特海亦說近世科學的發生與中世紀宗教信仰有關。至於宗教與科學的關係，張東蓀先生在《思想言語與文化》一文中明確提出宗教、科學、哲學間的一致關係，他說：須知宗教若一變為「神學」（theology），則必須依靠有「本體」（substance）的觀念。所謂「主宰」（Supreme Being）與「創世主」（Creator）都是與這個本體觀念相聯的。不僅此也，並且與「同一」（identity）的觀念有密切關係。所以就本體的觀念而言，本來是宗教的。所謂 ultimate reality 其實只是 God。我因此主張本體論的哲學就是宗教式的思想。同一律的名學在暗中就為這種宗教式的思想所左右。亦可以說，哲學上的本體論，宗教上的上帝觀，以及名學上的同一律在根本上是一起的。〔註 55〕

　　我們認為，不瞭解西方則已，若有理解西方文明的必要，那麼古希臘以來的哲學，古希伯來宗教而來的基督教，這些都是必須有個深切痛徹的瞭解不可；甚至可以說不瞭解西方的基督教就無法理解西方文明。新文化運動時期諸君高舉科學民主的旗幟而對基督教大聲撻伐，實在宣布了民國思想界認知西方的限度，同時也預示了民國知識階層學習西方的破產。他們看到了西方文明的可貴與強大，認為不在堅船利炮、不在政治制度，而在文化，這是

〔註 54〕賀麟：《文化與人生》，北京：商務印書館，1988 年版，第 8～9 頁。
〔註 55〕張東蓀：《知識與文化》，長沙：嶽麓書社，2011 年版，第 217 頁。

一種進步，但是對於西方文化只注重口號、只注重主義、只注重新名詞的看法則恰恰是對晚清學習西方的重蹈覆轍，中西文明之異本質在於思維方式，而他們的宗教、科學、邏輯是整個的，是同一思維模式上生長出的不同花果。若認為學習西方是必要的，那麼瞭解他們的宗教、科學、邏輯便是入手處，甚至可以說基督教是重中之重，瞭解西方社會演進史、科學發展史的似乎都會明白這種說法的份量。對西方基督教的探究並不是一定要做皈依和接受洗禮，而是要理解他們的運思模式，這是基於人性能力的建構。因此基於理性思維方式的塑造，不是中國的基督教化，也不是中國的全盤西化，只是對於人性能力的完善與自覺。

第三節 「一個世界」的愛觀模式：孝愛與聖愛

本節將以郭店竹簡中的儒家文獻以及《馬太福音》為文本依據對二者展開比較。我們知道 Agape 本義是聖愛或神愛，這是源自神的；而仁愛具體指向「孝愛」，這是源自人並指向人的，嚴格來說二者無法比較；因為「仁愛」沒有「神聖」的維度和來源。所以，我們選取孝悌觀為比較，這是人對人的愛，一來是儒家仁愛觀的具體內容；二來，上面我們已經分析過了，基於愛的來源與依據，人對人的愛（鄰人之愛），我們也用 Agape 來表示；所以正是在人愛層次上，我們選取「孝悌」觀對二者展開比較，這是同一層面、有公度性的比較。但是，在下面我們會看到，同樣注重「孝敬父母」，在來源、次序、依據、緣由上，儒家與基督教何等的不同。

一、問題緣起：敬愛天主還是孝敬父母？

「孝悌」為儒家倫理思想之核心，那麼在天主教視域下人與父母兄弟的關係如何？愛上帝與愛父母之間又有著何種價值考慮？在四福音書尤其是在《馬太福音》中，對於「孝敬父母」與「敬愛天主」作為人子耶穌，他是如何看待此二種關係的？尤其是與現有出土之最早中國古典文本郭店竹簡相比，儒家又是如何定位「孝悌」觀念的？這是本文的問題出發點所在。所以本文之結構為首先解讀並建構《馬太福音》中敬愛父母與第一誡命之張力關係；其次，郭店竹簡中對孝悌觀念的具體界定；最後，馬太福音與郭店竹簡對孝悌觀念之不同界定意味著什麼？

二、上帝之愛與孝悌倫理——《馬太福音》對「孝悌」的界定

（一）耶穌是否不主張敬愛父母兄弟？

　　對於有著儒家文化背景的人會非常關注天主教經典中對於父母兄弟家人的看法，但是在《馬太福音》中，我們卻看到耶穌傳道時直接或間接表達了如下說法：

> 不要以為我來是為給大地帶來和平的。我來不是為帶來和平，而是刀劍。因我的到來，兒子將反叛父親，女兒將反叛母親，媳婦要反對婆婆。自己的家人成了自己的仇敵。（太10：34～36）

> 兄弟會自相慘殺，父親會害死兒女；子女也會反叛雙親，置他們於死地。由於我的名，你們會被眾人忌恨，但那能堅持到底的人必會得救。（太10：21～11）

> 另有一位門徒對耶穌說：「主呀！請讓我先回家一趟，好能安葬死去的父親。」耶穌回答說：「跟著我！讓死人去埋葬他們的死人吧！」（太8：21～22）

　　「自己的家人成了自己的仇敵」「父母兄弟間之自相慘殺」「置父親亡靈之不顧」這些在儒家信徒或者說對於傳統之中國人來說是大不敬和不可思議之事，也正是天主教的「孝悌」觀念造成了早期明清傳教士在中國傳播福音的最大障礙。但是，我們能否說天主教就是與家人為敵仇視父母的？仔細閱讀《聖經》，尤其是在《馬太福音》中我們會看到：

> 幾個法利塞人和經師從耶路撒冷來見耶穌，問他：「為什麼你的門徒不守祖先的規範，他們飯前怎麼不洗手呢？」耶穌說：「你們為什麼為了祖宗的規矩而違背天主的誡命呢！天主說過：『要孝敬父母。』又說過：『咒罵雙親的人該處死』。你們卻說，任何人對父母講：我把供養你的，拿去聖殿獻給天主了，從此他竟可以不再贍養父母了！你們用自己的傳統，抵消了天主的話。」（太15：1～6）

> 你們常聽人說：「以眼還眼，以牙還牙。」但我告訴你們：不要向欺負你們的人報仇。有人打你的右臉，你把左臉也給他。有人想要你的內衣，那你把外套也給他！有人強迫你走上一千步，跟他走兩千步！凡有求於你的，你就給他。也不要拒絕那想跟你借錢的人。

> 你們曾聽過這句話：「愛你的近人，恨你的仇人」，但我告訴你

們：要愛你們的仇人，還要為那迫害你們的人祈禱。這樣你們才能
成為天父的兒女，正如天父使太陽照著好人，也照著壞人一樣；他
降雨給正義的人，也給不義的人。

　　假如你們只愛那些愛你們的人，你們還值什麼賞報呢？連稅吏
也會那樣做的。假若你們只對朋友友善，算是什麼了不起的事呢？
連外邦人都會那樣做的。所以，你們該求完善，正像你們的天父是
完善的。（太 5：40～48）

　　這裡我們看到的是要「孝敬父母」的誡命，而且，更引入注目的是超乎血
緣親情友情的愛：愛仇敵，我們知道，在孔子那裡是不主張以德報怨的，他認
為應以直報怨，用耶穌的話說就是「以眼還眼，以牙還牙」，在儒家傳統裏孝
敬父母似乎是無條件的，但對於仇敵不可能有愛，但是耶穌的新福音則告誡人
們要「愛仇敵」，因為「天父使太陽照著好人，也照著壞人一樣；他降雨給正
義的人，也給不義的人」，這或許是另一種有別於儒家仁愛的形態，我們若認
為天主教主張仇視父母與家人為敵則似乎有失武斷了。很明顯，對於有著「愛
仇敵」主張的人，不可能不愛家人父母，但是我們也可以明顯看出此種「愛仇
敵」背景下的「孝敬父母」確實與儒家的「孝悌仁愛」觀大有不同。現在的問
題是，為何在同一部福音中會有「以家人為敵」「父母兄弟自相慘殺」與「愛
仇敵」「孝敬父母」這樣看似衝突的表達？

（二）誰是我的父母？──新的父母觀

　　首先我們可以從《馬太福音》中看到，天主教經典對父母的界定不是儒家
血緣倫理意義上「君子之道，造端乎夫婦」的父母，而是超越世俗血緣的另種
界定：耶穌基督的誕生是這樣的：他的母親瑪利亞已許配給了若瑟。可是在他
們還沒有同居之前，瑪利亞因著聖神而懷了身孕。她丈夫若瑟本想休了她，但
若瑟是個義人，不願公開羞辱她，只想悄悄地這麼做。若瑟正在思慮這事的時
候，上主的天使出現在他的夢裏，對他說：「若瑟，達味的子孫，把你的妻子
瑪利亞迎娶回來，不要顧慮！她的身孕，是因為聖神而來的。她將生下一個男
孩，你要給他取名叫耶穌；因為就是他，要把自己的民族從罪惡中拯救出來。
上主借先知們傳達的聖意，在這事上得到了應驗：看呀！『一位童貞女要懷孕
生子，人們要叫他厄瑪奴耳（以馬內利），』意思就是：天主與我們同在。」
（太 1：18～23）

　　從這裡我們可以看出，一種新的「父─子」關係的確立，瑪利亞因聖神而

懷孕，耶穌作為天主子的代表而來到人間，具有神聖性，由此而來的「愛觀」已經完全不同。誰是我的父母？誰是我的兄弟？有了新的界定:

> 耶穌與群眾講話時，他母親和弟兄在外邊，想跟他說話。有人告訴耶穌:「你的母親和弟兄在外邊，要和你說話。」耶穌卻對進來告訴他的人說:「誰是我母親？誰是我弟兄呢？」他指著門徒說:「他們就是我的母親和弟兄！不論誰承行了我天父的旨意，他就是我的弟兄、姐妹和母親。」（太 12：46～50）

由此我們可以看出，天主教對「父母」關係的置換與重新建構，父母兄弟已不再是傳統意義上基於血緣親情的自然關係，而是具有神聖意義基於天主誡命之下的重新規定。這一點，正是天主教與儒家分歧的根源，也是明清期間傳教士在中國傳播福音遭遇衝突的原點（可參見謝和耐著作）。在儒家看來，最大的誡命是孝敬父母（儘管敬天在儒家傳統中地位重要，而且不以誡命的形式表達敬天或孝敬父母，在他們看來這些都是天理之自然而不是因為誡命而敬愛），但是，對於天主教來說，最大的誡命則是敬愛天主。

（三）最大的誡命與孝敬父母張力之化解

我們知道在耶穌受人試探詰問時，他明確說最大的誡命是「愛天主」:

> 「老師，在律法上，最大的誡命是什麼？」耶穌回答說:「『你當全心、全靈、全意地愛天主，你的上主。』這是最大的也是最重要的誡命。還有第二條與此相同:你當愛你的近人，如同愛你自己。全部的律法和先知之言都以這兩點為基礎。」（太 22：36～40）

在這裡我們可以明確看出，對於天主教的新愛觀來講，其最人的愛是敬愛天主，這在次序上是最先的；但是需要說明的是，此種愛最終是來自天主的，天主是愛的起點與源泉，是先有聖愛也即天主對人的無條件的愛而後方有此種新的誡命才有人對天主的愛以及對近人的愛。在這裡，是天主，而非人是愛的起點與根源，我們可以清楚的看到這與儒家仁愛是多麼的不同，儒家始終是源自人並指向人的，沒有此岸彼岸之區分，沒有世俗與神聖之超越，他們始終生活在一個世界緯度中。但是，在天主教中，通過對父母關係的新界定，尤其是對神聖層面天主意義的引入，那種源自血緣的親情倫理被放在了第二位，天主才是愛之源泉。

這裡的問題是，就天主教之最大誡命與第二誡命來說，都是主張愛的，那麼為何會有家人為敵人、父母子女起刀劍自相慘殺的說法？其理路或許是這

樣的，作為有限性的人來說，僅僅出於本能血緣去孝敬父母是遠遠不夠的，甚至是有限險隘的，就如同遵循傳統的說法「以眼還眼，以牙還牙」得來的不是和平與幸福而是冤冤相報何時了的惡性循環，那不是真正的道義法則，而愛仇敵，才是真正的愛則；但是此種新的法則不是來自人自身，而是來自人之外之上的最高創造者天主，由此而來的愛才是真正的確實的，因此必須首先打破傳統世俗倫理，包括對父母的愛，對兄弟的愛，就如同要修正原有的倫理法則「愛親人朋友恨仇敵」一樣，這是一種觀念的革命，精神理路的置換，起刀劍正是在觀念上的革新，與家人為敵正是與傳統戒律道德法則的割裂，由此而接受新的愛觀與道義法則，這一切都來自天主。所以，最大的誡命是愛天主，以此為源頭愛父母愛兄弟都處於愛近人的誡命之內，而且打破了原有狹義的只愛親人朋友的傳統倫理，形成了天主聖愛下的平等博愛精神。在經過觀念革新之後，新的愛觀就這樣確立起來，敬愛天主與孝敬父母之間的衝突與張力也得到化解，而且在聖愛之下，對父母之愛才是真實的確定的有保證的。

三、人情之愛與孝悌倫理——郭店竹簡中對「孝悌」的界定

（一）目前有關郭店楚簡「情」之研究與問題

　　1993 年冬，湖北荊門郭店一號楚墓出土簡 804 枚，經過荊門博物館組織整理成 18 篇短文於 1998 年 5 月由文物出版社以《郭店楚墓竹簡》之名出版（含圖文注釋）〔註56〕，其中「性自命出」篇多談「情」字，共 20 見，而「緇衣」、「唐虞之道」、「語叢一」、「語叢三」、「語叢四」各一見，「語叢二」兩見，共 27 見〔註57〕。對於「性自命出」之「情」引起學者的廣泛討論，典型看法有四：

　　其一、「情實」解（丁四新等多數學者）。以「情實」、「情形」或「情況」解先秦文獻的學者甚多，而對郭店簡的「情」字，一些學者仍延續了此一解

〔註56〕荊門博物館編：《郭店楚墓竹簡》，北京：文物出版社，1998 年 5 月版。需注意者竹簡出土時已散亂，切該墓曾遭盜竊，所以《郭店楚墓竹簡》一書只是劫餘後之整理本，我們感謝整理者的努力，但我們還必須知道這是經今人之手而成之作，篇題、文序、篇序都是整理出來的，所以便不可囿於該書，然而該書附有圖文版可做詳細參照，很是可貴。

〔註57〕此統計參丁四新：《論郭店楚簡「情」的內涵》，丁四新主編：《楚地簡帛思想研究（二）》，武漢：湖北教育出版社，2005 年 4 月版；請注意該文曾在《現代哲學》2003 年第 4 期發表，但應以書中為參考，因為雜誌中文已有刪減；我通讀竹簡全篇無發現別例故從丁 27 見之說。

釋，丁四新對「情」的內涵有著詳細的梳理和分析，然他的結論卻出人意外的認為「情的最基本字意為實」而反對以「情感」意解「情」〔註 58〕。當然他並不排斥「情感」「人情」等義，不過那是作為「情實」的外延而存在的。郭店竹簡「性自命出」篇典型的情字表述為：

> 順乎脂膚血氣之情，養性命之正，安命而弗天，養生而弗傷，知【天下】之正者，能以天下禪矣。（緇衣，簡 2～3）

> 情生於性，禮生於情，嚴生於禮，敬生於嚴……（語叢二，簡〔註 59〕1～4）

> 道始於情，情生於性。始者近情，終者近義。知情【者能】〔註 60〕出之，知義者能入之。（性自命出，簡 3～4）

> 凡聲，其出於情也信，然後其入撥人之心也厚。（性自命出，簡 23）

> 凡人情可悅也。苟以其情，雖過不惡。不以其情，雖難不貴。苟有之情，雖未之為，斯人信之矣。未言而信，有美情者也。（性自命出，簡 50～51）

情字在竹簡中 27 見，上僅舉五例，尤其是為學者所特別關注的第五例，明顯不可做「情實」解，另有做「真誠」解的同樣不妥。

其二、「人情」「情感」解（陳來等學者）。這樣直接用「情感」或「人情」解「情」的學者不在少數，可以說後三種看法（陳來、李澤厚郭齊勇、陳鼓應韓東育）都是以「情感」解讀的，只是陳鼓應〔註 61〕和韓東育〔註 62〕將文獻本身向道或法家拉近，而李澤厚延續他一貫的看法「重視人性情感的培育」「強調親子之情（孝）作為最後實在的倫常關係以建立人──仁的根本」〔註 63〕

〔註 58〕丁四新：《論郭店楚簡「情」的內涵》，丁四新主編：《楚地簡帛思想研究（二）》，武漢：湖北教育出版社，2005 年 4 月版，第 165 頁。

〔註 59〕此簡號與荊門版本一致，但本文所引文字可能與原版編序不同，參照李零：《郭店楚簡校讀記》，北京：北京大學出版社，2002 年 3 月版。

〔註 60〕括號內文字為加入，非竹簡所有，參李零本。

〔註 61〕陳鼓應：《太一生水與性自命出發微》，陳鼓應主編：《道家文化研究》第 17 輯，北京：生活・讀書・新知三聯書店，1999 年 8 月版，第 406 頁。

〔註 62〕韓東育：《性自命出與法家的「人情論」》，《史學集刊》，2002 年第 2 期，第 9 頁。

〔註 63〕李澤厚：《初讀郭店竹簡印象記要》，中國哲學編委會編：《郭店簡與儒學研究》，瀋陽：遼寧教育出版社，第 4～5 頁。本文又載於《道家文化研究》第 17 輯、《世紀新夢》及李澤厚的其他再版著作中。

李的看法是值得深思的，然是否應歸為他所說的「心理原則」還需推敲，郭齊勇針對李澤厚文，指出孟子並非「排情」，郭文仍是以解讀「心性論」為主，認為竹簡與孟及其後學是一貫的〔註64〕。而陳來先生則直接以「感情」解，他在「以德治民」的框架下理解為「一個治民者，如果與人民有感情上的溝通，雖有過失，人民也不會嫌惡他」。〔註65〕

　　然結合竹簡文本，上述說法均可進一步討論，無論是其意還是方法都有問題。首先，「情實」義並非郭店簡之唯一義或核心義。「情實」義於先秦文獻中多見，然不可以此成見解讀竹簡，而且即便是先秦文獻「情實」義也只是「情」之一義，另有「情感」「真誠」等義〔註66〕。是否能說「實」為其「本義」亦可探討；其次、「人情」或「情感」解「情」實為自語反覆。以「人情」解「情」，似是而非，實是自語重複，今我們要問者正是此種「情」為何物，若以「情」或「情感」解，語義含混，因為「人情」本身意義多種，仍需追問，而陳來先生以「感情溝通」解，問題是，是否應以「以德治民」作為框架；再次、李先生談竹簡處少而郭之見解是針對李文而發，對「孝」之解讀亦是從略。李的看法是準確的，而且他的看法需置入他的思想系統方可瞭解，他論竹簡之文頗簡略，而郭齊勇之文仍從心性論、道德形而上學層次論述，名針對李文而發，實與李志趣不同；最後，郭店簡之「情」近於法家或道家，前者不同趣，後者不同義。陳鼓應的看法是一貫的，他對道家哲學的推崇令人尊敬，然說「情」與莊子學派「任性命之情」相通，似不可解，另稱「性自命出」為「僅見的一篇尚情之作」〔註67〕亦不準確（參李天虹文）。韓東育則直接將「性自命出」篇視作「雜家之論」，而認為論情近於法家的

〔註64〕郭齊勇：《郭店儒家簡與孟子心性論》，《武漢大學學報（哲社版）》，1999年第5期，第24～28頁。郭在文首指出本文是針對李澤厚而發，認為孟子並不排情。

〔註65〕陳來：《郭店楚簡之性自命出篇初探》，《孔子研究》，1998年第3期，第56頁。本文還載於國際儒聯學術委員會編：《郭店楚簡研究》，《中國哲學》第20輯，瀋陽：遼寧教育出版社，1999年1月版。

〔註66〕李天虹：《性自命出與傳世先秦文獻「情」字解詁》，《中國哲學史》，2001年第3期，第55～63頁。李文對「情」之收集可謂多：詩、書、左傳、國語、禮記等有些分析可能值得商榷，但是她對文獻的整理，有參考價值，而且從中可看出「情」義不限於「實」「情感」「真誠」，說先秦文獻無談「情」者可以休矣。

〔註67〕陳鼓應：《太一生水與性自命出發微》，陳鼓應主編：《道家文化研究》第17輯，北京：生活・讀書・新知三聯書店，1999年8月版，第407頁。

「人情論」，此解不妥處在於法家之「人情」是為「法」，而儒之「情」是為「仁」，初衷與歸屬皆不同。

所以，筆者認為以上四者看法均有問題，而且於方法上似亦有不妥處。四種看法的方法論問題具體表現在第一、多參竹簡外之文獻而證竹簡之意，有越證之嫌疑；第二、多限於「性自命出」一章談情（或僅以儒家文獻為參照），而不知同出之所有它篇亦可做重要參照；第三、就「情」字本身談「情」，結合文本以情之「意」談「情」也許更合適。

（二）人情之初始涵義為孝愛

本文認為「情」之核心義為「孝——父子親情」，當然「情」以「孝」為核心並不排斥「情」的其他外延，另外，「情」以「孝」為核心卻並不止於「孝」或「父子親情」他是一個動態的孝——家、國、天下——反求諸己的演進過程，「孝」為情之本源而非終點。而在解讀方法上，本文試圖通過「面向竹簡本身」而避免或緩解上面的方法論困境〔註68〕，具體做法為第一、不參照、不引用竹簡外文獻以論證竹簡內之含義；第二、就所有竹簡篇章而不做道、儒、雜家之分類；第三、通觀其意而解情。以下為「情」以「父子親情——孝」為核心義的論證。

通觀竹簡全篇，可以看出其以「孝悌為本」，並以「孝」釋仁，甚至說可以「為父絕君」，且稱「聖也者，父德也」，此種貴父輕君的思想便是對「孝」的弘揚，自然此種「孝」不限於父子之情，因為愛親則可施愛人，「聞舜孝，知其能養天下之老也」（唐虞之道，簡22～23〔註69〕）。可見人情以「孝」始，並由內生發，以修己為方法。

其一、「孝，本也」——孝悌、家國、天下

「六德」篇稱「是故先王之教民也，始於孝悌。君子於此一體者無所廢。是故先王之教民也，不使此民也憂其身，失其體。孝，本也」〔註70〕（簡39～41），之所以視「孝」為「本」，是因為「孝之施，愛天下之民」（唐虞之道，

〔註68〕 本處指的「方法論困境」是說，面向竹簡本身很難的，即便不用竹簡外文獻論證、就竹簡本身關照，亦難逃此困境：自己先有的成見、整理者對文本的加工、自己的思想傾向等必會影響對文本的解讀，所以如上所說，盡力而為。

〔註69〕 依照慣例，只以《郭店楚墓竹簡》所列簡號為準，引用文字，也只列篇名和簡號，李零另有篇名但本文從荊門本之原始篇名。

〔註70〕 此簡體字，為自己行文方便，參照的李零本和劉釗：《郭店楚簡校釋》，福州：福建人民出版社，2005年1月版包括荊門本都是繁體字。

簡 7），孝為子愛父母，然此種原始的愛是可以生發的，準確言之，唯有血親之愛方有「愛天下人」之愛，所以「聞舜孝，知其能養天下之老也，聞舜弟，知其能事天下之長也」（唐虞之道，簡 22、23）。此種由對父母之愛而及天下之愛的思維方式正是竹簡中所著重表達的一點，所以此孝只能從動態意義上講，而若限於「父子之情」，則失之。

其二、「為父絕君，不為君絕父」──父貴於君，君異於父，不悅，可去也

對孝的著重表達也可由此看出「為父絕君，不可為君絕父」（六德，簡 29）因為「君臣、朋友，其擇者也」（語叢一，簡 87），君不同於父「不悅，可去也」（語叢三，簡 4）。此種「貴父輕君」思想是極為明顯的，而且「六德」篇竟以「聖」稱父德「聖也者，父德也」（簡 21），對父德的高揚便是對「孝」──父子情的禮讚與肯定，或者說此種情感是不言自明的，不可選擇，只能如此，有此方可有其他情感之生發〔註71〕。

其三、「修身近仁」與「仁者，子德也」──以孝釋仁，愛由親始

與父德為「聖」相對，「仁者，子德也」（六德，簡 23），子德是「孝」然今卻以「仁」名之，足見孝之意與「仁」同義，或者說「孝，仁之冕也。禪，義之至也」（唐虞之道，簡 6、7），那麼何為「仁」呢？「顏色容貌溫變也。以中心與人交，悅也。中心悅，播遷於兄弟，戚也。戚而信之，親【也】，親而篤之，愛也。愛父，其繼愛人，仁也。」（五行，簡 32、33）「愛，仁也」（語叢三，簡 35、36）。由此可見，仁為「愛」，發自內心，由愛父而及愛人，此種愛或「情」是「血氣之親」與君臣不同（六德，簡 16），所以最為本源，至真至切。那麼如何「至仁」呢？

「聞道反己，修身者也。上交近事君，下交得眾近從政，修身近至仁」（性自命出，簡 56、57），可見「修身」、仁、孝是一體的，仁孝始終是由「己」由「內」也即由最原始的情感而發，「仁行於內為之德之行，不行於內謂之行。」（五行，簡 1），仁必行於內，「是故君子求諸己也深，不求諸其本而攻諸其末，弗得矣」（成之聞之，簡 10、11），求諸己便是要求諸本，其本在「孝」在「血氣之親」，「故君子所復之不多，所求之不遠，窮反諸己而可以知人。是故欲人之愛己也，則必先愛人，欲人之敬己也，則必先敬人。」（成之聞之，

〔註71〕「為父絕君」一說似乎是在治「喪禮」的語境下所說，然即便如此，貴父輕君的思想也無法否認，如稱聖為父德，不悅可以去君。

簡 19、20）由己而知人，由愛親而愛人。所以說「必正其身，然後正世，聖道備矣」（唐虞之道，簡 3）。可見，由愛親而愛人、由正身而正世此是異名而同謂了，其義則一。

由以上分析可知，因「孝」為「血氣」之情，最為原始，也最為根本，人須愛親而後愛人，此種情感近乎「仁」，而人所修身求諸己者仍是對此原發性情感的再認識，修身即是修「孝」，正身即是愛親，由正身而正世，即是由愛親而愛人。

（三）情之核心義為「孝」

若以上分析可以成立，那麼我們再來看竹簡之「情」，也許更明瞭：

> 順乎脂膚血氣之情，養性命之正，安命而弗夭，養生而弗傷，知【天下】之正者，能以天下禪矣。（緇衣，簡 2～3）

> 情生於性，禮生於情，嚴生於禮，敬生於嚴……（語叢二，簡 1～4）

> 道始於情，情生於性。始者近情，終者近義。知情【者能】出之，知義者能入之。（性自命出，簡 3～4）

> 凡聲，其出於情也信，然後期入撥人之心也厚。（性自命出，簡 23）

> 凡人情可悅也。苟以其情，雖過不惡。不以其情，雖難不貴。苟有之情，雖未之為，斯人信之矣。未言而信，有美情者也。（性自命出，簡 50～51）

> 禮，因人之情而為之節文者也。（語叢一，簡 31、79）

血氣之情出自血氣之性，禮樂教化正以此「血氣之情」為依據，或禮或樂並不指空闊之儀禮或聲音，在儀禮或聲音之後皆有真情為據，因人之「情」方為真、方可信，此情正發自內，所以「雖過不惡」因為此情為「真」、為「善」、為「親」、為「愛」。所以若我們不拘泥於「情」字本身，合竹簡全篇而看，「情」之核心義當作「孝」解。由此也可以看出，中國傳統經典文本中對情的界定主要是基於血緣倫理，而在此基礎上「孝悌」自然而然成為了首要的倫理法則或者說是最大的誡命。正是在此處我們可以看到儒家傳統與天主教思想是何等的不同。

四、愛天主與愛父母──基於「孝悌」觀念之比較

（一）最大誡命之比較：愛天主與愛父母

　　如上分析，在天主教經典中很明確認為最大的誡命是「『你當全心、全靈、全意地愛天主，你的上主。這是最大的也是最重要的誡命」，而在中國古典文本中，首要的德性是「孝」，在傳世文本之孔孟論說中也堅持了此種傳承：「孝者，仁之本」，「親親，仁也」。這裡需要說明的是，儘管天主教經典中認為最大的誡命是愛天主，但是他並不否認對父母之愛，同樣堅持「孝敬父母」的誡命；同樣，儒家經典思想認為首要的誡命是孝敬父母，但是並不限於敬愛父母，還有著家─國─天下之愛以及仁民愛物敬天之思想，嚴格來說二者之岐異不在於是否敬愛父母或著說敬天愛天。其最大的不同在於源頭上，一個出於天主之神聖性，一個出自人情之自然；準確來說，天主教之孝愛來自天主，而儒家之孝愛來自人自身，並於天理之自然結合起來，這裡的天與天主教之「天」「天主」「上帝」完全不同，固然從價值源頭上講，儒家之孝愛來自「天」，但這更多是「人情自然」意義上的「天理」，不具有人格神和神聖意義；而天主作為愛的源頭則具有神聖規定性，他不是一種自然的演繹展現而是一種神聖建構。儒家的人與天是一體的，天道現於人道中，人道即是天道之展現，沒有此岸於彼岸之劃分，從某種意義上說，天道就是人道，人道就是天道。但是在天主教中，天主於人有著質的不同，這是有限於無限、創造者於受造物之區別，有著此岸與彼岸的神聖劃分，這樣的二分與割裂在儒家之天人關係中是不可想像的，天道只能流行於人道中。具體到孝敬父母上來說，孝悌為儒家之核心或者說首要的價值；而在天主教中，愛父母只是敬愛天主的表現，是處於從屬地位的，而且位於「愛近人」的行列。

（二）人情與天理的追尋：天主之義與血緣人情

　　首先，我們可以看出在對父母的界定上有著人情於天理的不同。對於儒家來說，父母便是出於血緣親情生身父親母親，這是一種自然的倫常關係，也正是儒家所堅持和認可的「君子之道，造端乎夫婦」，這是自然的人情結合，由此因自然繁衍而產生父子關係，這一切都基於人情，並且在儒家看來是最自然的，也是天道流行之表現，此處人情即是自然，即是天理。這構成了儒家倫理法則的起點和基礎，若說有某種神聖性，也只是此種天理自然的神聖性，而非此岸與彼岸、創造與被造的神聖性。但是，天主教對父母的界

定，如同上面我們所看到的，從天主子之降生與他對父母的新規定都具有神聖性，甚至是觀念上的革命性；因神聖有孕，這在儒家看來是神秘的，是不自然的，有反天道，悖乎天理，而且認為是根本不可能之事，屬於怪力亂神範圍；而對於耶穌所說「不論誰承行了我天父的旨意，他就是我的弟兄、姐妹和母親。」這在儒家看來，也是屬於「無父無君」之言，因為天理必然體現於自然人情之人道中，不可因為遵循「天理」而置換「父母」血氣之情，否則一定是「天理」錯了，人情父母之事實不可能錯。但是在天主教中，正有著此種由血緣而天理的革命性更新。我們還記得《馬太福音》中有著這樣的記載：

> 耶穌接著被聖神帶到曠野，接受魔鬼的試探。他一連四十個晝夜沒有吃什麼，覺得很餓。試探者就前來對他說：「如果你是天主子，就叫這些石頭變成餅吧！」耶穌回答說：「經上寫著：『人不單靠餅過日子，更要靠天主說出的每一句話。』」（太 4：1～4）

在這裡，我們同樣看到了人情自然之「食」在面對天主之「言」時是處於第二位的，「天理之言」具有神聖性，而且更能體現人性，而出於本能之溫飽只是從屬性的，對於儒家來說，我們知道他們的信條是「民以食為天」，食就是天理，不存在「食」與「言」神聖二分，天理就在食色中，處於同一方時空世界。

（三）契約與身份：基於天主與基於血緣

若不限與《馬太福音》與郭店竹簡的文本範圍，我們可以進一步看到二者的區別。在基督教經典中有多次「立約」，這與儒家身份之堅持又明顯區別開來。「契約」是基於天主之聖言，具有神聖性，而且是對血緣倫理的一種打破、顛覆或者說是重構，對於人來說最重要的不是基於血緣親情的身份關係，而是要遵守具有神聖性的「契約」。對於儒家來說，最重要的關係是造端乎夫婦的血緣身份關係，這就是天理自然之顯現，不可能也不需要新的規定與契約建構，任何其他的價值原則只有在符合了此種血緣倫理準則後方具有意義和價值，否則都是有悖天理之表現。

若以上分析成立，我們可以想見正是此種區別奠定了中西傳統迥異和走向不同路徑的根源。愛天主之神聖超越性，方可有人性之謙卑與平等價值之建立；愛近人使人不囿與親情之愛方可有博愛理想之產生，世界的創造與被造方有探索天主傑作之可能；在另一方，血緣倫理中父母子女不可能以平等

之角色出現，仁民愛物更多只是圍於一己之家庭之愛，對於自然的天道流行之認定亦不可能有進一步之科學探究，由此自由、民主、平等、科學之價值觀亦無從建立。

第四節　「一個世界」的意義尋求：不朽與復活

引言：「死亡」作為生命之鏡──審視人生的另種可能

　　眾生皆有死，這是中西文化共同認可的一個現象，同時也是任何一個自覺的個人所要面臨的處境。然而，「有死」是個現象，如何看待這一現象則蘊含一種意義尋求。以華人學界為例，對「死亡」問題之研究以多重維度展開，舉起要者：其一、以探究「死亡以及生和愛」的「生死學」，這由華人學者傅偉勳教授於 1993 年提出〔註72〕，他將西方的「死亡學」（以探究「死亡」本質為主旨，標誌性的專著為 Herman Feifel 於 1959 年出版的 The Meaning of Death 〔註73〕）略加改造，試圖加進「愛」和「生」的元素進而建構為飽含生死智慧的「生死學」（Life-and-Death Studies）；其二、以探究「死亡的終極性、形而上學」的死亡哲學，大陸學者以段德智教授為代表，他的《死亡哲學》於 1991 年出版〔註74〕，他自己的定位是「死而上學」；其三、以發掘生死智慧並落實到生命教育的生死觀探究，代表人物為鄭曉江教授〔註75〕。其四、以探究「醫學生物科技引發的生死倫理問題」的生命倫理學，以邱仁宗教授為代表，他將「生命倫理學」的議題歸結為「生殖技術」、「生育控制」、「遺傳和優生」、「有缺陷的新生兒」、「死亡和安樂死」「器官移植」、「行為控制」、「政策和倫理學」

〔註72〕傅偉勳：《死亡的尊嚴與生命的尊嚴──從臨終精神醫學到現代生死學》，臺北：正中書局，1993 年版，序言第 20～21 頁。

〔註73〕Herman Feifel, ed. The Meaning of Death. New York: McGraw-Hill, 1959.

〔註74〕段德智：《死亡哲學》，武漢：湖北人民出版社，1991 年版。

〔註75〕我們以他的專著為例：鄭曉江：《生命與死亡──中國生死智慧》，北京：北京大學出版社，2011 年 2 月版；鄭曉江：《中國生死智慧》，南昌：江西人民出版社，2013 年 5 月版；鄭曉江：《生命教育演講錄》，南昌：江西人民出版社，2008 年 12 月版；鄭曉江：《穿透死亡》，南昌：江西教育出版社，2000 年 12 月版；鄭曉江：《學會生死》，鄭州：中州古籍出版社，2007 年 1 月版；鄭曉江主編：《感悟生死》，鄭州：中州古籍出版社，2007 年 1 月版；鄭曉江主編：《生命憂思錄：青少年生命教育刻不容緩》，福州：福建教育出版社，2011 年 12 月版；鄭先生論著很多，亦有多種論著在臺出版，以上只是部分舉例。

等主題〔註76〕。對「死亡」問題的多重維度〔註77〕（不限於上述四種）展開說明了此問題的跨學科性質〔註78〕（還包括心理學、考古學、人類學等領域以及業界如殯葬業的關注〔註79〕），因此這一領域有著豐富的多學科成果以資借鑒和融匯；同時也說明進一步對「死亡」問題的探討，自覺限定問題域與聚焦主題是必要的，否則將泛濫無歸而難以有所推進。本文之研究路徑更近於上面傅偉勳教授所開創的「生死學」以及鄭曉江教授所突顯的「生死觀」研究，在問題聚焦、研究方法、思路建構上則嘗試有所推進。

　　「死亡」作為「生命」〔註80〕之鏡的新視角。具體來講，接續上述學界對「死亡」問題的探討，本文的側重在於回到中西文明的經典文本中（以儒耶為例）探究其如何看待「死亡」問題？對「死亡」又是如何超克的？又如何以「死亡」為鏡，來反觀、建構「生命」的意義？由此以「死亡」為鏡，在比較視域下，以經典文本為據，我們會看到中西不同的「死亡」觀及其超克路徑。在研究方法上本文主要運用比較哲學的方法，借鑒了亞里士多德「朋友如鏡」（《大倫理學》，1213a20～26）之理論〔註81〕。中國人有「諱言死」的說法，然而，以「死亡」為鏡，卻可以彰顯「生命」的意義。在上述問題意識下，我們看到在先秦經典文本中有提到「死亡」為「休息」以及「三不朽」的說法；而在西方文明經典文本《聖經》中則有「永生」「復活」的表述，如何理解這些「不朽」方案？其產生歧異的原因何在？比較語境下不同的「不朽」觀對「人生」之意義又有何種建構？

　　關於中國傳統思想中對「死亡」問題的探討，康韻梅博士認為可以從四個方面考慮，第一、基於神話傳說中的變形神話而揭示的「死生相繼」；第二、

〔註76〕 邱仁宗：《生命倫理學》，北京：中國人民大學出版社，2009年版。
〔註77〕 關於此問題可參考張永超：《20年來兩岸學界關於「生死問題」的不同進路及其比較》，《福建江夏學院學報》，2015年第4期，第80～85頁。
〔註78〕 可參見：劉君莉、張永超：《「第一屆中國當代死亡問題研討會」會議綜述》，《醫學與哲學》，2017年3月第3A期，第96頁。
〔註79〕 可參考胡宜安：《現代生死學導論》，廣州：廣東高等教育出版社，2009年版（此書突顯了生死問題的複雜與多維）。
〔註80〕 需要說明的是，在不同研究者那裡對於「生命」有類似於「社會生命」「精神生命」「生理生命」等界定，對於「死」也有「心死」「身死」的說法，避免語詞上的歧義，本文對「生命」與「死亡」之界定主要就生理性「身體」立論，涉及「靈性」層面意義的「生命」會單獨注釋標明。
〔註81〕 對此問題之分析可參考余紀元：《德性之鏡：孔子與亞里士多德的倫理學》，林航譯，北京：中國人民大學出版社，2009年版，第5～6頁。

基於道家道教思想中長生久視而成仙思想；第三、基於民俗傳統中喪祭墓葬中的「死而不亡」信仰；第四、基於儒家實用理性的生命價值不朽。〔註82〕關於西方傳統思想關於「死亡」問題之討論同樣可以有多重路徑比如「死亡哲學」、「死亡學」等。為了集中論題，我們將自覺聚焦在儒家與基督教經典文本對「死亡」之看法尤其是對「死亡」之超克上，選取儒耶文本是考慮到其對中西文明塑造的典型性，基督教對西方文明之影響自不待言，陳寅恪論及儒家之影響時說：「故二千年來華夏民族所受儒家學說之影響最深最巨者，實在制度法律公私生活之方面」〔註83〕。圍繞「死亡」及其超克這一主題，本文集中從三個方面展開：對「死亡」之看法及其超克；比較中西不同超克路徑之原因；「不朽」對於「向死而生」的意義。文獻依據也自覺集中在：先秦儒家經典以《論語》為中心旁涉《荀子》《左傳》《禮記》等，基督教經典以《聖經》中的《馬太福音》為中心旁涉《創世紀》、《約翰福音》等其他章節〔註84〕。

一、以生觀死：死的意義建築在生的價值之上

（一）「歸土」與「追遠」：先秦儒家對「死亡」問題之見解

1.「眾生必死，死必歸土：此之謂鬼」

我們知道儒家對於生死的態度，自孔子開始基本形成一種「實用理性」的思路，比如在《論語·先進》篇中季路問事鬼神。子曰「未能事人，焉能事鬼？」敢問死。曰：「未知生，焉知死？」這種通過「生」來面對或者超越「死」的思路一直影響著中國人的文化心理；此種心理認知並沒有迴避眾生皆有死的事實，但是，又不停留於這種事實，不恐懼於這種事實；而是試圖通過某種自己可以把握的努力來超越它，此種可以把握的努力不是通過超越的上帝救贖，也不是長生久視的得道成仙，更不是涅槃寂靜，而是在人間世的盡倫盡職；對生的價值彰顯便是對死的超越，這樣的死才是有意義的。至於，人死後怎樣，鬼神是什麼，延續孔子的實用理性思路，並不做抽象玄虛的形上建構。

〔註82〕康韻梅：《中國古代死亡觀之探究》，臺灣大學中國文學研究所博士論文，1992年度，第238～240頁。

〔註83〕陳寅恪：《審查報告三》，載於馮友蘭：《中國哲學史》下冊，上海：華東師範大學出版社，2011年7月版，第336頁。

〔註84〕考慮到此問題的複雜性，學界研究的跨學科特點以及涉及文本的廣泛性，為了避免偏離主題，首先做出研究路徑、問題聚焦、方法選擇、文本依據上的自覺限制是必要的，這並不否認其他研究路徑的合理性以及其他文本的有效性。

在《禮記》和《說苑》中我們看到如下記載：

> 宰我曰：「吾聞鬼神之名，而不知其所謂。」子曰：「氣也者，
> 神之盛也；魄也者，鬼之盛也；合鬼與神，教之至也。眾生必死，
> 死必歸土：此之謂鬼。……因物之精，制為之極，明命鬼神，以為
> 黔首則。百眾以畏，萬民以服。」（《禮記‧祭義》）

> 子貢問孔子：「死人有知無知也？」子曰：「吾欲言死者有知也，
> 恐孝子順孫妨生以送死也；欲言無知，恐不孝子孫棄不葬也。賜欲
> 知死人有知將無知也，死徐自知之，猶未晚也！」（《說苑‧辯物》）

這裡我們基本可以看出孔子對於鬼神的唯物論解釋，用氣來解釋「神」，用「鬼神」來解釋「教」，眾生必死，死後歸土認為就是「鬼」了。「因物之精，制為之極，明命鬼神，以為黔首則。百眾以畏，萬民以服。」這是神道設教的思路，關鍵在於教化眾人。第二則文獻，我們看到了同樣的思路，死人是否有知？死後是否有知？孔子的說法很巧妙，他立論的重點不在於死者身上而在於生者的反應，即便是面對「問死」其回答還在於「此生」。這裡，我們可以看到孔子的智慧，對於無法探知的「死後」問題，不武斷、不迴避，只是將問題引導到可以認知、可以努力、可以把握的現世此生中。至於死人是否有知無知，自己死後自然知道，「猶未晚也」；對於人生來講，「死」不是優先考慮的問題；面對有死的事實，「善生」才是優先的考慮，否則就會「後悔」就會「晚」；對於死後問題那是不會晚的，死後自然知道。所以，儒家的所有努力勸勉都放在可以把握的此生此世，面對死，生是優先的。生命價值的彰顯，此生的盡倫盡職，便是人生的意義所在，人生的意義賦予了，死，便不再可怕；死亡便是一種歸宿和休息，這時候，死的意義便產生了。此生的努力賦予了死後意義的存在。這一思路，我們在相關的祭喪禮中進一步看到。

2.「祭者志意思慕之情也」

儒家的祭喪禮並非基於死後世界的信仰，而是基於一種人情考慮。孟子在《滕文公》篇中提到「蓋上世嘗有不葬其親者，其親死，則舉而委之於壑。他日過之，狐狸食之，蠅蚋姑嘬之。其顙有泚，睨而不視。夫泚也，非為人泚，中心達於面目，蓋歸反虆梩而掩之。掩之誠是也，則孝子仁人之掩其親，亦必有道矣。」（《孟子‧滕文公上》）此可以看出對於「親死」的喪葬之禮主要是基於一種人情考慮，再比如我們在《禮記》「問喪」中看到孝子要扶杖，為什

麼要扶杖呢？（或問曰：「杖者以何為也？」）「曰：孝子喪親，哭泣無數，服勤三年，身病體贏，以杖扶病也……此孝子之志也，人情之實也，禮義之經也，非從天降也，非從地出也，人情而已矣。」（《禮記・問喪第三十五》）這裡我們可以看出，此種喪祭之禮主要是基於一種人情考慮，人情之外沒有「上帝」「鬼神」「靈魂」之預設。後來，在荀子那裡，進一步凸顯了這一主題：「禮者，謹於治生死者也。生、人之始也，死、人之終也，終始俱善，人道畢矣……事生，飾始也；送死，飾終也。」（《荀子・禮論》）荀子的思路與孔子是一致的，而且他更明確的突顯了此種「禮」的人文含義，神道設教的含義，孔子弟子中以「孝」著稱的曾子說「慎終追遠，民德歸厚」（《論語・學而》），這也是荀子所表達的主題：「祭者，志意思慕之情也。……聖人明知之，士君子安行之，官人以為守，百姓以成俗；其在君子以為人道也，其在百姓以為鬼事也。」（《荀子・禮論》）。

「志意思慕之情」基本上反應了中國人對亡者的一種緬懷和情感寄託，同時，便是對於生者的一種「民德歸厚」式的教化。中國人的禮樂是為了生者而不是為了死者。所以荀子說「君子以為人道也，其在百姓以為鬼事也。」實際上，即便在民俗人倫中，對於喪葬祭禮也基本上遵循此種「慎終追遠 民德歸厚」和「志意思慕之情」的生死智慧。對死者的懷念是為了勉勵生者，對先祖父母輩的紀念更多是為了給後代子孫做個表率。世俗的人倫道德智慧正是在這種喪葬祭禮中得以傳承實行的。然而，這樣的人生畢竟是短暫的，除卻這些德化教育意義之外，人是否還可以有不朽的追求？若果一切都是暫時的，人們還有永恆追求的動力麼？人一生辛辛苦苦的意義何在？面對眾生皆有死的時候，什麼是可以不朽的？什麼是可以作為永恆的追求的？

（二）「不朽」與「綿延」：「死後」之傳承

如上面我們所看到的孔子對「人」之理解側重「氣」（物質性）層面之界定，而無「靈魂」「神不滅」的設定，那麼，對於「可朽」的物質性身體，人們是否還可以有「不朽」的追求？在儒家的思想語境中影響較大的「不朽」論述有兩種，其一為「子孫綿延意義上的不朽」，其二為「三不朽」。馮友蘭論及前者時明確提出「至少一部分的儒者，對於人死之意見，不以為人死後尚有靈魂繼續存在。然靈魂不死之說，雖為理智所不能承認，而人死之不可不即等於完全斷滅，則為事實。蓋人所生之子孫，即其身體一部之繼續存在生活者；故

人若有後，即為不死。」〔註85〕子孫後代的傳承便是一人一家「不死」的象徵，由此我們也可以看出傳統社會「傳宗接代」的超越性含義，不僅僅是子孫肉體的繁衍，更多是一種文化價值意義的傳承；基於此種語境，我們也可以看出，為什麼中國人那麼注重孝悌觀念，而且有「百善孝為先」的說法。除了此種「不朽」的觀念之外，我們知道另外一種「不朽」的說法是在《左傳》裏提出的：

> 二十四年，春，穆叔如晉，范宣子逆之問焉，曰，古人有言曰，死而不朽，何謂也……豹聞之，大上有立德，其次有立功，其次有立言。雖久不廢，此之謂不朽，若夫保姓受氏，以守宗祊，世不絕祀，無國無之，祿之大者，不可謂不朽。《左傳・襄公二十四年》

以《左傳》為例除了「三不朽」說法之外，論及「不朽」的還有四處：其一為孟明歸秦時說「使歸就戮於秦，寡君之以為戮，死且不朽」（《左傳・僖公三十三年》）；其二為知罃歸晉時說「累臣得歸骨於晉，寡君之以為戮，死且不朽，若從君之惠而免之，以賜君之外臣首，首其請於寡君，而以戮於宗，亦死且不朽」（《左傳・成公三年》）；其三為楚師敗後子反說「君賜臣死，死且不朽」（《左傳・成公十六年》）其四為季平子隨君歸國時說「不絕季氏，而賜之死，若弗殺弗亡，君之惠也，死且不朽，若得從君而歸，則固臣之願也」（《左傳・昭公三十一年》）關於此四則材料（主要是前三則，第四則疑有「錯簡」），陳來分析道「這些講法都是說，若在自己的國家被國君賜死，則死而不朽。死在本族的宗廟，亦死而不朽。但如果死在異國，不能歸骨於家族，就不能死而不朽了。根據這樣的講法，所謂『死而不朽』的意思似乎是死在自己的國、家，死後可以享祀，死後的精神魂魄可以與宗族祖先的精神魂魄在一起。」〔註86〕此種分析是公允的，這裡我們可以看出此種「不朽」理想與上述「子孫繁衍意義上的不朽」以及「立德立功立言三不朽」是對應的，而以「三不朽」為核心。因為死在故國並享於先祖與子孫之祭祀，立德立功立言與為君盡忠乃至於賜死，具有某種層面的一致性；並且可以進一步看到，此種「不朽」固然有「祭祀」「慎重追遠」之意義，但立論依據不在「靈魂」「神不滅」等層面。此種思路影響深遠，我們以對現代學界思潮影響遍及文史哲領域的胡適為例，他便自

〔註85〕馮友蘭：《中國哲學史》（上），上海：華東師範大學出版社，2011 年版，第 202 頁。

〔註86〕陳來：《古代思想文化的世界：春秋時代的宗教、倫理與社會思想》，北京：生活・讀書・新知三聯書店，2002 年版，第 124 頁。

覺批評了「神不滅」層面的不朽，認為「三不朽」「好的多了」，但認為傳統「三不朽」說有三層缺點「真能不朽的只不過那極少數」「沒有消極的制裁」「範圍很含糊」，因此他又接續此種思路提出「社會的不朽論」〔註87〕。由此可看出「三不朽」所塑造的中國人文化心理正是通過此種「世間」的盡倫盡職，通過此種德性修養、功利建構、言語智慧來達到一種精神性的不朽，此種不朽不是通過靈魂不滅或者來世復活，而是通過此世間對他人的正面影響而發生的，對他人的仁愛善待、對這個社會的功業建立以及對任何人的智慧勸誡這便是一種「不朽」，人都會死，但是此種「德性仁愛、功業恩澤、道德智慧」卻活在生者心中，因此這是一種有生命承載的不朽。面對有死的事實，因為此種生的價值，因為此種「有生命承載的不朽」，讓我們看到，死，不再是可怕的離開；而是一種心靈寧靜後的休息。

（三）「死」之意義與生之價值

在《荀子》「大略篇」我們看到孔子與弟子的如下對話：

> 子貢問於孔子曰：「賜倦於學矣，願息事君。」孔子曰：「《詩》云：『溫恭朝夕，執事有恪。』事君難，事君焉可息哉！」……「然則賜無息者乎？」孔子曰：「望其壙，皋如也，顛如也，鬲如也，此則知所息矣。」子貢曰：「大哉！死乎！君子息焉，小人休焉。」《荀子·大略》

對「死亡」之解釋及其「不朽」之定位，我們看到儒家所建構的文化心理與價值追求，在世時要盡倫盡職，去世時則寧靜休息。此種生前的「盡倫盡職」便表現為個人德性的培養，具體的領域便是在君臣、父子、夫婦、兄弟、朋友中完成君子人格的養成。此種人倫關係至今或許名稱有所變換，但是上下級的關係、父子、夫婦、兄弟、朋友等人倫維度依然存在，這也表明，儒家此種人倫智慧是亙古彌新的。在世時的盡倫盡職，臨至終年，死去，便是一種歸宿，一種休息，一種心靈的安寧；而不僅僅是一種生命的停止和結束。這種死，可怕麼？在儒家看來，這樣的死是不可怕的，因為生的價值賦予了死的意義和寧靜。後來張載在自勉格言中稱「存吾順事，沒吾寧也」（《西銘》末句），正是此種寧靜智慧的寫照。李澤厚在談及中國人的死亡意識時說：在中國人的

〔註87〕 胡適：《不朽──我的宗教》，文載歐陽哲生編：《容忍比自由更重要：胡適與他的論敵》，北京：時事出版社，1999 年版，第 406～414 頁（原載一九一九年二月《新青年》六卷六號，後收入《胡適文存》卷四）。

意識裏時間首先是與人的生死存亡聯繫在一起的。事物在變遷，生命在流逝，人生極其有限，生活何其短促……。那麼，有沒有可能或如何可能去超越它呢？去構造一個永恆不變的理念世界嗎？去皈依上帝相信靈魂永在嗎？在神的恩寵和靈魂的不朽中去超越這個有限的人生、世界和時空嗎？有這種超越、無限、先驗的本體嗎？對此，李澤厚先生回答道：「中國哲人對此是懷疑的……孔子和儒家沒有去追求超越時間的永恆，正如沒有去追求脫去個性的理式（idea）、高於血肉的上帝一樣。……這裡是將死的意義建築在生的價值之上，將死的個體自覺作為生的群體勉勵。在儒家哲人看來，只有懂得生，才能懂得死，才能在死的自覺中感覺到存在。」〔註88〕

李先生的論述可以作為中國人對於生死觀念的一個小結，同時下面我們也可以去反觀西方的死亡觀念，他們也承認「有死」、也承認「不朽」，也勉勵此生的辛苦努力，但是，其依據不是人情自身，而是基於超越性的理念、至高的上帝，因此在神的恩寵和靈魂的不朽中去超越這個有限的人生、世界和時空。

二、向死而生：在神的恩寵和靈魂的不朽中去超越有限的人生

本節在文本依據上持續文首堅持的原則，以基督教經典《聖經》中《馬太福音》〔註89〕為中心文本，同時會參引「對觀福音」其他三部、《創世紀》等其他章節。

（一）基督教經典對「死亡」之看法：以「耶穌之死」為中心

以《馬太福音》文本為中心，對死亡問題有所論列的涉及四處：「屠殺男孩」（太2：16～18）〔註90〕、「施洗約翰的死」（太14：1～12；另見可6：14～29；路9：7～9）、「猶大的死」（太27：3～5；另見徒1：18～19）、「耶穌的死」（太27：45～50；另見可15：33～41；路23：44～49；約19：28～30）。精審上述對「死亡」的討論，我們可以看出：

第一、《馬太福音》在論及死亡問題上，固然有「男孩之死」「約翰之死」

〔註88〕李澤厚：《華夏美學》，《李澤厚十年集》第一卷，合肥：安徽文藝出版社，1994年版，第260～261頁。

〔註89〕參考的聖經版本：《聖經》，中國基督教三自愛國運動委員會中國基督教協會出版發行，2009；香港聖經公會和合版，1999；思高聖經學會譯本，1991香港20版；New International version, Zonderevan Bible Publishers, 1984.

〔註90〕具體引用格式上依照同行慣例，以篇名簡稱隨後附章節數，下同。

「猶大之死」，但是，從內容上看都圍繞「耶穌之死」展開，前三者都是輔助、鋪墊性的。因為「男孩之死」正是由於希律王對耶穌之誕生不安，起了殺心「凡兩歲以裏的，都殺盡了。」（太 2：16）；而「猶大之死」則是因為出賣耶穌「就後悔」「把那銀錢丟在殿裏，出去弔死了。」（太 27：3～5）「約翰之死」的具體死因為「起先希律為他兄弟腓力的妻子希羅底的緣故，把約翰拿住鎖在監裏。」「因為約翰曾對他說，你娶這婦人是不合理的。」但直接死因則是希羅底女兒為希律王跳舞贏得歡心，被母親所使就說「請把施洗約翰的頭，放在盤子裏，拿來給我。」（太 14：3～10）不過，我們需要留意《馬太福音》第 14 章第一、二節「那時分封的王希律，聽見耶穌的名聲，就對臣僕說這是施洗的約翰從死裏復活，所以這些異能從他裏面發出來。」（太 14：1～2）而耶穌在論施洗約翰時也說「我告訴你們：是的，他比先知大多了。經上記著說『我要差遣我的使者在你前面預備道路。』所說的就是這個人。」（太 11：9～10）同時可參看「耶穌受洗」（太 3：13～17；另見可 1：9～11；路 3：21～22）可以看出施洗約翰作為先知是為了「預備道路」，在此意義上，我們可以看出「施洗約翰之死」相對於「耶穌之死」而言也是輔助性、預備性的。

　　第二、《馬太福音》在死亡問題上對「耶穌之死」有著較為詳細集中的論述。首先、在「對觀福音」文本比較上「耶穌之死」全部涉及（太 27：45～50；可 15：33～41；路 23：44～49；約 19：28～30），而「男孩之死」「約翰之死」「猶大之死」則只是「對觀福音」之一二部提及。其次、在《馬太福音》文本內部，我們看到在「耶穌的死」章節前有著濃厚的預言與鋪墊：「耶穌預言受難和復活」（太 16：21～28；另見可 8：31～9：1；路 9：22～27）、「耶穌第二次預言受難和復活」（太 17：22～23；另見可 9：30～32；路 9：43～45）、「耶穌第三次預言受難和復活」（太 20：17～19；另見可 10：32～34；路 18：31～34），關於「耶穌之死」則從「祭司長圖謀殺害耶穌」開始用 26、27 兩章詳盡描述，而且「對觀福音」全部有涉及，從文獻角度可以看出「耶穌之死」濃墨重彩背後的蘊意與重量：救贖。進而言之，如果說「耶穌之死」有著濃重的份量，那麼我們看到「死亡」不是終點，「復活」才是昇華。這一點在前面討論儒家對「死亡」及其超克時是沒有看到的，而且，需要留意的是「耶穌之死」前的三次預言都是「受難和復活」相連，可以看出「受難」只是救贖過程之一環而非終點，死後的「復活」才是「對觀福音」文本中精彩和獨特的部分（參見文本：太 28：1～10；可 16：1～10；路 24：1～12；約 10：1～10），

我們將在下面詳細討論此種「死」而「復活」的原因。

（二）「復活」：基督教對「死亡」之超克及其依據

《馬太福音》文本中關於「復活」問題之記載除了「耶穌三次預言受難與復活」以及「耶穌復活」章節外，在 22 章耶穌與撒都該人專門討論了「復活的問題」（太 22：23～32；另見可 12：18～27；路 20：27～40），具體論述如下：

> 撒都該人常說沒有復活的事。那天他們來問耶穌說：「夫子，摩西說：『人若死了沒有孩子，他兄弟當娶他的妻為哥哥生子立後』。從前在我們這裡，有弟兄七人，第一個娶了妻，死了，沒有孩子，撇下妻子給兄弟。第二第三直到第七個都是如此。末後，婦人也死了。這樣，當復活的時候，他是七個人中哪一個的妻子呢？因為他們都娶過他。」耶穌回答說：「你們錯了。因為不明白聖經，也不曉得神的大能。當復活的時候，人也不娶也不嫁，乃像天上的使者一樣。到死人復活，神在經上向你們所說的，你們沒有念過麼。他說『我是亞伯拉罕的神、艾薩克的神、雅各布的神。』神不是死人的神、乃是活人的神。」（太 22：23～32）

依照《馬太福音》文本我們可以看出耶穌明確提出「當復活的時候，人也不娶也不嫁，乃像天上的使者一樣。」以回答撒都該人的問難，但是，我們還可以問，此種復活僅僅是「靈性」層面的麼？（不娶不嫁如同天使）還是有肉體的部分。在「耶穌復活」章節我們看到：有提到耶穌「向抹大拉的瑪利亞顯現」（太 28：9～10；可 16：9～11），包括向門徒顯現（太 28：16～20；路 24：36～49；約 20：19～23；徒 1：6～8）。這裡值得留意的是，「對觀福音」之一《約翰福音》記載向瑪利亞顯現時耶穌說：「不要摸我，因我還沒有升上去見我的父。」（約 20：17）而且，在「解除多馬的疑惑」一節明確提出多馬說：「我非看見他手上的釘痕，用指頭探入那釘痕，又用手探入他的肋旁，我總不信。」而耶穌復活向他們顯現時真的請多馬「伸出你的手來，探入我的肋旁。」（約 20：25～28）由此我們可以看出，就「對觀福音」之記載「耶穌復活」實例是有肉體的復活[註91]。對於最終經歷「審判」而「復活的時候」，

〔註91〕還有類似的兩個例子：《路加福音》「使寡婦的兒子復活」（路 7：11～15），《約翰福音》「拉撒路復活」（約 11：38～44），這裡的復活，嚴格來講是耶穌行使大能救死扶傷意義上的。當與「耶穌復活」區別考慮。

依據「不娶也不嫁，乃像天上的使者一樣」更多是靈性意義上的，《哥林多前書》專門討論了「復活的身體」，稱「復活的是靈性的身體」（林前 15：44）。謹慎起見，對於「復活」當區分不同層次，但都將以「耶穌之受難與復活」為中心和最終依據（無論是大能還是最終審判都依據其神性）。需要說明的是，「死後」之「復活」成為可能與「人之生」及「靈性」有關。

我們在《創世紀》第一章裏看到，上帝在創世的第六天「神就照著自己的形象造人」（創 1：26），在第二章，更具體的描述了亞當的誕生：「耶和華神用地上的塵土造人，將生氣吹在他鼻孔裏，他就成了有靈的活人，名叫亞當。」（創 2：7）這裡我們可以看到，在人的界定上，基督教對人的塑造與儒家的核心區別在於「有靈」上面，在源頭上人為上帝所創造，而且人是上帝依照自己的形象所造，因此，人的可貴便不在於他的肉體，如《約翰福音》所說「叫人活著的乃是靈，肉體是無益的」（約 6：63），而在於他被賦予了「神靈」的形象；在亞當誕生時，固然來自「塵土」，但是，神將「生氣吹在他的鼻孔裏」（需要留意的是此處靈性意義上的「氣」與前面提到孔子所言物質性意義的「氣」截然不同），這樣他就不僅僅是「塵土」，而成為了「有靈」的活人。這意味著，人的肉體依然會死亡，會朽壞，但是，人的靈魂卻是不朽的、永生的。正是在「靈性」層面，為最終「復活的時候」提供了依據和判準。若說「創世紀」針對一般人之「降生」，對於「耶穌基督降生」有著同樣的「靈性」依據，我們熟知的「瑪利亞就從聖靈懷了孕」（太 1：18）；對於施洗約翰之降生有著類似的記載，「從母腹裏就被聖靈充滿了。」（路 1：15）因此我們可以說「對觀福音」所提的「復活」與「永生之道」主要是就「靈性」層面講的，生理性的肉體要歸於塵土，這與儒家「死必歸土」類似，但是「靈性」生命則是可以永生的不朽的。

（三）「復活」之意義與生之價值

此種對於有靈的活人的塑造，並不影響勸勉人在此世的努力。並不因為人的靈魂是不朽的，人在此生此世便可以吃喝玩樂，因為「天國是努力進入的」（太 11：12）。同樣正因為人的靈魂是不朽的，而且，最後都要回到天父那裡去；所以此生此世更需要努力和倍加珍惜，這是因為基督教信仰裏面，人正因為是有靈魂的，所以有最後審判的面臨；而且正因為人是有靈魂的，人有在最後復活的機會；善惡福報的判斷在天父那裡，但是，善惡福報的依據則在於人此生的努力和言行。我們在《馬太福音》中讀到：

耶穌又用比喻對他們說天國好比一個王，為他兒子擺設娶親的

筵席。就打發僕人去，請那些被召的人來赴席，他們卻不肯來。王
又打發別的僕人說：「你們告訴那被召的人，我的筵席已經預備好
了，牛和肥畜已經宰了，各樣都齊備。請你們來赴席。」那些人不
理就走了，一個到自己田裏去，一個作買賣去，其餘的拿住僕人，
凌辱他們，把他們殺了。王就大怒、發兵除滅那些兇手、燒毀他們
的城。於是對僕人說：「喜筵已經齊備，只是所召的人不配，所以你
們要往岔路上去，凡遇見的，都招來赴席」……因為被召的人多，
選上的人少。（太 22：1～14）

　　這裡我們可以看出，基督教也強調人的在世努力，但是努力的方向、源頭
和依據都在於上帝愛的誡命；也強調對他人的愛，但是此種源頭不是基於一種
人性情感，而是基於一種神性依據。此種在世的努力，不是儒家意義上的「盡
倫盡職」，而是一種對天主「召叫」的感恩與回應；人的不朽也不僅僅在於此
世的努力，而在於此世努力對於神的感恩，因此在最後審判時，人的復活才會
得到「永生」；此種永生固然與人的努力是分不開的，但是在最終依據上卻來
自於上帝。同時，由於人是「有靈」的緣故，人肉體的死亡便不是「休息」而
是「眠於主懷」，不是一種離去而是一種「蒙主寵召」；儒家對「死」的超越在
於突顯此生的「人生價值」而賦予死的意義，而在基督教那裡，此種意義的源
頭只有一個，那便是上帝。基督徒需要辛辛苦苦孜孜不倦地工作，但不是一
種世俗性的「盡倫盡職」，而是一種「天職觀」（如馬克斯·韋伯所強調的）的
踐行，因此辛苦自身就是有意義的，如經文所說「神的國就在你們心裏」（路
17：21）；臨至赴死，不是一種離開，而是一種回歸，這同樣是值得期待的，
這同樣也是一種對「死」的超越，只是此種「超越」不源自於人自身，而源自
於超越的至上神。

三、認同「有死」事實之不同超克：「不朽」與「復活」

　　基於上面儒耶經典文本對「死亡」之不同看法，我們看到對於「有死」的
事實儒耶是供認的。超克路徑則不同，儒家側重「知生」而「不朽」，基督教則
強調「復活」與「永生」。《論語》文本裏提到「顏淵死，子哭之慟。」（《論語·
先進》）「死生有命富貴在天」（《論語·顏淵》）可以為證，儘管孔子稱「未知生，
焉知死？」但這並不否認「有死」的事實，而只是一種「向死而生」之人生智
慧。面對「有死」，儒家將問題引向了「知生」，因此注重此生的「立德立功立

言」，這便是「不朽」了，固然其「德功言」有著對象和次序限定，比如「親親而仁民，仁民而愛物」（《孟子·盡心上》）之自覺。但是，此種對於「知生」的努力，無形中賦予了生命的意義，其他層面「死在故國」之「不朽」以及「子孫繁衍祭祀不絕」意義上之不朽便以此為中心展開。就此層面來講，「知生」之努力便具有某種超越性，由此之「死亡」只是一種寧靜之安息。「生理性身體」終將「歸土」，但是，其精神層面則是「不朽」的，這裡沒有「靈魂」「上帝」的設定，先秦儒家「向死而生」進而側重「知生」而達到「不朽」的思路是圓滿自足的，毋寧說在傳統社會提供了一種理想的富有意義的人生之道。

基督教在此問題上則圍繞「受難與復活」展開。《馬太福音》等經典文本向我們展示了「男孩之死」「約翰之死」「猶大之死」等實例，對於肉體之死亡同樣得到認可，但是，與儒家不同，這些「死亡」都以「耶穌」為中心展開，貫穿「降生—領洗—傳道—受難—復活」。此一路徑是獨特的，肉體之死亡在基督教語境裏不是重點，死後之復活，尤其是「復活」之依據才是重點。我們看到經文明確說「叫人活著的乃是靈，肉體是無益的」（約 6：63）「身體沒有靈魂是死的」（雅 2：26）這裡明確將人由「肉體」拉向了「靈魂」「復活」，此一路徑與儒家將人由肉體的「死亡」拉向「知生」不同，固然基督教也強調「知生」與「此世」的努力，但是，很明顯「此世」之努力都有其背後的神性依據。我們可以進一步追問此種對於「死亡」之超克路徑，為何一者是「不朽」而一者是「復活」？如同上面我們所分析的，這與儒耶兩家對「生命」的界定不同。

四、不同超克路徑之深層原因：對「生命」的不同界定

對「死亡」問題的探討，固然儒耶兩家有著不同的路徑，但是，二者都共同回到了「生命」問題上來，由此可看出「向死而生」的深層蘊意：死亡作為生命之鏡，最終將人拉向此生的意義尋求，儘管二者有著不同的依據。

儒家對「生命」之界定，如同上面孔子所言子曰：「氣也者，神之盛也；魄也者，鬼之盛也；合鬼與神，教之至也。眾生必死，死必歸土：此之謂鬼。」（《禮記·祭義》）主要是從物質性的「氣」來解說人之神、魄。參照其他文本，我們可以發現先秦經典對於「生命」之產生論述甚少，其側重在於既有生命的「知生」努力，有限的文本涉及到此問題的有「天生蒸民，有物有則。」（《詩經·大雅·蒸民》）「天地絪縕，萬物化醇。男女構精，萬物化生。」（《易經·繫辭下》）《管子》「樞言」編云「有氣則生，無氣則死，生者以其氣。」乃至於

後來周敦頤說「陽變陰合，而生水火木金土，五氣順布，四時行焉。……二氣交感，化生萬物，萬物生生而變化無窮焉。」（《太極圖說》）這裡也基本延續先秦儒家的思路由天之「氤氳」之氣而「化生」天地人，後來則將陰陽五行學說融匯進來，由此而產生「元氣──陰陽──五行──天地人」的演化模式〔註92〕。由此可以看出，此種基於物質性的「氣」所孕育的「生命」沒有「靈性」或「神性」依據，因此物質性的「氣」之死亡便為「歸土」，沒有彼岸世界之追尋，但是，儒家自覺的由「知生」通過「德功言」之努力而賦予了「不朽」之意義。

但是，基督教方面對「人之生」包括「天地」之生，都有著明確的記載，如同上面我們所看到的「神就照著自己的形象造人」（創1：26），在第二章，更具體的描述了亞當的誕生：「耶和華神用地上的塵土造人，將生氣吹在他鼻孔裏，他就成了有靈的活人，名叫亞當。」（創2：7）在此種「創生」模式中，人蘊含了「塵土──靈性」兩個維度，而且二者地位不同，這形成了「肉體──靈魂」之間的某種張力，如同上面看到的「叫人活著的乃是靈，肉體是無益的」（約6：63）「身體沒有靈魂是死的」（雅2：26）。但是，我們需要留意，正是「靈魂」的設定，使後來的「復活」成為可能，如同經文稱「復活的是靈性的身體」（林前15：44），而且正是「靈性」層面賦予了人性的尊嚴和意義。由此我們可以看出，基督教在對「死亡」之超克上，提出「復活」的路徑，有別於儒家，但其深層緣由則在於「靈性生命」的設定，這一層面先秦儒家少有論及。因此，在「生」的問題上，中國文化基於物質性的「氣」進而彰顯其人道意義，突出「造端乎夫婦」（《中庸》）的人間事實，並強調在「人間世」的「知生」努力，因此而追求「不朽」；而在西方，「生命」是被創造的，由上帝創造出來，而且上帝賦予了人「有靈」，因此生命的意義在於靈性的「復活」與「回歸」。

本章小結 「向死而生」──「一個世界」中的意義尋求

基於上述分析，我們看到儒耶共同認可「有死」的事實，但都自覺有所超克，儒家「向死而生」表現為「知生」之努力而「不朽」；基督教則在「有靈」

〔註92〕關於中西天地人產生方式可參考張永超：《創生與化生：從起源角度探究中西文明融合的困境及其可能》，《哲學與文化月刊》，2016年第3期，第171～188頁。

設定下基於「愛的誡命」而「努力進入天國」，肉體「死」後而有靈性的「復活」與「永生」。儒家的不朽在於子孫的繁衍，更在於此生的「立德立功立言」的盡倫盡職，而基督教的「不朽」在於源自上帝的「靈性」的不朽，在最後的審判中，人們還要面臨「復活」的情境，這在儒家「不朽」的意義裏是缺失的。儒家的不朽不是最終意義上的，儒家的不朽就體現在時間之流的過程當中，體現在人倫日用的倫常關係中；德性的建構、功業的建立、言語智慧的福澤他人、後世，便是不朽了，儒家的不朽活在生者的心中；基督教的不朽在於靈魂的回歸神性。從相同的層面去看，拋開此種起點和終點的巨大差別外，我們看到在對此生的勉勵與勸導中，儒家和基督教在對人的人性建構與言行引導上，都主張對他人的關愛與善待，都強調個人對這個社會的責任；只是，在最終依據上，儒家建基於人性，而基督教建基於神性。死亡是生命之鏡，亞里士多德〔註93〕有「朋友如鏡」的說法（《大倫理學》，1213a20～26），我們當暫時放下習俗忌諱，或可以稱死亡為生命之友，它不僅為生命劃定邊界，同時亦讓我們反省世俗中人生「活著」的意義及尋求「不朽」的可能；同時「復活」為「不朽」之鏡，我們當暫時放下文明傳統的自負，以他者文明為鏡、為友，以此來反觀面對共同的「有死」的事實，還有哪些可以共享的思想資源。

　　「立德立功立言」之「不朽」在現代語境下蘊含了對他者文明的敬畏與虔誠學習。其中重要的一點便是「科學」「民主」及其理性思維方式的學習。下面我們將嘗試以「實用理性」為中心予以檢討。

〔註93〕需要說明的是亞里士多德對於「子孫繁衍意義」下的不朽在《論靈魂》《論生成和消滅》《政治學》等論著中有所討論並認可其合理性，但對其評價並不高，因為他認為真正體現「不朽」「神性」的在於「思辨」，那才是最高的善與第一位的幸福，德性幸福在其次。詳細分析參見：余紀元：《亞里士多德倫理學》，北京：中國人民大學出版社，2011年版，第219～222頁（「思辨與幸福」）。

第六章　李澤厚「巫史傳統論」之論證（三）：實用理性與樂感文化

問題引入　究竟什麼態度才是「科學」的？

　　1985 年 8 月 23 日，波普爾先生在為中文版《波普爾科學哲學選集》做的「作者前言」中提到一個有趣的現象，他以委婉的口氣說因為「從未到過中國」，他在香港大學當了幾年特邀主考並在一九六三到那裡訪問了幾個星期，在倫敦和美國教書時候有過「幾個很好的中國學生」，但是「這個經歷使我還不足以判斷下面的事情是不是真的：中國流行的生活態度都認為犯錯誤是丟面子的。如果這是真的，根據我對科學的看法就要求改變這種態度。甚至應當代之以另一種相反的態度。如果有人發現了你堅持一種錯誤的看法，你應當表示感謝，因為這會導致改正錯誤，從而使我們更接近真理。」[註1] 波普爾先生說，他無法斷定「那種犯錯誤就丟了面子的態度是否真是中國人的性格。但我確實碰到過很多很多歐洲人和美國人都採取這種態度，而這種態度，如我所說，是同科學態度不相容的。」他把這種態度「叫做權威主義或者教條主義的態度。持有這種態度的人總是認為，他們是權威或者專家，因而有責任認識得完全正確。但如果我的科學觀是對的，那麼你的認識就不可能完全正確，因為根據我的科學觀，任何科學理論都是試探性的，暫時的，猜測的：都是試探的假說，而且永遠都是這樣的試探性假說。」[註2] 最後作者談了「一切生物機體都要犯

〔註 1〕波普爾：《科學知識進化論：波普爾科學哲學選集》，紀樹立編譯，北京：生活‧讀書‧新知三聯書店，1987 年 11 月版，作者前言，第 1 頁。
〔註 2〕波普爾：《科學知識進化論：波普爾科學哲學選集》，紀樹立編譯，北京：生活‧

錯誤」「我們必須尊重個人以及個人所創造的觀念,即使這些觀念錯了。如果不去創造觀念——新的甚至革命性的觀念,我們就會永遠一事無成。但是既然人們創造了並闡明了這種觀念,我們就有責任批判地對待他們。」〔註3〕

這是不足三頁的「作者前言」,據編譯者稱「這本書的目錄曾經過波普爾博士本人過目,他沒有提出任何異議。」〔註4〕我們在該書「作者前言」中也確實看到「為《波普爾科學哲學選集》而寫」字樣。之所以不惜篇幅引用,不僅僅是因為作者提到了「犯錯誤丟面子」這樣一個現象,而且還提到「有責任完全正確」。聯繫一下百年來「科學」「民主」或者說「德先生」「賽先生」在中國近乎「神聖性」的地位,「科學的」曾經是正確或者「絕對正確」的標準和最高讚譽。但是,在波普爾看來,那卻是「同科學態度不相容的」,那只是一種「權威主義或者教條主義的態度」。若我們接受波普爾的「科學觀」,那麼,我們近百年來的「科學迷戀」或者說「科學主義」觀的在中國形成恰恰是「同科學態度不相容的」「權威主義或者教條主義的態度」。那麼,我們想問,究竟什麼才是「科學的」態度?

另外,關於「為什麼中國沒有科學?」曾經有過熱烈的討論,如今從思維方式角度予以重新審視或許不僅僅是「老調重彈」,傳統的思維方式與波普爾所說的「科學觀」究竟有何關係?李澤厚說「由於『一個世界』的情理結構使情感與理知沒有清楚劃分,工具理性與價值理性混為一體,也就開不出現代的科學與民主。」〔註5〕本文嘗試從思維方式視角探究「實用理性」所建構的認知模型。

第一節 「實用理性」之提出及其思維方式建構

一、李澤厚關於「實用理性」的論述

(一)「實用理性」之由來

前面我們引用過李澤厚的說法「『樂感文化』『實用理性』乃華夏傳統的

讀書·新知三聯書店,1987年11月版,作者前言,第2頁。

〔註 3〕波普爾:《科學知識進化論:波普爾科學哲學選集》,紀樹立編譯,北京:生活·讀書·新知三聯書店,1987年11月版,作者前言,第3頁。

〔註 4〕波普爾:《科學知識進化論:波普爾科學哲學選集》,紀樹立編譯,北京:生活·讀書·新知三聯書店,1987年11月版,編譯前言,第38頁。

〔註 5〕李澤厚:《初擬儒學深層結構說》,載氏著:《由巫到禮 釋禮歸仁》,北京:生活·讀書·新知三聯書店,2015年1月版,第179頁。

精神核心」，而「實用理性」更多是在「思維方式或理論習慣」層面的，他說「與西方『罪感文化』、日本『恥感文化』（從 Ruth Benedict 及某些日本學者說）相比較，以儒學為骨幹的中國文化的精神是『樂感文化』。『樂感文化』的關鍵在於它的『一個世界』（即此世間）的設定，即不談論、不構想超越此世間的形上世界（哲學）或天堂地獄（宗教）。它具體呈現為『實用理性』（思維方式或理論習慣）和『情感本體』（以此為生活真諦或人生歸宿，或曰天地境界，即道德之上的準宗教體驗）。」〔註6〕

關於「實用理性」的論述，李澤厚在《論語今讀》中有著較多發揮，他說「而所謂『好古』者，即重視、珍貴歷史經驗之積累、學習也。實用理性者，亦歷史理性也。」〔註7〕「『中庸』者，實用理性也，乃不可改易的民族精神，它著重在平常的生活實踐中建立起人間正道和不朽理則，此『人道』，亦『天道』。」〔註8〕在演講《陰陽五行：中國人的宇宙觀》中有著進一步論述，他說「這種分析不帶有什麼情感性的，是非常理智的東西，它是一種理性，但是這種理性呢，它不是先驗的（transcendental）純粹理性（pure reason）像西方那樣，而是一種經驗的合理性（experiential reasonableness），沒有那麼嚴格的規範性，而是隨著具體環境不斷變化著的。我把它叫做實用理性，這種中國的辯證法就是我所講的實用理性的非常具體的形態。它有一定的普遍性，但它不是那種絕對的普遍必然的東西，它不斷在變化，不斷地隨著經驗的變化而變化。」〔註9〕

那麼此種「實用理性」來自哪裏呢？前面我們在論述「巫史論」的「理性化」主題時有提及，李澤厚認為無論是「實用理性」還是「樂感文化」都來自「巫史理性化」：「中國遠古之巫術沒走向對象崇拜的宗教（也許這種供奉的行為，因走入這個方向而為孔子反對？）卻理性化地與歷史、政治相結合，而形成『巫史文化』。……易經乃卜筮之書，其中卻蘊涵講說著好些歷史史實和經驗故事，功能又仍在使人去影響客體、作用對象，主觀選擇性能動性甚

〔註6〕李澤厚：《論語今讀》，北京：生活・讀書・新知三聯書店，2004 年 3 月版，第 25 頁。

〔註7〕李澤厚：《論語今讀》，北京：生活・讀書・新知三聯書店，2004 年 3 月版，第 207 頁。

〔註8〕李澤厚：《論語今讀》，北京：生活・讀書・新知三聯書店，2004 年 3 月版，第 186 頁。

〔註9〕李澤厚：《陰陽五行：中國人的宇宙觀》，《中國文化》，2015 年春季號，總第 41 期，第 1～14 頁。

強，並不同於匍伏、祈禱、自甘受制於對象的宗教崇拜。這是瞭解中華文化的要點，也是我強調『一個世界』『情本體』『實用理性』『樂感文化』的歷史根源。」〔註10〕「中國從巫術中脫魅途徑不是將宗教（情感、信仰）與科學（思辨、理性）分離，而是融理於情、情理合一，從而既不是盲目的迷狂執著，也不是純冷靜的邏輯推理，終於形成了『實用理性』『樂感文化』的傳統而構成『一個世界（人生）』」的宇宙觀。」〔註11〕

進一步，「實用理性」有何特點？

（二）「實用理性」之特點

關於「實用理性」的特點，在《論語今讀》中有著多處論述。李澤厚稱「孔門儒學確認『真理』總是具體和多元的，即在此各種各樣的具體人物、事件、對象的活動、應用中，即『道在倫常日用之中』。離此多元、具體而求普泛，正如離此人生而求超越，為儒學所不取。孔門儒學在信仰上不談鬼神，思維上不重抽象，方法上不用邏輯，均此之故。此『實用理性』所在，亦『情感本體』而非理性本體所在，亦『一個世界（人生）』而非『兩個世界』之特徵所在也。」〔註12〕「中國從來少有『什麼是』即少有 Being 和 Idea 的問題而總是『how』（如何），這正是中國實用理性一大特徵，它的視角、途徑、問題、語言、思維方式頗不同於希臘。在這一意義上，中國哲學傳統倒是非本質主義的，是反形而上學的，重視的是存在的多元狀態和功能，而非固有的實體或本質。」〔註13〕「從經驗、事實、歷史出發，溫故以知新，不迷信奇蹟，不空想思辨，此『實用理性』之具體呈現也。『實用理性』在某種意義上，便正是歷史理性。思辨理性（認識）、實踐理性（道德）均來源和服從於此『歷史理性』。宜乎據稱康德晚年有『歷史理性批判』的著作想。」〔註14〕「其實縱觀《論語》全書，如前所說，孔子於天、命、鬼神，均持一種既不肯定也不否定

〔註10〕 李澤厚：《說巫史傳統》，載氏著：《己卯五說》，北京：中國電影出版社，1999年 12 月版，第 148 頁。

〔註11〕 李澤厚：《說巫史傳統》，載氏著：《己卯五說》，北京：中國電影出版社，1999年 12 月版，第 175 頁。

〔註12〕 李澤厚：《論語今讀》，北京：生活·讀書·新知三聯書店，2004 年 3 月版，第 55 頁。

〔註13〕 李澤厚：《論語今讀》，北京：生活·讀書·新知三聯書店，2004 年 3 月版，第 54 頁。

〔註14〕 李澤厚：《論語今讀》，北京：生活·讀書·新知三聯書店，2004 年 3 月版，第 61 頁。

的實用理性態度。」〔註15〕

　　總括上述，「實用理性」的特點可概括為：「信仰上不談鬼神，思維上不重抽象，方法上不用邏輯」或者說「實用理性之思維重啟發、暗示、點悟，極具具體情境性質，而不重抽象論證、詳盡說明或推理過程。」〔註16〕若我們聯繫一下前面提到的波普爾的「科學觀」，此種「不重抽象論證、詳盡說明或推理過程」，恰恰是「同科學態度不相容的」「權威主義或者教條主義的態度」。依照波普爾的「三個世界」理論，此種態度恰恰處於「我知道」「我認為」「我強調」的「第二世界」層面。這是值得留意的現象。由上述的「實用理性」之特點，我們下面看一下「實用理性」的後續影響。

（三）「實用理性」之影響

　　儘管我們初步認為「實用理性」所建構的「思維方式」或「理論習慣」是「同科學態度不相容的」，但是，李澤厚在《論語今讀》中則明確提倡此種態度，他說「本譯似於今日有點用處，仍然宣講實用理性。因常見許多人對某些事物不是盲目排拒，便是盲目傾羨，或僅憑一己之愛憎好惡而排拒或傾羨，經常出於無知和缺乏理性。」〔註17〕他舉了一些「實用理性」的長處：「李贄更有『不以孔子之是非為是非』的名句，這倒體現孔學儒門實用理性的真正精神，孔子和《論語》不應是僵化的神聖偶像和教義信條。宋明理學以及現代新儒家均有悖於此。」〔註18〕「儒家提倡忠孝卻又反對愚忠愚孝，要求任何事情都要問個原由或講出道理，反對制度上（群體）和情感上（個體）的盲目信仰盲目服從，正是中國實用理性所在。」〔註19〕「孔門仁學並非思辨哲學，需邏輯一貫，它乃實用理性，重在行為、實踐，旨在培育情性，強調自覺、堅持，是以亦難亦易。這裡有意向性與現實性之分。孔子幾度自稱『不厭』『不倦』，此即中華民族實踐意向之韌性精神，雖百折不回，歲寒

〔註15〕李澤厚：《論語今讀》，北京：生活・讀書・新知三聯書店，2004年3月版，第185頁。

〔註16〕李澤厚：《論語今讀》，北京：生活・讀書・新知三聯書店，2004年3月版，第195頁。

〔註17〕李澤厚：《論語今讀》，北京：生活・讀書・新知三聯書店，2004年3月版，第116頁。

〔註18〕李澤厚：《論語今讀》，北京：生活・讀書・新知三聯書店，2004年3月版，第84頁。

〔註19〕李澤厚：《論語今讀》，北京：生活・讀書・新知三聯書店，2004年3月版，第97頁。

不凋，才有所成就。」〔註20〕

前面提到李澤厚用「實用理性」來解讀「中庸」，他說「這仍然是 A≠A ±（『中庸』的『度』，即今日所謂善於掌握分寸。這當然難。但不僅為人、做事、制禮、作樂，而且整個中國文化（包括醫、農、兵、藝等等）最講究的，正是這個分寸感。它完全來自經驗的歷史積累，中國之所以重歷史、重經驗與強調這個『中庸』、適度攸關。此貌似玄秘，實仍極平實，只是難於掌握和達到罷了。實用理性之艱難，在此。」〔註21〕同時提到此種「實用理性」所建構的「一個世界」觀「開不出現代的科學與民主」，他說：「由於是『一個世界』，便缺乏猶太——基督教所宣講的『怕』，缺乏無限追求的浮士德精神。也由於『一個世界』，中國產生了牢固的『倫理、政治、宗教三合一』的政教體制和文化傳統；『天人合一』成了公私合一，很難出現真正的個性和個體。於是，一方面是打著『天理』招牌的權利——知識系統的絕對統治，另方面則是一盤散沙式的苟安偷生和自私自利。總之，由於『一個世界』的情理結構使情感與理知沒有清楚劃分，工具理性與價值理性混為一體，也就開不出現代的科學與民主。」〔註22〕問題在於，為何說「實用理性」所建構的「一個世界」觀「開不出現代的科學與民主」？下面，我們先參照以下其他學者關於「為何中國沒有科學」的討論及其原因分析，再回來審視「實用理性」及其建構的「思維方式」與「科學」的問題。

二、關於「中國為什麼沒有科學？」的爭論

關於「中國為什麼沒有科學？」的經典提法為「近代中國為什麼沒有產生科學？」國際科學史界把此問題稱為「李約瑟難題」。學界通常認為這是李約瑟（Joseph Needham）於 1964 年最先在《東西方的科學與文明》一文中提出的，他的問題是：「為甚麼近代科學只在歐洲，而沒有在中國文明（或印度文明）中產生？」「為甚麼在公元前一世紀到公元十五世紀期間，在人類的知識於人類的實際需要方面，中國文明遠比西方更有成效得多？」關於此問題，我

〔註20〕 李澤厚：《論語今讀》，北京：生活・讀書・新知三聯書店，2004 年 3 月版，第 219 頁。

〔註21〕 李澤厚：《論語今讀》，北京：生活・讀書・新知三聯書店，2004 年 3 月版，第 222 頁。

〔註22〕 李澤厚：《初擬儒學深層結構說》，載氏著：《由巫到禮 釋禮歸仁》，北京：生活・讀書・新知三聯書店，2015 年 1 月版，第 179 頁。

們可以質疑此提法是否合適，比如說十五世紀以前中國文明是否比西方更有成效？或者說是否應以西方科學為標準來提出中國何以沒有的問題？對這些問題我們暫時不予關注〔註23〕，本處要關注的問題是原因分析，也即為何中國沒有在近代產生科學？

（一）制度層面的原因

對於此問題無論是哲學界還是自然科學界都有著多種多樣的討論與解答，據范岱年先生《關於中國近代科學落後原因的討論》一文介紹，第一種解釋是把中國近代科學落後的原因歸為：研究方法、哲學思想、價值觀念、專制和制度（科舉制度）等。比如中國近代科學的先驅、中國科學社的創始人任鴻雋（1886～1961）在1915年創辦《科學》雜誌之時，就探討了《說中國之無科學的原因》，認為「無歸納法為無科學之大原因」。1920年，梁啟超（1873～1929）在他的《清代學術概論》中認為：清代「樸學法」，已近於科學的，而自然科學不發達，是因為我國人有「德成而上，藝成而下」之觀念，其對於自然界物象之研究，素乏趣味，又因為清代中國沒有學校、學會、報館之類的建制，科學上之發明不能流傳和交流，「因秘而失傳者，蓋不少矣」。而蔣方震（1882～1938）在1921年為這部著作寫的序中認為中國無科學原因有四（1）清以異族，入主中夏，致用之學，必遭時忌；（2）耶穌會黨太子，得罪了雍正，竟為西學輸入之一障害；（3）民族富於調和性，……此科學之大障也；（4）民族尚談玄。化學家王琎（1888～1966）在1922年《科學》雜誌上，發表了《中國之科學思想》一文。他認為中國科學不振之原因是政府的專制、學術（如易經、陰陽五行學說）的專制，這些對中國科學的發展是極大的「摧殘」。馮友蘭則直接說「中國沒有科學，是因為按照她自己的價值標準，她毫不需要。」關於馮友蘭的解釋我們會在下面一個問題單獨分析，此處不贅。1924年，梁啟超發表了《清代學術概論》的姐妹篇《中國近三百年來學術史》，進一步綜述了乾嘉時期只有考證學得到畸形發展，而自然科學未能發展起來的原因。他認為，最大的障礙物，自然是八股取士的科舉制度。

第二種解釋為偏重於「經濟制度」，1944年10月24～25日，在貴州湄潭浙江大學內舉行了中國科學社湄潭區年會。李約瑟作了題為「中國之科學與

〔註23〕詳細的討論可參照陳方正：《繼承與叛逆：現代科學為何出現於西方》，北京：生活・讀書・新知三聯書店，2011年10月版，尤其是余英時先生的序言和「導論」部分「中國科學落後原因的討論」「李約瑟的影響與批判」等章節。

文化」的講演。李約瑟在演講中,首先批駁了「泰西與中國學人」的「中國自來無科學」的論點,指出:「古代之中國頗合科學之理解,而後世繼續發揚之技術上發明與創獲亦予舉世文化以深切有力之影響。之癥結乃為實驗科學與科學之體系,何以發生於西方而不於中國也。」他認為:「此當於堅實物質因素中求答。……中國之經濟制度,迥不同於歐洲。繼封建制度之後者為亞洲之官僚制度或官僚封建制度,而不為資本主義。……大商人之未嘗產生,此科學之所以不發達也。」

1945 年,竺可楨發表了《為甚麼中國古代沒有產生自然科學?》進一步探討了:「為甚麼在中國歷史上農業社會能保持這種壓倒的勢力如此之久?」竺可楨考察了中國的歷史,指出:「從戰國到漢初,一方面是工商業發達時期,一方面也是中國思想最燦爛的一個時期。但是,由於漢武帝屬行了重農抑商的政策,使工商業的發展被扼殺。至於在戰國思想解放的時期,科學的思潮也未能發展,則是由於中西文化的差異。」「中國人對實際活動的興趣,遠在其對於純粹活動之上。」「中國人講好德如好色,而絕不說愛智愛天。古西方人說愛智愛天,而絕不說好德如好色。」竺可楨進一步認為,「中西文化在這種價值意義上的差異」,「也是因為中國社會一直以農業為核心的關係」。希臘曾經經過游牧時代,它是一個半島,和海外來往很便利,所以商業從頭即易於發達;而中國是一個大陸國家,從殷墟時代起,即以農業為主要生產。古代帝王認為「民農則樸,樸則易用,易用則邊境安,主位尊」。「好智者多詐」,因此提倡重農抑商,農業社會勢力大,求知之心不得發達,而科學思想亦無從發展。所以竺可楨的結論是:「中國農業社會的機構和封建思想,使中國古代不能產生自然科學。」還有從心理學視角對此問題進行探討的,比如 1944 年 7月,當時在貴州的浙江大學心理學教授陳立討論了我國科學不發達的心理因素:(1)擬人思想的泛生論;(2)沒有工具思想的直觀;(3)沒有邏輯;(4)沒有分工;(5)客觀與主觀的混淆;(6)理智的不誠實等等。而這一切,他都認為是反映宗法組織的心理特徵。與此同時,浙江大學教授、數學史家錢寶琮(1892～1974)則把「吾國科學不發達」歸因於中國人太重實用。而這些又是由中國的大陸文化,自給自足之所使然。

建國以後,直到 80 年代,對此問題才有了重新的關注與探討。值得一提的是金觀濤、樊洪業、劉青峰的《文化背景與科學技術結構的演變》一文。作者們看到了促進近代科學在西歐產生和近代科學在中國落後的眾多因素

並不是線性並列的，有的是互為因果，有的相互起作用，所以，他們採用系統論、控制論的，把科學看成是社會中的一個內部有結構的子系統，它又與社會中其他子系統（經濟、政治、文化、哲學、技術）相互發生作用。他們認為西方有構造性的自然觀，逐步形成了科學與受控實驗、科學與開放性技術體系相互促進的循環加速機制，因而近代科學得以形成和發展。而中國是倫理中心主義的有機自然觀，不進行受控實驗，大一統型技術不形成開放性技術體系，因而不能形成近代科學加速發展的機制。作者還採用了定量的方法，用圖表曲線對中西方科學發展作了對比，企圖證實李約瑟對中西方科學成就的評價。另外林文照的《論近代科學沒有在中國產生的原因》一文，從中國傳統科學的內在缺陷（重實用，輕理論、思辨性思維，用元氣和陰陽學說來解釋一切，缺乏嚴格的邏輯推理，缺乏科學實驗精神，格物學說背離實踐方向），封建專制的政治制度的束縛（科舉制度、社會鄙棄或禁錮科學技術），封建經濟結構和經濟政策的阻礙（自給自足的小農和手經濟，官營工業和重農輕商的經濟政策）等方面，比較全面地（材料相對比較豐富）回答了這個問題〔註 24〕。從總體上看自然科學界在 1982 年「成都會議」後對此問題的解答有偏重於「知識社會學」的傾向，也即從科學與社會諸種因素的交互影響上來看待這個問題。不過直到今天雖然對此問題的討論仍然絡繹不絕，但是想避免前人的研究方法、文明類型、社會制度、心理特徵等解釋是很難的，新寫的文章不過是前人或多或少的重複而已。值得一提的是劉鈍、王揚宗在《中國科學與科學革命──李約瑟難題及其相關問題研究論著選》中對相關文章進行了收錄，但偏重於自然科學界的研究，對於中國哲學界的探討文章沒有收錄，唯一收錄了唐君毅先生了一篇。

（二）思維層面的原因

下面我們看一下中國現代哲學界對此問題的回答。任何問題的回答若不能從哲學層面給予解釋，總難免給人以避重就輕的感覺，像梁啟超那樣將科學沒有產生歸為科舉制度或甚至有論者歸為經濟制度，這總讓人感覺是一種現象性的描述而不是原因探討，至少我們無法以這種回答為滿足，比如我們

〔註 24〕以上對於中國為何沒有科學的論述參考並引用了范岱年先生《關於中國近代科學落後原因的討論》一文，該文收錄在了劉鈍、王揚宗編選的《中國科學與科學革命──李約瑟難題及其相關問題研究論著選》（遼寧教育出版社，2002年 4 月版）一書中。

還可以繼續追問，為何有了「科舉制度」科學便無法產生？甚至可以問為何會有那樣的科舉制度？哲學上的解釋，我們也可以有進一步的追問，但卻比種種制度、文化的解釋要更接近問題的真解。這裡需要說的是馮友蘭和張東蓀的解釋。

馮友蘭在《為什麼中國沒有科學》一文中從中國哲學的特徵展開分析，他將西方的哲學傳統歸為「人為」的路線，而中國思想為「自然」的路線，自然像墨子和荀子也有很強的「人為」特徵，但是後來此條路線沒有堅持下來，所以「秦朝之後，中國思想的『人為』路線再也沒有出現了。」「自從她的民族思想中『人為』路線消亡之後，就以全部精神力量致力於另一條路線，這就是，直接地在人心內尋求善和幸福，換言之，中世紀基督教的歐洲力求認識上帝，為得到他的幫助和祈禱；希臘則力求，現代歐洲正在力求，認識自然，征服自然，控制自然；但是中國力求認識在我們自己內部的東西，在心內尋求永久的和平。」〔註25〕這種西方向外逐物、認識自然、控制自然的思想在金岳霖熊十力那裡都可以看到類似的表述，與此同時他們又認為中國哲學是向內尋求心靈的安寧與幸福，這便是馮友蘭所說「中國沒有科學，是因為按照她自己的價值標準，她毫不需要。」〔註26〕若萬物皆備於我，又何必向外在世界尋求幸福呢？如此一來科學的確實性和力量還有什麼用呢？

馮友蘭先生甚至說「依我看來，如果中國人遵循墨子的善即有用的思想，或是遵循荀子的制天而不頌天的思想，那就很可能早就產生了科學」〔註27〕這些話很可以長中國人的志氣，但嚴格說來它更多是一個中國青年學者的不穩健的猜測。且不說「自然」與「人為」的思想路線是否可以作為不同思想類型的劃分標準，將中西定位為「自然」或「人為」類型恐怕是彼此都無法接受的。而且那種認為墨家和荀子路線若是不斷絕，便會產生科學的想法實在是過於草率了，金岳霖說「把一些熟知的哲學用語加之於西方哲學足以引起誤會，用於中國哲學則更加不妙。例如有人可以說先秦有邏輯家，這樣說就會引得讀者以為那時有一些人在盤算三段推論，研究思維律，甚至進行換質換位了。最

〔註25〕陳來編：《馮友蘭選集》，長春：吉林人民出版社，2005 年 5 月第 1 版，第 318 頁。

〔註26〕陳來編：《馮友蘭選集》，長春：吉林人民出版社，2005 年 5 月第 1 版，第 302 頁。

〔註27〕陳來編：《馮友蘭選集》，長春：吉林人民出版社，2005 年 5 月第 1 版，第 320 頁。

近有一篇文章把陰陽家說成科學的先驅，這也不是全無道理，於是這樣一來陰陽家就成了某種嚴格說來從未實現的事業的先驅，讀者如果根據描述把陰陽家想像成古代的刻卜勒或伽利略，那是接受了一批思想家的歪曲觀點。」〔註28〕但是，無論如何，馮友蘭從文化類型、思想特質角度分析中國為何沒有科學的視角是深刻的，甚至比那種地理、經濟制度解釋要更進一層。

　　與此類似的是張東蓀先生的解釋，他認為中國在傳統哲學上，不注重「本體」觀念，只關注「整體」思想；在古代邏輯上，缺乏「同一律」，重視「相關律」；在傳統文化上，忽略「物」的觀念，偏重「事」的觀念。這些因素共同作用，致使中國近代沒有形成科學誕生所必備的文化語境。比如他說中國哲學「不是西洋哲學中的所謂本質或本體的哲學（substance philosophy），與因果原則的哲學（causality philosophy）。因為所講的只是可能的變化與其互相關係，並不問其背後的唯一本質或本體。其互相關係是由於一定的秩序所使然，並不是一因一果的相連。所以大體上可以說略近於西洋哲學上的『函數哲學』（function philosophy）」〔註29〕談到邏輯時他說「同一律的名學，主謂式的句辭，本體的範疇概念，都是以宗教為背景的思想。這是西方的特色。相關律的名學，不盡的分類（nonexclusive division），比附式的定義，等等，都是以政治為背景的思想。這是中國的特色。」〔註30〕在承認科學史學家所說「實驗方法的發明是真正科學的開始」之觀念的基礎上，張東蓀認為，科學始於對「物」這一概念的創造，科學的對象是「物」。西方思想容易產生「物」的觀念，故有科學；中國古代對「物」沒有清楚的觀念，只注重「事」及其「意義」，偏重於「事」的研究，而「事」是歷史的對象，因此中國思想偏重歷史，沒有產生近代科學〔註31〕。在這裡需要指明的是張東蓀在此把西方的「本體論」理解為對「物」的本質、本原的探討，這是對「ontology」的誤讀。但是他從本體論、邏輯類型、研究對象方面指出中國為何產生不出科學的原因比馮友蘭所述又更進一層。

〔註28〕劉培育選編：《金岳霖學術論文選》，北京：中國社會科學出版社，1990 年 12 月第 1 版，第 351～352 頁。

〔註29〕張東蓀：《知識與文化》，上海：商務印書館，中華民國三十五年十二月再版，第 99 頁。

〔註30〕張東蓀：《知識與文化》，上海：商務印書館，中華民國三十五年十二月再版，第 189 頁。

〔註31〕關於此問題可參見郭廣：《近代科學為什麼沒有在中國產生？——論張東蓀對「李約瑟難題」的求解》，《武漢科技大學學報（社會科學版）》，2010 第 1 期；馬秋麗：《張東蓀李約瑟難題的解答》，《青海社會科學》，2007 年第 6 期。

　　金岳霖對此的解釋歸因於「思維的數學模式」，在《中國哲學》一文中金先生認為「科學在西方與希臘思想有緊密聯繫。雖然不能把前者看成後者的直接產物，卻可以說前者的發達有一部分要歸功於希臘思想中的某些傾向。實驗技術是歐洲文化史上比較晚起的，儘管對科學極為重要，卻不是產生科學的唯一必要條件。同樣需要的是某些思維工具；人們實際提供的這類工具，很可以稱為思維的數學模式。微積分的出現是對科學的一大促進，這表明處理數據的手段同通過觀察實驗收集數據同等重要。歐洲人長期用慣的那些思維模式是希臘人的。希臘文化是十足的理智文化；這種文化的理智特色表現為發展各種觀念。」〔註32〕而熊十力的說法則更具代表性，他明確區分「智」與「慧」「智義云者，自性覺故，本無倚故。慧義云者，分別事物故，經驗起故」〔註33〕另外在《十力語要》中他說「本體論即是學問的，非宗教的，而科學確不能奪取此一片領土，則哲學終當與科學對立，此又不待煩言而解。弟堅決主張劃分科哲領域，科學假定外界獨存，故理在外物，而窮理必用純客觀的方法，故是知識底學問。哲學通宇宙、生命、真理、知能而為一，本無內外，故道在反躬，非實踐無由證見，故是修養的學問。」〔註34〕很明顯，這裡熊十力先生所說的哲學是中國哲學意義上的哲學，而他對哲學的定位便是他所理解的「本體論」，需要說明的是他說的「通宇宙、生命、真理、知能而為一，本無內外，故道在反躬，非實踐無由證見，故是修養的學問。」與西方的「ontology」（「是」論）是不同的，而且他對西方哲學的理解也限於科學那樣「知識底學問」，這大致沒有偏離，但有混同科學與哲學的趨向。

　　梁漱溟在《中國文化要義》中，依然用他那「文化三路向」中西印三種文化的不同來說明中國無科學之故。他認為，科學雖然不限於對物，但「實起自人對物……對於物又不以感覺所得為滿足，更究問其質料為何，是有物質觀念。物質觀念就是把紛雜陳列於吾人面前之物體，化為更具客觀性之物質，以貫通乎一切，智識乃因之而成系統。知識精確而有系統，方為科學。則科學與物質，物質與科學，蓋如是其不相離……中國人講學問，詳於人事

〔註32〕劉培育選編：《金岳霖學術論文選》，北京：中國社會科學出版社，1990 年 12 月第 1 版，第 354 頁。

〔註33〕熊十力《熊十力論著集之一：新唯識論》，北京：中華書局，1985 年 12 月第 1 版，第 43 頁。

〔註34〕熊十力：《十力語要》，上海：上海書店出版社，2007 年 8 月第 1 版，「與張東蓀」第 65 頁。

而忽於物理……周孔以來，宗教缺乏，理性早啟，人生態度遂以大異於他方。在人生第一問題尚未解決之下，萌露了第二問題暨第二態度，由此而精神移用到人事上，於物則忽略。即遇到物，亦失其所以對物者，科學之不得成就出於此。既不是中國人笨拙，亦不是文化進步遲慢，而是文化發展另走一路了。」〔註35〕在談到此問題時梁先生還稱道張東蓀先生對「物」與「事」的區分很有見諦。

　　另外，胡適先生的看法值得關注，他是少有的認為中國有「科學的傳統」的學者。在 1959 年寫的《中國哲學裏的科學精神與方法》中他認為中國清代學者的科學精神與方法與西方非常相像，但工作範圍有很大不同。伽利略、開普勒、牛頓等所運用的都是自然的材料，而與他們同時的中國所運用的是書本、文字、文獻證據。歐洲人產生了一種新科學和一個新世界。中國知識分子所推敲的那些書乃是對於全民族的道德、宗教、哲學生活有絕大重要性的書。中國那些只運用書本、文字、文獻的學者所傳下來的「科學的傳統，冷靜而嚴格的探索的傳統，嚴格的靠證據思想，靠證據研究的傳統，大膽的懷疑與小心求證的傳統——一個偉大的科學精神與方法的傳統，使我們，當代中國的兒女，在這個近代科學的新世界裏不覺得困擾迷惑，反能夠心安理得。」〔註36〕此種說法無疑問混淆了了「考證法」與「科學方法」的不同，二者固然有重疊的地方，但還是很不同的，不僅僅是因為二者處理的對象不同，而是二者有著不同的方法論背景，「考證法」更多只是一種技術和經驗性的技能與習慣，而科學方法是有著「方法論」根基的運用，科學方法是一種技能，但不僅乎此，因為還有「論」的層面，我們所缺乏的不是方法，而是方法論，正如前面所說，我們並不缺乏「知識」但我們沒有「知識論」。

（三）後續可能性展開

　　對以上種種回答的不滿。通過對「為什麼中國沒有科學」一問題諸種回答的梳理，我們可以看出無論是自然科學界從研究方法、地理環境、經濟制度、政治因素的分析還是哲學界從文化基型、價值標準方面來解答與「中國為何缺乏知識論傳統」相似的問題的種種答案，我們都很難滿意，如馮友蘭先生

〔註35〕梁漱溟：《中國文化要義》，上海：學林出版社，2000 年版，第 282 頁。
〔註36〕胡適：《中國哲學裏的科學精神與方法，姜義華主編：《胡適學術文集·中國哲學史》，北京：中華書局，1998 年版，第 574 頁。將考據法與西方的科學方法混同是胡適先生的一貫主張。

說「中國沒有科學，因為不需要」那麼如果需要的話，我們是不是就可以有呢？需要與否是個問題，能不能是另一個問題；再比如張東蓀認為西方處理對象是「物」而我們是「事」所以他們產生「科學」注重對本質的探討，而我們注重「意義」而產生了經史學問，但我們還可以繼續追問，為何會有此種分別呢？況且中西彼此也並非單有「物」或「事」的。這樣的問題還可以追問梁漱溟先生的文化三路向說，為何會有此種不同路向的產生呢？對於此問題，很難給出一個確定公認的答案，但我們卻可以繼續探討其中的原因。

前面所引金岳霖「思維的數學模式」給我們很大的啟示，從思維方式的角度確實比上面的種種解釋都更令人信服，但問題是什麼是「思維的數學模式」呢？無獨有偶，方朝暉先生在《從 Ontology 看中學與西學的不可比性》一文中通過對「Ontology」分析認為，西方存在著「是論」傳統，而中國學問則是探討「應該」，他說，一方面，「是」與「應該」的差異，構成了西學與中學幾乎一切重大差異的根源；另一方面，這一思維方式在出發點上的差異也標誌著中學和西方人文、社會科學學科在多數情況下屬於兩種不同類型的學問，二者之間在很多領域都不具有可比性。〔註37〕他認為「求『是』是希臘哲學在思維方式上的根本特徵」，他說：

> 如果說西學思維方式的特點是以事實判斷為前提，探究事物的實然狀態，它以求「是」、求「知」等為旨歸；那麼中學思維方式的特點則是以價值判斷為前提，探究事物的應然狀態，它以求「應」（該）、求「善」等為旨歸。前者把「知」（knowing）當作自己的首要任務，方法比結論具有更加優先的重要性；後者把「做」（doing，又可稱之為「行」）「修身」，「踐履」，「慎獨」，「做人」等等當作自己的首要任務，結論比方法更加重要。如果把由前者所導致的學術稱之為「科學」的話，那麼由後者所導致的學術則可稱之為宗教、準宗教或信仰類型的學問。這兩種學問之間的不同我們可以通過下述這樣一個極其簡單的事實獲得更清楚的認識：我們可以把倫理學稱之為一門科學，但沒有人把同樣是研究道德問題的宗教學說當作科學。現將這兩種思維方式作如下對比：

〔註37〕 方朝暉：《從 Ontology 看中學與西學的不可比性》，《復旦學報》哲學社會科學版，2001 年第 2 期，摘要，本文也收錄在了宋繼傑主編：《BEING 與西方哲學傳統》，保定：河北大學出版社 2002 年版一書中。

是	知	實然	事實判斷	論證	求真	方法優先	～……科學
應該	做	應然	價值判斷	體驗	求善	結論優先	～……信仰

〔註38〕

　　方先生的論述給我們很大啟發，但是，其問題在於關於「應該」的論述也可以走向「倫理學」研究、關於信仰的研究也可以走向「宗教學」，但是，很明顯，傳統的學問特點並不是這一路向。另外關於「思維方式」的研究，需要自覺到的侷限是「反向格義困境」，筆者曾嘗試「從思維方式上解釋中國缺乏知識論缺乏的原因」〔註39〕，但是，慢慢發現其方法論困境在於依照西方既有「知識論定義」來尋求「思維方式」原因，這在方法上是不嚴謹的：似乎給出了一個結論，然後去尋找原因，結論和原因都是既定的，只是將其彌合起來。

　　因此在「思維方式」視角下，結合認識論語境，我嘗試有所推進：由「認識論意識缺乏」而探究「認知模型建構」，進一步追問：傳統的「認知模型」到底是如何呈現的？是否與李澤厚所說的「實用理性」有關？他說「實用理性」所建構的「一個世界」觀「開不出現代的科學與民主」，原因何在？

三、「實用理性」為何「開不出現代的科學與民主」？

　　接續上面的問題，為何說「實用理性」所建構的「一個世界」觀「開不出現代的科學與民主」？李澤厚說「由於是『一個世界』，便缺乏猶太——基督教所宣講的『怕』，缺乏無限追求的浮士德精神。也由於『一個世界』，中國產生了牢固的『倫理、政治、宗教三合一』的政教體制和文化傳統；『天人合一』成了公私合一，很難出現真正的個性和個體。於是，一方面是打著『天理』招牌的權利——知識系統的絕對統治，另方面則是一盤散沙式的苟安偷生和自私自利。總之，由於『一個世界』的情理結構使情感與理知沒有清楚劃分，工具理性與價值理性混為一體，也就開不出現代的科學與民主。」〔註40〕對於

〔註38〕 方朝暉：《從 Ontology 看中學與西學的不可比性》，宋繼傑主編：《BEING 與西方哲學傳統》，保定：河北大學出版社 2002 年 10 月第 1 版，第 348～349頁。

〔註39〕 參見拙著張永超：《中國知識論傳統缺乏之原因》，《哲學研究》，2012 年第 2期，第 46～53 頁。

〔註40〕 李澤厚：《初擬儒學深層結構說》，載氏著：《由巫到禮 釋禮歸仁》，北京：生活・讀書・新知三聯書店，2015 年 1 月版，第 179 頁。

「實用理性」前面我們有提及，李澤厚在《論語今讀》中明確提倡此種態度，他說「本譯似於今日有點用處，仍然宣講實用理性。因常見許多人對某些事物不是盲目排拒，便是盲目傾羨，或僅憑一己之愛憎好惡而排拒或傾羨，經常出於無知和缺乏理性。」〔註41〕

在演講《陰陽五行：中國人的宇宙觀》中，李澤厚稱「中國的實用理性有它的用處，因為它講究經驗的合理性，所以中國人接受科學並不太困難，儘管這一百年，或者更長一段時間，遭到很多阻力，特別是一些非常保守的儒家起了阻礙作用，認為這一套是奇技淫巧，有害人心世道，但中國還是接受了自然科學，而中國的思維方式並沒有對此造成很大的牴觸。現在的學生，包括國內在讀的也好，出國留學的也好，在科學方面照樣可以發展得非常之好，並不造成思維上的某種阻力，這一點是值得注意的。包括剛才講的進化論也好，中國人接受起來也沒有什麼問題。這方面倒是值得注意、也值得保存的比較好的方面。」但是，對於「實用理性」的負面影響，他也有某種自覺：「但另一方面呢，歷史上也確實造成很多惡果。但是，中醫這種理論，那麼早就成熟，的確有用處，到今天還有用處，特別在養生保健上，我覺得比西方人要高明得多。這很值得研究。所以中國文化是發展得早，成熟得也相當早，而且相當完備，包括文化上、政治制度上，但是近代落後了。落後就是落後，就是應該拋棄過去，接受現代。這是沒有問題的。問題就是在拋棄過去、接受現代這個前提之下，假如我們要走出一條新的現代的路，那麼過去的資源是不是還有值得考慮的地方。就是在這個前提之下來解決這個問題，不然就沒有意義。」〔註42〕

這裡需要留意的是，李澤厚對於「實用理性」的態度，這涉及「巫史論」的未來走向、「情本體」重建和「儒學四期」的新開展。他對於「實用理性」之優長和缺陷皆有所自覺。但是，他的「繼承—批判」態度也是明確的，他說「今天的工作似乎在於：要明確意識到這個問題。要明確意識它，需要進一步瞭解儒學在表層是如何來構造這種情理結構的。儒學向以人性為根本，講倫理、政治、宗教或統攝或歸結為人性問題。不管是『禮』是『仁』，是孟是荀，

〔註41〕李澤厚：《論語今讀》，北京：生活・讀書・新知三聯書店，2004 年 3 月版，第 116 頁。
〔註42〕詳見李澤厚：《陰陽五行：中國人的宇宙觀》，《中國文化》，2015 年春季號，總第 41 期，第 1～14 頁。

人性問題始終乃關鍵所在。人性與個體的感性心理直接關聯，由此才可能產生情理結構的建造。」〔註43〕

本文認可李澤厚以「實用理性」所建構的世界觀、思維方式、理論習慣來解讀傳統思想的視角，但是，在論證上，他更多是一種「描述」。下面，我嘗試從認識論角度對「實用理性」所建構的「思維方式」和「認知模型」予以討論。

第二節　「實用理性」的認知模式：由知物而知道

引言：「認識論意識缺乏」之再檢討與認知模式轉型

（一）「知識之理」定位下的「認識論意識缺乏」

金岳霖先生在《中國哲學》一文中說「中國哲學的特點之一，是那種可以稱為邏輯和認識論的意識不發達。」他說「中國哲學家沒有一種發達的認識論意識和邏輯意識，所以在表達思想時顯得蕪雜不連貫，這種情況會使習慣於系統思維的人得到一種哲學上料想不到的不確定感」，當然金岳霖先生認為邏輯意識和認識論意識並非沒有發生過，他認為公孫龍一派的「離堅白」之說便是，「可見他們已經獲得了西方哲學中那種理智的精細；憑著這些學說，哲學在某種意義上變成了鍛鍊精神的活動。然而這種趨向在中國是短命的；一開始雖然美妙，畢竟過早地夭折了。邏輯、認識論的意識仍然不發達，幾乎一直到現在。」〔註44〕在湯一介先生給張耀南《張東蓀知識論研究》所寫的序言中也說「我們知道，中國哲學在西方哲學的衝擊下，許多學者都意識到，在中國傳統哲學缺乏系統的認識論理論。」〔註45〕拙文《中國知識論傳統缺乏之原因》〔註46〕接續此思路從現代學者關於「本體論」之爭論入手探究中西本體論之異同並由此引出中西深層之思維方式不同，正是基於傳統中此種「實用」的思維方式，對

〔註43〕 李澤厚：《初擬儒學深層結構說》，載氏著：《由巫到禮 釋禮歸仁》，北京：生活・讀書・新知三聯書店，2015 年 1 月版，第 179 頁。

〔註44〕 劉培育選編：《金岳霖學術論文選》，北京：中國社會科學出版社，1990 年 12 月第 1 版，第 352～353 頁。

〔註45〕 張耀南：《張東蓀知識論研究》，臺北：洪業文化事業有限公司，1995 年版，湯一介序。

〔註46〕 張永超：《中國知識論傳統缺乏之原因》，《哲學研究》，2012 年第 2 期，第 46～53 頁。

「知識」之探究不是中國傳統思想的主題並且不可能形成「中國知識論傳統」。
拙文有幸得到西安交大哲學系陸建猷教授的批評，他以《中國知識論傳統是
「歷史缺乏」還是「現實忽略」？》為題從「本原論」、「理性論」、「證驗論」
與「知識」的關係入手，引經據典、探賾索隱，從而證明「中國知識論傳統不
是歷史缺乏而是現實忽略」〔註47〕。在回應文章中，我進一步指出中國知識論
傳統從未建立，一來傳統思想之特質不在知識探究上；二來傳統思想之論述方
法具有非語言傾向而且重「行」輕「知」；其三，中國傳統的思維方式偏於直
覺型的內向性思維而不注重主客分立的對外界對象之探究，而後者正是「知識
論」的思維方式。基於上述緣由，得出結論為「中國知識論傳統」在中國歷史
上從未建立。〔註48〕

　　毋庸諱言，上述思路建基於：知識論的定義是探究知識之理，其論域集中
在知識的性質、來源與範圍。我們知道，在漢語語境中，「認識」與「知識」
有著不同的詞性與含義，但是基於西語語境，「認識論」（epistemology）與「知
識論」（theory of knowledge）等同使用〔註49〕，epistemology 正是來源於希臘
文「episteme」（知識）和「logos」（理論）。由此可知知識論主要探究知識的性
質和範圍，「我們要討論的不是知識的對象是什麼，知識的種類有多少，而是
要問知識本身是什麼，知識具有什麼樣的性質。」〔註50〕金岳霖先生在談及知
識論底對象時說「知識論底對象是知識底理。知識論即研究知識底理底學問。」
「以知識底理為對象，也就是以真假底理為對象。它底對象不是某一方面底
理，它底內容不是某一方面底知識，它底對象是知識之所以為知識，它所要
得的是真之所以為真。」〔註51〕知識論主要探討「命題知識」（propositional
knowledge）〔註52〕，其主要討論的問題為「知識是什麼？」「我們能知道什

〔註47〕陸建猷：《中國知識論傳統是「歷史缺乏」還是「現實忽略」？──兼與張永
　　　　超博士商榷》，《學術月刊》，2013 年第 5 期，第 13～19 頁。
〔註48〕張永超：《中國知識論傳統是「歷史缺乏」而非「現實忽略」──對陸建猷教
　　　　授批評之回應》，《學術月刊》，2013 年第 5 期，第 20～26 頁。
〔註49〕尼古拉斯・布寧、余紀元：《西方哲學英漢對照辭典》，北京：人民出版社，
　　　　2001 年 2 月版，Theory of knowledge, another name for epistemology, p993。
〔註50〕胡軍：《知識論》，北京：北京大學出版社，2006 年 1 月版，第 46 頁。
〔註51〕金岳霖：《知識論》，北京：中國人民大學出版社，2010 年 4 月版，第 2、9 頁。
〔註52〕"Epistemology is primarily interested in this third kind of knowledge, propositional
　　　　knowledge", Louis P. Pojman, What Can We Know? Wadsworth Publishing
　　　　Company, 1995. 另參見 Dan O'brien, An Introduction to the Theory of Knowledge,
　　　　Polity Press, 2006, p5.

麼？」「知識與信念有何區別？」「知識來自哪裏？」「真信念如何證實？」〔註53〕尤其是關於「命題知識」（propositional knowledge），其對象主要涉及對外物的認識所形成的命題〔註54〕。在此語境下我認為「中國知識論傳統」在中國歷史上從未建立。〔註55〕

（二）由「知識之理」到「認知模型」之思路轉換

另一方面，近些年關於「中國知識論」研究也值得留意，比如最近讀到宗超博士的論文《先秦儒家知識論研究》〔註56〕和劉克兵博士的《朱熹知識論研究》〔註57〕，若堅持「中國知識論傳統從未建立」的話，又如何評價上述研究？記得前些年討論「本體論問題」，隨後中國學界有種種「中國本體論」的說法，但是俞宣孟、鄧曉芒趕緊出來澄清「ontology」本義，連汪子嵩、王太慶老先生都出來說話〔註58〕。若堅持「知識論」只是研究一般知識之理的學問，並且明確提出中國傳統是「認識論意識缺乏」（金岳霖的說法），這些「先秦知識論」「朱子知識論」何處安放？有趣的是成中英就寫了《中國哲學中的知識論》〔註59〕主要也是先秦部分（「《周易》本體知識論」與「孔子心性知識論」），另外崔宜明教授還出版了《先秦儒家知識論體系研究》，他們在華東師大還專門召開了研討會〔註60〕。對這些似乎都不可袖手旁觀。在原有的研究

〔註53〕 Roderick M. Chisholm. Theory of Knowledge, 1989 by Prentice-Hall, Inc, p1.

〔註54〕 "Our primary concern will be with factual knowledge. I can know that Glasgow is in Scotland, that it was Descartes who wrote the *Meditations*, and that Bernice bobs her hair. Such knowledge is sometimes called 'knowledge that' or 'propositional knowledge'; 'propositional' because it's expressed in terms of the knowledge I have of certain true propositions or thoughts: I know that the proposition Glasgow is in scotland is true." Dan O'Brien, *An Introduction to the Theory of Knowledge*, 2006 by Polity Press, p4.

〔註55〕 張永超：《中國知識論傳統是「歷史缺乏」而非「現實忽略」——對陸建猷教授批評之回應》，《學術月刊》，2013 年第 5 期，第 26 頁。

〔註56〕 宗超：《先秦儒家知識論研究——以性道之學位中心》，山東大學哲學與社會發展學院博士論文，中國哲學專業，苗潤田教授指導，2017 年 5 月 25 日。

〔註57〕 劉克兵：《朱熹知識論研究》，湖南大學嶽麓書院博士論文，專門史專業（中國文化思想史方向），朱漢民教授指導，2010 年 10 月 15 日。

〔註58〕 類似討論集中收錄於宋繼傑主編：《BEING 與西方哲學傳統》，保定：河北大學出版社 2002 年 10 月第 1 版。

〔註59〕 成中英：《中國哲學中的知識論》（上、下），《安徽師範大學學報》，2000 年第 4 期、2001 年第 2 期（據編輯注釋：本文原文為英文未刊稿，由曹綺萍譯為中文，潘德榮、彭啟福校訂，首發於本刊）。

〔註60〕 張立恩：《知識、存在與擔當——〈先秦儒家哲學知識論體系研究〉研討會綜述》，《哲學分析》，2015 年第 4 期；這本書我沒讀不予置評。

中，我曾嘗試從思維方式角度化解「認識論意識缺乏」問題，當時引用蒙培元先生《中國哲學主體思維》中的說法：

> 傳統思維的整體模式即「大全」，既不能用概念分析，也不能用語言表達，無論是莊子的「道」，玄學家的「自然」（無），還是理學家的「太極」，以至理、氣、心、性，都是如此，因此對整體的把握，只能靠直覺頓悟。它既不同於柏格森的生命哲學的直覺，也不同於笛卡爾的理性主義直覺，它是中國人所特有的超理性的體驗式的直覺。〔註61〕

> 傳統思維的一個根本特點，是主體以自身為對象的意向性思維，而不是以自然為對象的認知思維，它從「天人合一」的整體模式出發，導向了自我反思而不是對象性認識。因此，它是內向性而不是外向的，是收縮的而不是發散的。〔註62〕

但是感覺無論是「意向性思維」還是「認知思維」都是在上述認識論語境下得出的，若堅持「知識之理」的定位，無論是「認識論意識缺乏」還是「意向性思維」的化解，都略顯隔膜，好比用外在標準就判了「死刑」而不顧及「事實本身」是什麼，這恰恰是有悖於知識論求真傳統的。更重要的是，先秦文獻確實有「心之官則思」（《孟子·告子上》）、「凡以知，人之性；可以知，物之理。」（《荀子·解蔽篇》）等說法，類似於認識論表述，如何解釋呢？另外，若暫時拋開「知識之理」的定位，回到文本自身，看他們所表述的「心有徵知」（《荀子·正名篇》）到底在知什麼？「心之官則思」（《孟子·告子上》）到底在思什麼？「凡以知，人之性；可以知，物之理。」（《荀子·解蔽篇》）如何知「物之理」的？由此而嘗試建構其認知模式，或許比基於外在標準草草判其「死刑」更能接近先秦的思想世界及其知識譜系。對上述問題探究，本文將以《荀子》「解蔽篇」作為文本中心依據。

（三）選擇《荀子》「解蔽篇」作為文本依據的緣由

第一、荀子明確提出了「人之性」與「物之理」的對應。先秦儒家思想體系中，關於認知模式的討論，荀子最為典型，倒不是因為「荀卿最為老師」「齊尚修列大夫之缺，而荀卿三為祭酒。」（《史記·孟子荀卿列傳》）而是因

〔註61〕蒙培元：《中國哲學主體思維》，北京：人民出版社，1993 年 8 月版，第 187 頁。
〔註62〕蒙培元：《中國哲學主體思維》，北京：人民出版社，1993 年 8 月版，第 191 頁。

為他明確提出了「凡以知，人之性；可以知，物之理。」（《荀子・解蔽篇》）「心有徵知」（《荀子・正名篇》）「治心之道」「心術之患」「解蔽」（《荀子・解蔽篇》）等種種確實很類似於知識論的表述。陸建猷教授在對我的批評文章中便特地引用了荀子「凡以知，人之性也；可以知，物之理也。」（《荀子・解蔽篇》）的說法〔註63〕。而胡軍教授在《知識論》「前言」中也特地發揮荀子此句以與亞里士多德「求知是人的本性。」（《形而上學》）相互印證，來突顯人性的特質。

第二、荀子明確提出「天人之分」，而且也自覺提出「心有徵知」「心之蔽」「心術之患」和「治心之道」。第三、荀子進一步提出「不求知天」，由「物之理」而走向了「君之道」。心有徵知，但是，其關鍵不在於知「物」而是知「道」。求知「物理」是逐末之「愚」，所學所知在於人倫之事、禮樂之治及成聖成賢，這才是真正的知「道」。此種思路在孔孟那裡皆有散論，而《荀子》文本最為集中典型。文本依據以《荀子》「解蔽篇」為主，同時基於論證需要旁涉其他諸篇。首先，我們要處理的是荀子如何處理「人性」與「求知」的關係。

一、何以知：認知的人性論依據

（一）「凡以知，人之性也」

在《荀子》中，我們看到「凡以知，人之性也；可以知，物之理也。」（《荀子・解蔽篇》）這確實是令人興奮的表述（我還是要提醒不要興奮的太早）。胡軍教授將其與亞里士多德「求知是人的本性」相互印證，他對此評論道「這兩位哲學家生活在完全不同的文化環境中，但卻表達出了如此驚人相似的思想。這難道是無意的巧合？不！應當承認，這是對人性深刻的共識促使他們表達出了這一共同的觀念。」〔註64〕儘管胡軍教授看到了荀子此思想「並沒有得到應有的重視」而略顯惋惜，但是，我們還是要追問，荀子所講「凡以知，人之性也；可以知，物之理也。」到底是否可得出「求知是人的本性」的結論？因為，在荀子文本中，他對「人性」多有討論，但是除卻「凡以知，人之性也」之外，從未提出「求知是人的本性」的說法，而且，關於人性論的界定，他的說法是「人之性惡，其善者偽也」（《荀子・性惡篇》）。

〔註63〕陸建猷：《中國知識論傳統是「歷史缺乏」還是「現實忽略」？——兼與張永超博士商榷》，《學術月刊》，2013 年第 5 期，第 15 頁。

〔註64〕胡軍：《知識論》，北京：北京大學出版社，2006 年 1 月版，前言，第 1 頁。

　　更需要留意的是，接續「凡以知，人之性也；可以知，物之理也。」隨後他的表述是「以可以知人之性，求可以知物之理，而無所疑止之，則沒世窮年不能無也。其所以貫理焉雖億萬，已不足浹萬物之變，與愚者若一。學、老身長子，而與愚者若一，猶不知錯，夫是之謂妄人。故學也者，固學止之也。惡乎止之？曰：止諸至足。曷謂至足？曰：聖王。聖也者，盡倫者也；王也者，盡制者也；兩盡者，足以為天下極矣。故學者以聖王為師，案以聖王之制為法，法其法以求其統類，以務象效其人。」(《荀子・性惡篇》)由此我們可以看出，儘管我們看到荀子提出「凡以知，人之性也」，但是，他明確將追求「物之理」視同「與愚者若一」，並進一步引向了「聖王之道」的學習上來；進而言之，他固然看到「凡以知」是人之性，但是要求知的卻不是「物之理」而是「君之道」(聖王之道)。

　　這一切是如何發生的？為何由「物之理」轉向了「君之道」？我們首先回到荀子對「人性」的討論上來，他是否真的如同亞里士多德那樣提出了「求知是人的本性」那樣的說法？

（二）荀子是否以「求知」界定人性？

1.「性」之界定：「天之就也」

　　荀子關於「性」的表述如下：「凡性者，天之就也，不可學，不可事。」(《荀子・性惡篇》)「生之所以然者謂之性。」(《荀子・正名篇》)「性者、本始材樸也；偽者、文理隆盛也。無性則偽之無所加，無偽則性不能自美。性偽合，然後成聖人之名，一天下之功於是就也。」(《荀子・禮論篇》)由此我們可以看出，荀子對「性」的界定側重其「天生」「本始材樸」之原初含義，類似於告子所說「食色性也」或「生之謂性」(《孟子・告子上》)。那麼進一步，他如何界定「人性」呢？

2.「人性」之界定：「人之性惡，其善者偽也」

　　荀子提到「人之性惡，其善者偽也。今人之性，生而有好利焉，順是，故爭奪生而辭讓亡焉；生而有疾惡焉，順是，故殘賊生而忠信亡焉；生而有耳目之欲，有好聲色焉，順是，故淫亂生而禮義文理亡焉。」(《荀子・性惡篇》)基於性惡的說法，因此聖王之道成了「化性起偽」而走向善的引導。「故聖人化性而起偽，偽起而生禮義，禮義生而制法度；然則禮義法度者，是聖人之所生也。故聖人之所以同於眾，其不異於眾者，性也；所以異而過眾者，偽也。」

（《荀子‧性惡篇》）這裡還需要說明的是，「性惡」為普遍的人性論，也即所有人都一樣，不存在人性善惡混或者有人性惡有人性善的說法，荀子講「材性知能，君子小人一也；好榮惡辱，好利惡害，是君子小人之所同也；若其所以求之之道則異矣。」（《荀子‧榮辱篇》）「凡人有所一同：饑而欲食，寒而欲暖，勞而欲息，好利而惡害，是人之所生而有也，是無待而然者也，是禹桀之所同也。」（《荀子‧榮辱篇》）此種人性唯一論承繼孔子「性相近」（《論語‧陽貨》）的說法，孟子持「性善論」只是與其定性不同，但都是人性唯一論，而且，我們可以看出，都是從「善惡」這一倫理角度界定人性而非從求知角度界定，這一點與亞里士多德基於功能論證〔註65〕而提出「人是理性的動物」（亞里士多德《尼各馬可倫理學》1098a3）完全不同。

　　荀子關於人性的倫理定位其他旁證可參考：「人之所以為人者何已也？曰：以其有辨也。饑而欲食，寒而欲暖，勞而欲息，好利而惡害，是人之所生而有也，是無待而然者也，是禹桀之所同也。然則人之所以為人者，非特以二足而無毛也，以其有辨也。今夫狌狌形狀亦二足而無毛也，然而君子啜其羹，食其胾。故人之所以為人者，非特以其二足而無毛也，以其有辨也。夫禽獸有父子，而無父子之親，有牝牡而無男女之別。故人道莫不有辨。」（《荀子‧非相篇》）「以其有辨」之「辨」固然可有「思辨」的解釋，但是，依照荀子的文本，其「辨」主要在於「人倫」之辨，論域依然限定於「父子男女」「君臣上下」這一禮教秩序中。在與水火草木禽獸之對比中，荀子更突出這一點：「水火有氣而無生，草木有生而無知，禽獸有知而無義，人有氣、有生、有知，亦且有義，故最為天下貴也。力不若牛，走不若馬，而牛馬為用，何也？曰：人能群，彼不能群也。人何以能群？曰：分。分何以能行？曰：義。」（《荀子‧王制篇》）

　　如上分析我們可以看出，第一、荀子對「性」之界定側重其「本始材樸」之本能含義；第二、對人性之界定，固然與孟子「性善論」不同，但是荀子依然從倫理角度界定人性「人之性惡，其善者偽也」，與孟子可謂殊途同歸；第三，就人性論角度無法推出荀子主張以「求知」來界定「人性」的說法，並且與亞里士多德基於靈魂功能論證提出「人是理性的動物」截然不同。

　　那麼，很自然的問題便是，如何理解「凡以知，人之性」的說法，人有求

〔註65〕可參見余紀元：《德性之鏡：孔子與亞里士多德的倫理學》，林航譯，北京：中國人大出版社，2009 年版，第 97～98 頁。

知能力，但是在求知什麼呢？鑒於荀子論「知」主要從「心」而非「性」上講，我們將以圍繞「心有徵知」展開論述。

二、知什麼：「物之理」與「君之道」

（一）自覺放棄求知「物之理」

之所以放棄「知物之理」，在於「以可以知人之性，求可以知物之理，而無所疑止之，則沒世窮年不能無也。其所以貫理焉雖億萬，已不足浹萬物之變，與愚者若一。」（《荀子・解蔽篇》）此種思路與莊子「吾生也有涯，而知也無涯，以有涯隨無涯，殆已！已而為知者，殆而已矣！」（《莊子・齊物論》）之思路相同。

尚需要留意的是「物」之含義，在《荀子》文本中出現 156 次〔註66〕，但是其含義集中在「萬物」「財物」「物事」之含義中，更多是對「萬物」秩序之安排，「財物貨用」之分配均衡，而且側重「物事」而人倫之含義，此種思路在後來宋明理學中還可以看到影子，朱子講「物，猶事也。窮至事物之理，欲其極處無不到也。」〔註67〕具體而講便是「明明德之事」「新民之事」，「物之理」更多應放在「事物之理」語境下去講，而「事物之理」對應的是「明明德之事」「新民之事」。荀子固然注重禮法之教、聖王之道，但是其思路與朱子是相同的。對於「外物」不是納入認識對象中，而是納入活動使用中：「假輿馬者，非利足也，而致千里；假舟楫者，非能水也，而絕江河。君子生非異也，善假於物也。」（《荀子・勸學篇》）

在荀子文本中，沒有獨用「物」這一名詞，但是其含義比較接近並且自覺將人與物二分的思想體現在「天人相分」表述中：「天行有常，不為堯存，不為桀亡。應之以治則吉，應之以亂則凶。……故明於天人之分，則可謂至人矣。（《荀子・天論篇》）另外他還講「星墜木鳴」「雩而雨」（《荀子・天論篇》）這些很明顯是具有認識對象的「外物」，但是，其語境並非為了認識外物，只是為了「解惑」，勸人看到這些只是自然現象不必驚恐，僅此而已，不必進求：「列星隨旋，日月遞照，四時代御，陰陽大化，風雨博施，萬物各得其和以生，各得其養以成，不見其事，而見其功，夫是之謂神。皆知其所以成，莫知其無形，夫是之謂天功。唯聖人為不求知天。」（《荀子・天論篇》）

〔註66〕此為初步檢索結果，非本文主題，對「物」之含義當專文討論。
〔註67〕朱子：《四書章句集注・大學章句》，北京：中華書局，2011 年版，第 5 頁。

　　真正值得關注的是「人事」「人妖」，要回到禮義王道秩序上來，這樣才能去除「人妖」：「物之已至者，人妖則可畏也：楛耕傷稼，楛耨失歲，政險失民；田薉稼惡，糴貴民饑，道路有死人：夫是之謂人妖。政令不明，舉錯不時，本事不理，勉力不時，則牛馬相生，六畜作妖：夫是之謂人妖。禮義不修，內外無別，男女淫亂，則父子相疑，上下乖離，寇難並至：夫是之謂人妖。妖是生於亂。三者錯，無安國。其說甚爾，其菑甚慘。勉力不時，則牛馬相生，六畜作妖，可怪也，而亦可畏也。傳曰：『萬物之怪書不說。』無用之辯，不急之察，棄而不治。若夫君臣之義，父子之親，夫婦之別，則日切瑳而不捨也。」（《荀子・天論篇》）

　　對於各種學說、事理也以王道秩序為中心展開：「凡事行，有益於理者，立之；無益於理者，廢之。夫是之謂中事。凡知說，有益於理者，為之；無益於理者，捨之。夫是之謂中說。」（《荀子・儒效篇》）對於「堅白」「同異」之說，也即上面金岳霖所說類似於知識論萌芽，荀子恰恰予以自覺擯棄：「不知無害為君子，知之無損為小人。工匠不知，無害為巧；君子不知，無害為治。王公好之則亂法，百姓好之則亂事。而狂惑戇陋之人，乃始率其群徒，辯其談說，明其辟稱，老身長子，不知惡也。夫是之謂上愚，曾不如相雞狗之可以為名也。」（《荀子・儒效篇》）那麼，荀子反覆強調的「知」在知什麼呢？

（二）「心有徵知」在於知「道」

　　我們確實看到，荀子提出「心有徵知。徵知，則緣耳而知聲可也，緣目而知形可也。」（《荀子・正名篇》）這比較近似於認識心的感官功能，但是，固然荀子看到了心的「認知功能」，其認知對象則不是外物而是知「道」。

　　首先他談到「心術之患」「心之蔽」這類似於認識心認知外物時現象與實在的隔膜，但是，語境不同。荀子的語境不在「現象—外物」中而在「學說—王道」中，他說「昔賓孟之蔽者，亂家是也。墨子蔽於用而不知文。宋子蔽於欲而不知得。慎子蔽於法而不知賢。」（《荀子・解蔽篇》）這些可謂「心之蔽」不明王道而諦於一理。「聖人知心術之患，見蔽塞之禍，故無欲、無惡、無始、無終、無近、無遠、無博、無淺、無古、無今，兼陳萬物而中縣衡焉。是故眾異不得相蔽以亂其倫也。」因此用「道」來均衡、評判是非：「何謂衡？曰：道。故心不可以不知道；心不知道，則不可道，而可非道。……故治之要在於知道。人何以知道？曰：心。心何以知？曰：虛壹而靜。」（《荀子・解蔽篇》）因此，我們固然看到「心有徵知」的說法，但是不要誤以為是強調「認識—外

物」模式，而是「認識—王道」模式，不是知「物」，而是知「道」，並且進一步要行「道」。

與此同時我們也看到「心者，形之君也，而神明之主也，出令而無所受令。」（《荀子·解蔽篇》）「心也者，道之工宰也。」（《荀子·正名篇》）何謂道呢？「道者，何也？曰：君之所道也。」（《荀子·君道篇》）「先王之道，人之隆也，比中而行之·曷謂中？曰：禮義是也。道者，非天之道，非地之道，人之所以道也，君子之所道也。」（《荀子·儒效篇》）那麼，君子所知、所學便是確定的了：「君子之所謂知者，非能遍知人之所知之謂也……若夫譎德而定次，量能而授官，使賢不肖皆得其位，能不能皆得其官，萬物得其宜，事變得其應，慎墨不得進其談，惠施、鄧析不敢竄其察，言必當理，事必當務，是然後君子之所長也。」（《荀子·儒效篇》）此書思路與上述人性論的倫理本位界定、求知上對「物之理」的自覺放棄是一致的，最終是為了回到人倫這一王道秩序的「大事業」上來，知「道」為本，逐「物」為末；行「道」為重，知「物」為輕。

三、由「物之理」而「君之道」所建構的認知模型

（一）人性的倫理定位與心有徵知

固然荀子有「凡以知，人之性也；可以知，物之理也」（《荀子·解蔽篇》）之說法，但是，通過上面對其人性論考察，可以看出：第一、荀子之人性論界定以倫理本位從善惡展開「人之性惡，其善者偽也」，人之所以為人者也在於人倫秩序之自覺；第二、荀子講「知」主要是從心的功能上講，所以無法得出「求知是人的本性」的說法，與亞里士多德的理性定位不同；第三、荀子講「心有徵知」但是很自然的擯棄了知「物之理」而回到了知「君之道」上來，這與他的人性論倫理定位是一致的；第四、「心術之患」「解蔽」「虛壹而靜」皆是為了知「道」而非知「物」。

（二）對「外物」之認知模式：假物而進於「道」

荀子對於「人與物」的關係有著自覺的區分，具體表現為「天人相分」的思想，但是他對於外物之看法並不側重「認識—外物」模式：第一、外物是使用對象，君子要做的是「善假於物」而非知「物」；第二、對於「星墜木鳴」「雩而雨」之事其辨偽在於不可以怪力亂神視之，因此不可依賴鬼神卜筮而是要回到人事上來；第三、「物」之含義更多是「萬物」秩序、「財務」貨用和「物事」人倫，「觀物」都引向了知「道」上來。

（三）對「君道」之認知模式：化性而止於「聖」

由上述之人性之倫理定位、「物之理」而轉向「君之道」，通過「解蔽」「治心」一方面可以「行道」安排秩序：「謫德而定次，量能而授官，使賢不肖皆得其位，能不能皆得其官，萬物得其宜，事變得其應。」（《荀子‧儒效篇》）另一方面可以成聖成賢：「故學也者，固學止之也。惡乎止之？曰：止諸至足。曷謂至足？曰：聖王。……故學者以聖王為師，案以聖王之制為法，法其法以求其統類，以務象效其人。」（《荀子‧解蔽篇》）甚至，對於何以成聖賢，荀子也有明確論證：「塗之人可以為禹。曷謂也？曰：凡禹之所以為禹者，以其為仁義法正也。然則仁義法正有可知可能之理。然而塗之人也，皆有可以知仁義法正之質，皆有可以能仁義法正之具，然則其可以為禹明矣。」（《荀子‧性惡篇》）這裡我們可以看出，荀子再次運用了「可知之質」和「可以知之理」的說法，再次印證了其「知」在聖王之道，而其「理」也並非「物之理」。

基於上述分析，我們可以得出如下結論：第一、荀子固然看到人有求知功能，但其人性論定位則以倫理善惡為本位與亞里士多德的理性定位不同；第二、荀子明確區分了人與外物，其「物」不側重作為認識對象，而是側重其「萬物」秩序、「財務」貨用、「物事」人倫，與此同時他也明確提出「不求知天」不求知「物之理」的主張；第三、荀子強調心有「徵知」的功能，但是，其知在於「君之道」而非「物之理」，所謂「解蔽」「心術之患」「虛壹而靜」都是為了知「道」而非知「物」。第四、此「知—道」認知模式杜絕了「知—物」模式，因此無法衍生知識論問題（知識之理語境上的）。但是，此種「知—道」模式所建構的認知模型是值得留意的，關乎理解先秦思想世界乃至於傳統思想的之關鍵，對於「知—物」之認識論模型亦可形成某種啟示。同時參照「知—物」之認識論模型亦可反觀此種「知—道」之認知模型之不足，比如「為何中國沒有科學」（馮友蘭所發問的），亦可由此得到某種解釋。

四、「君道」認知模型的具體呈現：欲望善惡與禮樂秩序

從知識論上來講，人性為善或惡都只能是一種基於行為的推測，我們能夠判斷的只是行為，而且是對他者有所影響的行為，所以善惡只能就人的行為立論，而無法推測人性本然如何。簡而言之，人性本然如何，都不影響行為的善惡判斷，這意味著若人性是善的，行為同樣可以有善有惡；人性是惡的，亦

然。所以，人性是個來路不明的假定，無法作為探究秩序與幸福的起點。與此相比，人慾則更具優先性。欲望優先於人性。荀子講「人生而有欲」，這是個普遍的人情事實，而且是人能夠存在並繼續存在的動力，欲望存在並無善惡可言，實現生存（欲望）的方式導致善惡問題的產生，所以，欲望優先於善惡。基於此，我們可以將欲望作為探究人類問題的起點。欲望自身並無善惡界定性，但是實現欲望的方式導致善惡問題的產生，對個體來講欲望生存自然會觸及他者生存的邊界，因此對於不同人的生存欲望而言便有「組群」（對外競爭）和「明分」（對內協調）的必要，欲望導致了人類社會和社會秩序的產生，可以說秩序是欲望之爭的衍生品。欲望是秩序成為必要。秩序如何建構，如何引導欲望，這成為人心的任務。人心使秩序成為可能。人心可以知道，人心有辨可以思慮，這樣人心對於欲望之爭建構了禮義秩序予以引導和限制。

這是荀子的基本思路，但是，欲望就其自身而言並無善惡之分，秩序基於欲望而建構，自身亦無善惡可言，任何秩序都可以產生善或惡，善惡只能就行為實現及其影響立論，那麼問題就在於，基於欲望之爭建立的社會秩序，是否能夠導致幸福？欲望可以作為研究秩序的起點，但是秩序卻無法導致幸福，幸福問題依然要回到欲望上來，所以說，欲望正是幸福問題的起點，同時也是幸福問題的終點。本文旨在闡明「人生而有欲」「禮義以養欲」的荀子觀點合理性，同時指出他的「養欲」思想無法導致幸福的緣由何在，因為「欲望」不限於耳目口腹之欲，欲望是動態的、不斷生發的……。

（一）人生而有欲：欲望導致善惡

1. 欲望作為人的存在論證明

如何來界定人的存在？如何界定人的特殊性？我思故我在的困境在於，思想是否可以推出存在或者能否將我思等同於我在，嚴格來講我思只能推出我在思或「思在」，而不能推出我在；而且這個思路有個假定：可以思考的人（這意味著嬰兒、傻子、植物人等等都不在範圍內）。而通過道德證明人的存在，無論是先立乎其大還是萬物皆備於我，似乎都是第二位的事情，先立乎其大的主體是什麼？萬物皆備於我，很明顯「我」的存在更具優先性。問題在於，我們正要證明我存在的依據。所以，可以嘗試提出欲望作為存在論證明的依據。

就個體而言，理性未啟，道德模糊，但是「生而有欲」，如荀子所說「凡人有所一同：饑而欲食，寒而欲暖，勞而欲息，好利而惡害，是人之所生而有

也，是無待而然者也，是禹桀之所同也。目辨白黑美惡，耳辨聲音清濁，口辨酸鹹甘苦，鼻辨芬芳腥臊，骨體膚理辨寒暑疾養，是又人之所常生而有也，是無待而然者也，是禹桀之所同也。」（《榮辱》）由此看來，欲望優先於理性和道德。而且，固然在人類生活中，理性和道德發揮著無微不至的影響，但是在最後的判斷上，其標準不是為了理性和道德，而是對存在的欲望，是一種「善在」的欲望；理性和道德只是對存在欲望的實現以及對於實現方式的規範；無論是個體還是社會，最終的判斷標準都不是為了理性和道德理想，而是為了一種「共在—善在」之意欲的實現。就這點看來，欲望不僅可以作為個體存在的證明，而且可以為人類社會種種行為做最後的判斷。欲望與存在是個同實異名的問題兩面。沒有欲望就無所謂存在，同樣，沒有存在便不會有任何欲望。欲望很複雜，但最原初的欲望是存在，這構成了欲望的邊界，存在是欲望的指向，同時存在也是欲望的邊界。就個體而言，追求存在，並無善惡可言，這是一個本能的無可厚非的追求；但是，若存在是欲望的邊界可以成立，那麼便意味著有突破邊界和侵擾他者邊界的危險，這是善惡問題產生的源頭，欲望之爭導致了善惡問題的產生。同時，欲望之爭也造成了團結和人類文明秩序的產生，這是後話。從這點來看，欲望是個最初的問題，無所謂善惡，其最根本指向是存在。所以，欲望可以作為人的存在論證明。

2. 欲望的實現方式導致善惡問題產生

若認可欲望是人存在的依據，而且就原初指向而言是為了人的善在，那麼我們理應培植欲望，並實現存在或繼續存在或善在的意圖。其實個體或人類也正是朝這個方向在做的。但是，一旦欲望走向實現，問題便出現了，複雜性不可預測。首先是欲望的邊界問題，對於人類與自然而言，人要考慮資源的取用，要考慮與其他物種的生存之爭；就人類與萬物關係而言，人類的生存欲望只遇到障礙，但是任何實現方式並不產生善惡問題；所以，人對待自然萬物野獸可以無所不用其極。問題還來自於人類自身，問題的複雜性也同樣來自於人類自身。首先是個體生存欲望與其他個體生存欲望遇到重疊和衝突怎麼辦？為了爭奪獵物，是否可以把對方殺掉？對方是陌生人也就罷了，若是自己族群的人呢？即便是陌生人，是否可以殺掉對方？殺了之後，是否會心安理得？

與其他物種的欲望之爭首先導致了「組群」的必要，組群增強了生存能力和安全感；但是，問題很快來了，個體間的聯繫緊密了，彼此的生存邊界衝突

的機會更多；不同族群間的衝突也更加明顯而且更加劇烈，因為人類因組群其實現欲望的能量劇增，因此衝突變得更加血腥。欲望存在或善在自身並無善惡可言，但是實現欲望的方式導致了善惡問題的產生；具體來講，人類與其他物種的欲望之爭並不產生善惡問題，但是人類自身的欲望之爭導致了善惡問題的產生。對人類自身而言，存在是欲望的邊界，欲望不斷要去實現存在，問題在於不同個體間對存在的欲望導致了欲望之爭，這便產生了善惡問題；判斷善惡的標準依然是「存在」，可能由個體擴大至族群以至於邦國。善惡判斷的最初情形大約是這樣，對一己存在有利為善否則為惡；慢慢擴大至對一族群存在有利為善否則為惡；慢慢擴大至對一邦國存在有利為善否則為惡；此種思考模式以及對善惡觀念的界定沿用至今。由此看來，善惡觀念不是絕對的，其判斷的依據在於對「存在」（「個體存在」「共在」）或「善在」的理解。

所以，大致可以得出如下結論：對存在的欲望自身並無善惡可言，但是人類內部的欲望之爭導致了對他者存在邊界的衝突，因此衍生了善惡問題，而善惡的判斷標準依然在於是否有利於個體或某群體的繼續存在或善在。基於此，對欲望實現方式衍生了善惡問題，而善惡問題催生了秩序的需要；秩序最終還是為了欲望的實現，是一種「善在」或「共在」的實現方式。

（二）禮義以養欲：善惡催生秩序

1. 欲望之爭呼喚秩序

荀子在《禮論篇》講到：

> 禮起於何也？曰：人生而有欲，欲而不得，則不能無求。求而無度量分界，則不能不爭；爭則亂，亂則窮。先王惡其亂也，故制禮義以分之，以養人之欲，給人之求。使欲必不窮於物，物必不屈於欲。兩者相持而長，是禮之所起也。故禮者養也。芻豢稻梁，五味調香，所以養口也；椒蘭芬苾，所以養鼻也；雕琢刻鏤，黼黻文章，所以養目也；鐘鼓管磬，琴瑟竽笙，所以養耳也；疏房檖貌，越席床第几筵，所以養體也。故禮者養也。

這裡荀子提出了一個很有趣的問題，欲望如何走向了自身的反面；追求欲望的實現，若沒有度量分界如何導致了「爭亂」「窮乏」以及「危險」。這裡面我們再次看到，欲望的無善惡規定性，無邊界自覺性，若欲望不加以引導度量分界，那麼求生正所以赴死。這是在人群中的情境，若只有個體，其邊界衝突便比較模糊，不是個問題，其問題主要在於人與自然資源、人與其

他物种競爭之間，那只有生死問題，沒有善惡問題；只有在人類社會內部才有善惡問題，所以爭亂的實質在於善惡問題的規範所引發的生死問題，禮義秩序產生並不能完全杜絕爭和亂，但是在禮義秩序規範下的爭和亂恰恰間接迴避了衝突帶來的生死問題，秩序作為中介，大家彼此妥協共在取代你死我活的境遇，這是一種通過秩序維持生存的底線欲望的實現。但是，在人與動物之間，似乎沒有公認的秩序，其邊界只是在於自然資源的爭奪以及生死問題的面對，所以人和其他物種無法通過立法來迴避生死問題維持生存欲望，人與動物之間的鬥爭是你死我活（或者馴服利用）；但是，人與人之間卻由於欲望之爭催生了人類文明，通過公認的秩序來迴避生死衝突，維持最基本的求生欲望。這是一種進步。

這裡我們可以順帶反思一下人們對待欲望的方式：節欲、禁慾、縱慾、養欲。欲望是複雜的，除了求生欲望還有人類文明自身建構起來的新欲望，比如說榮譽感，比如說審美創造欲望等等，但是，最終追溯的話都要回到「存在」這一底線上來，這也是對其他任何欲望及其實現判斷的底線標準。由此我們可以看出，對於「生存」欲望來講，最合理的方式不是節欲，更不是禁慾，因為這有悖於人類自身的存在，有悖於人類自身的求生目的。從理論上來講，縱慾，若理解為欲望充分實現的話，可能是人類自身生存的最佳狀態；但是，從現實上來講，縱慾可能會走向自身的反面而最終突破存在的底線，因此不是最優對待欲望方式；至少兩個方面縱慾是錯誤的，第一，欲望是複雜的，個體自身不同欲望的放縱恰恰導致了存在的危險；第二，欲望是無限的，但是不同個體的自我存在是其最終底線和邊界；某個體的欲望放縱，或許對他自己來講是生存的最佳狀態，但是恰恰導致了其他個體存在邊界的侵擾或破壞，因此縱慾導致自身處於四面為敵的境遇，因此也是危險的。所以，縱慾是個看似直接但是卻危險重重的選擇。因此，養欲便是對待欲望的最佳方式，荀子提出「禮者養也」，是個令人深思的命題。

但問題在於，為何禮義秩序可以養欲？如何養欲？進一步追問，為何秩序可以在人類之間建立？為何不同個體，不同群體有此種秩序認可遵循的共同性？這要回到人心上來。

2. 心之有辨能知建構秩序

可貴的是，荀子對心的論述更多不是從「道德心」入手而是突顯了「認知心」的層面，這是從認知、理性角度來界定人的思路，他說：

　　　　人之所以為人者何已也？曰：以其有辨也。饑而欲食，寒而欲
　　暖，勞而欲息，好利而惡害，是人之所生而有也，是無待而然者也，
　　是禹桀之所同也。然則人之所以為人者，非特以二足而無毛也，以
　　其有辨也。今夫狌狌形狀亦二足而無毛也，然而君子啜其羹，食其
　　胾。故人之所以為人者，非特以其二足而無毛也，以其有辨也。夫
　　禽獸有父子，而無父子之親，有牝牡而無男女之別。故人道莫不有
　　辨。辨莫大於分，分莫大於禮，禮莫大於聖王。（《非相》）

　　正是此種「辨」別導致了區分，區分導致了秩序的規範化。自然催生秩序
的原初動力依然在於人的生存欲望，尤其是欲望之爭突顯的時候，分別、角色
定位以及角色規範才是必要的；而此種對秩序的需要由於人心的認知分辨功
能而實現了此種可能。很明顯的是，人心此種辨知功能是人所共有的，這是人
之所以為人的所在，這意味著基於人心建構的禮義秩序存在某種先天的「共度
性」，人們或許不參與建構秩序，但是人心可以理解秩序並且參與秩序的維護
與實現。如何知道？「夫何以知？曰：心知道，然後可道；可道然後守道以禁
非道。以其可道之心取人，則合于道人，而不合於不道之人矣。以其可道之心
與道人論非道，治之要也。何患不知？故治之要在於知道。人何以知道？曰：
心。心何以知？曰：虛壹而靜。」（《解蔽篇》）

　　另有兩則補充材料可以強化如上的論證：

　　　　心者，形之君也，而神明之主也，出令而無所受令。自禁也，
　　自使也，自奪也，自取也，自行也，自止也。故口可劫而使墨雲，
　　形可劫而使詘申，心不可劫而使易意，是之則受，非之則辭。（《解
　　蔽篇》）

　　　　生之所以然者謂之性；性之和所生，精合感應，不事而自然謂
　　之性。性之好、惡、喜、怒、哀、樂謂之情。情然而心為之擇謂之
　　慮。心慮而能為之動謂之偽；慮積焉，能習焉，而後成謂之偽。正
　　利而為謂之事。正義而為謂之行。所以知之在人者謂之知；知有所
　　合謂之智。（《正名篇》）

　　如上我們可以看出，欲望之爭導致秩序需要，而人心的認知功能使秩序
建構成為可能；並非人人都可以參與秩序建構，但是，基於人心，人人都可
以理解秩序的規範性，而且，人人都可以因遵守秩序而實現欲望之爭的調節。
這在荀子看了這是一種「養欲」的思路。至少從存在底線角度來講，秩序迴

避了爭亂，化解了生死衝突，而維持和保養了生存欲望。具體表現為：心對欲的調節。

3. 天性有欲心為之制節

荀子在「正名篇」集中提到關於欲和心的論述：

> 凡語治而待去欲者，無以道欲而困於有欲者也。凡語治而待寡欲者，無以節欲而困於多欲者也。有欲無欲，異類也，生死也，非治亂也。欲之多寡，異類也，情之數也，非治亂也。欲不待可得，而求者從所可。欲不待可得，所受乎天也；求者從所可，所受乎心也。**天性有欲，心為之制節。**（此九字久保愛據宋本增）〔註68〕**所受乎天之一欲，制於所受乎心之多，固難類所受乎天也。**人之所欲生甚矣，人之惡死甚矣；然而人有從生成死者，非不欲生而欲死也，不可以生而可以死也。故欲過之而動不及，心止之也。**心之所可中理，則欲雖多，奚傷於治？**欲不及而動過之，心使之也。心之所可失理，則欲雖寡，奚止於亂？故**治亂在於心之所可**，亡於情之所欲。不求之其所在，而求之其所亡，雖曰我得之，失之矣。（《正名篇》）

這裡有三點值得留意：

第一、心之制節。「天性有欲心為之制節」雖然是據宋本添加，但其意思在本段是可以充分看到的，比如「故欲過之而動不及，心止之也。心之所可中理，則欲雖多，奚傷於治？欲不及而動過之，心使之也。」這裡可以看到心對欲的制節，另外類似提法有「君子樂得其道，小人樂得其欲；以道制欲，則樂而不亂；以欲忘道，則惑而不樂。」（《樂論篇》）另外「見其可欲也，則必前後慮其可惡也者；見其可利也，則必前後慮其可害也者，而兼權之，孰計之，然後定其欲惡取捨」。（《不苟篇》）心的思慮功能為欲望及其實現指引了方向。

第二、心與欲交互影響。心的思慮功能對於原初的生存欲望有所選擇和實現，事情還沒有完，問題的複雜性在於，人心不僅實現欲望，而且人心也製造欲望，即心之欲；人心使欲望變得複雜和不可思議。正如荀子所說「所受乎天之一欲，制於所受乎心之多，固難類所受乎天也」；在原初的「饑而欲飽，寒而欲暖，勞而欲休」欲望中，從某種意義上講，欲望是可以滿足的，是有限的；

〔註68〕馮友蘭：《中國哲學史》上，上海：華東師範大學出版社，2011 年版，第 168 頁。

但是人心的參與，此種思辨慮知功能，逐漸超越了原初的生存語境，由生理性存在走向精神性善在，財物不再僅僅是滿足口腹之欲，同時也成為一種富貴榮譽權力的象徵，口腹之欲是有限的，如莊子所說「鷦鷯巢於山林不過一枝，鼴鼠飲河不過滿腹」（《逍遙遊》）；但是，富貴榮譽權力的欲望則是無限的；最初的欲望之爭是為了生存活命，後來出現的欲望之爭往往走向了存在的反面；人們為了追求存在的非必需品背叛了自我，這是人心對欲望的誤導，因此現世的種種紛爭錯亂悖謬還要回到問題的起點方可找到真正的解決方向。人心製造欲望，但是，人心並非故意指向惡，就人心的思慮辨知功能來講也無善惡可言，只有當其製造的欲望及其實現與他者造成衝突的時候才產生善惡。人慾和人心其可貴在於都是非定向，彼此融合相互為用，這意味著無數可能，包含了無數希望，同時也蘊含了無數危險。人世間紛爭的源頭便來自於此。

　　第三、治亂在於心之所可與否不在於欲之多少。荀子提出「心之所可中理，則欲雖多，奚傷於治？欲不及而動過之，心使之也。心之所可失理，則欲雖寡，奚止於亂？故治亂在於心之所可，亡於情之所欲。不求之其所在，而求之其所亡，雖曰我得之，失之矣。」這是一個睿智的判斷。欲望問題的關鍵不在於是否多少，而在於其是否「當理」，若合乎「心之所可」，那麼多多益善；若「失理」，即便是少，依然是動亂之源。這也間接證明了上面本文的判斷，欲望自身是沒有善惡的，不可以欲多為惡也不可以寡欲為善。若進一步追問如何是「中理」？如何是「心之所可」？判斷標準不在人心上，還要回到人自身的存在上來，只不過不同語境此種存在或是指的個體、族群、邦國，因此有不同的「合理性」標準產生。人心可以建構標準，但是人心自身不是標準。

　　總括上述，欲望之爭導致了善惡問題的產生，善惡問題引發了建構秩序調節欲望的必要，而人心的思辨慮知功能使建構秩序和調節人慾成為可能；與此同時，人心與人慾融合又製造了新的欲望，一種不僅僅是維持溫飽的生存欲望，而是一種「求好」的欲望；如果說秩序可以維持生存欲望的話，那麼秩序對於人心製造的「求好」「善在」欲望變得無能為力；換句話說，秩序可以保證安全但卻無法承諾幸福。欲望太多，超越了秩序的初衷和承付，這是不可承受的重負；所以說欲望催生秩序，但是欲望卻無法給予幸福。但是，問題在於，若一個秩序無法導致幸福或無助於幸福，那麼這是一個壞秩序；若秩序只能維持生存溫飽，那麼這個秩序將很快被取代，因為一旦生存不是問題，人們之間的欲望之爭非但不會減輕，而會更加劇烈，為了爭奪資源、榮譽、全力、享受，

新的欲望之爭很快會讓秩序變得危機重重，這樣，人們原初的設想維持安全溫飽的底線也無法保證。所以，只能不斷改良秩序，使其功能不僅能維持安全溫飽底線，而且可以「養欲」走向幸福，這可能麼？

（三）改良秩序走向幸福的可能性

1. 欲不窮於物

上面我們看到荀子在《禮論篇》談及禮義起源時說「禮起於何也？曰：人生而有欲，欲而不得，則不能無求。求而無度量分界，則不能不爭；爭則亂，亂則窮。先王惡其亂也，故制禮義以分之，以養人之欲，給人之求。使欲必不窮於物，物必不屈於欲。兩者相持而長，是禮之所起也。」從理論上來講，通過秩序安排，人們各得其所，不至於過度使用資源而「窮」，但是問題並不這麼簡單。第一、若物能大致滿足欲量總和，那麼通過秩序分配，可以達到「欲不窮於物」；但是，問題在於物是有形有限，有些也是不可再生的，具有一次消耗性；但是，欲望是無形的無限的，持續性需求；從原初狀態來講，「欲不窮於物」就無法實現，或者說早晚要達到其「窮於物」的臨界，爭亂一定再起；當然，可以考慮「再生產」，不斷製造「物」，這是個化解方法，但是「物」的有限性永遠無法滿足「欲」的無限性，所以這個問題終歸難以化解。第二、其他的情況，若本來物就不足於欲，那麼再好的秩序也無法無中生有達到「欲不窮於物」的狀態。荀子在《富國篇》中提到：「夫天地之生萬物也，固有餘，足以食人矣；麻葛繭絲、鳥獸之羽毛齒革也，固有餘，足以衣人矣。夫有餘不足，非天下之公患也，特墨子之私憂過計也。」只是一個初民狀態的想像，一來這是個無法統計比量的問題，另外，從本體論角度講有形物的有限性永遠無法窮盡無形欲的無限性。

那麼著手處何在？「節流」固然是一種方案，但是「開源」可能才是真正的希望；此處開源不是對物質性的再生產或製造，生產再多，物質性的有限性永遠無法改變；問題的關鍵在於要培養新的欲望對象——無形物，無形無限的對象對應無窮無盡的欲望，這是唯一「欲不窮於物」的方案。

2. 建構新欲望

「饑而欲飽，寒而欲暖，勞而欲休」這自然是一種欲望，而且是人維持生存不可少的欲望，但是欲望是否限於此？權力榮譽利益是否也是欲望？審美創造是否也是欲望？第一個層次，耳目口腹之欲，難免有欲望之爭，需要秩序

調節；但是爭亂的危險一直存在，因為「窮於物」的資源分配永遠都是亂源；第二個層次，權力榮譽利益之欲，依然會有欲望之爭，而且更多表現為群體、政府間，需要秩序調節，但是爭亂衝突會永遠存在，無法終結，因為其對象不具有無限性，具有壟斷性，因此便有爭的理由和吸引力；第三個層次，審美創造欲望，這是無限的，學無止境，並且不會造成他者存在邊界衝突的欲望；不僅不會造成衝突，諸如思想創造、藝術創造，因為其創造正足以養成他者欲望，是對他者的成全；一方面大家可以無限共享，另一方面彼此可以無限分享；因為分享而增多，因為創造而滿足。

只有在第三個層次的欲望上，我們才可以說「欲不窮於物」。第一、欲不窮於物。這個「物」是無止境的，無形的，無限的，所以永遠無法窮盡；而且正因為人們的使用而增多，因為人們欲望的滿足而豐富。第二、吸引人心。人心的思慮辨知功能，若一心癡迷於聲色權力榮譽，那麼只能背叛自我而顛覆存在自身；但是，人心若關注創造（思想、審美、藝術等），一來可以成全人心，二來可以滿足欲望；只有當人心所向合乎生存之道，才會迷途知返，才會從迷障中自省。第三、走向幸福。在維持溫飽的存在底線基礎上，只有走向「養欲」之途，任何努力都是「合理」的充分實現而且同時共享於他者欲望的實現，那麼人們才是安全的幸福的。這便是「從心所欲」的狀態。

3. 從心所欲不逾矩

無知無欲似乎是個無法體驗的狀態，只能是一種揣測或者是一種遁詞；從理論上來講，只要存在一定有欲望；所以說禁慾一定是個違背存在的不當選擇，若「無欲」一定存在的話，那一定是在欲望充分滿足實現的狀態下實現的，對於耳目口腹之欲、權力利益之欲因其本體性質，永遠沒有「充分實現」的可能，得到了便欲望更多，所以沒有窮盡；從這點來講，耳目口腹之欲即便暫時實現，也是淺層次的滿足，談不上幸福；權力利益之欲，暫時滿足與否都是個危險重重之路，永遠無幸福可言；只有思想創造藝術創作之欲，雖然永遠無法實現，但是創造歷程就是實現過程，不斷實現又不斷提升，不斷體驗又不斷共享，因此是個極其自由從心所欲的狀態，有理由認為，只有這種狀態才是幸福的；有理由認為從心所欲是幸福的，因為除了此種幸福，對人類危險重重的欲望之爭而言，我們還看不到其他幸福之路的可能性何在。

荀子《解蔽篇》有個旁證可以參考：「故濁明外景，清明內景，聖人縱其欲，兼其情，而制焉者理矣；夫何強！何忍！何危！故仁者之行道也，無為也；

聖人之行道也，無強也。仁者之思也恭，聖者之思也樂。此治心之道也。」（《解蔽篇》）

　　聖人狀態是「縱其欲兼其情」，可以想像這是一種「從心所欲」的狀態。回到上面的問題，秩序不再僅僅是對溫飽問題的調節，不僅僅是對利益欲望的節制，與此同時，當且僅當秩序是引向思想創造之欲的時候，這個秩序才是健康的，才是有生命的；換句話說，這樣的人類秩序走向幸福才是可能的。

小結：欲望─人心─禮樂秩序─幸福所建構的認知模式

　　基於上面論證，我們看到，欲望優先於理性和道德，因此可以作為探究秩序合理性以及幸福問題的起點。「人生而有欲」，從起源角度講欲望自身無善惡，但是實現欲望的方式產生了善惡，欲望之爭導致了禮義秩序的必要，而人心的思慮辨知功能使秩序建構成為可能。欲望之爭催生了禮義秩序，但是禮義秩序卻無法保證幸福，因為秩序無法保證「欲不窮於物」這一亂源。物質性的耳目口腹之欲因物質有限性和欲望無限性無法永久和解，培養新欲望（思想創造藝術創作）成為「養欲」的新方向，此種欲望的建構為秩序和人心規定了方向；其因分享而豐富，因創造而滿足的特性使「隨心所欲」成為現實，幸福成為可能。

　　這裡我們關於善惡的看法有別於傳統的「性善論」，也與李澤厚關於「人性論」的論述不同，他說「樂感文化』『實用理性』乃華夏傳統的精神核心。」〔註69〕在對「實用理性」的「認知模型」檢討之後，下面我嘗試對於「樂感文化」的「人性論依據」予以檢討。

第三節　「樂感文化」之人性論依據：批判與檢討

引言：李澤厚關於「樂感文化」的論述

　　李澤厚關於「樂感文化」之論述多與「實用理性」同時出現，前面已引，此處不贅。但是關於「樂感文化」論述有幾點值得留意：

　　第一、「樂感文化」的「憂患意識」。李澤厚說「所謂『天不易知』『命不可測』，只好奮力人事，知其不可而為之，仁學之悲愴情懷，苦難意識，固樂感文

〔註69〕李澤厚：《論語今讀》，北京：生活・讀書・新知三聯書店，2004 年 3 月版，第 25 頁。

化之不可缺欠之因素。」〔註70〕記得李澤厚多次引用劉小楓的說法，中國人地位太高應當下跪懺悔，中國人缺乏深刻悲劇意識等等。但是，這些只是「皮相之見」，李澤厚說「因為沒有上帝依託」所以這種生活更悲愴，並且基於「巫史理性化」而變為「歷史使命感和社會責任感的個體情理結構」〔註71〕，似乎更有見諦。所以，他的「樂感文化」所提到的「悲愴情懷」，在我看來，是值得留意的。其實，所謂的「悲劇意識」「憂患意識」等，是普遍的人類文化—心理特質，只是在不同的文化生活中表現不同而已，其淵源在於「如何活」的偶然性，悲劇意識、苦難意識倒不是必須與信仰綁定才能產生的。自然對於「悲劇意識」的化解，也不限於上帝信仰，依託於上帝，悲劇可以化解也可以加強，這是一個開放性詮釋。關鍵還要回到「如何活」的情境與參與主體的詮釋視角。

　　第二、「樂感文化」的三重維度。在《「說巫史傳統」補》文結尾部分，李澤厚說「巫術區別於宗教的主要特徵在於，人作為主體性的直接確立。它在中華上古理性化過程中演變為『禮制』和『天道』，最終形成了『實用理性』和『樂感文化』。這便是中華傳統的基本精神。」這些說法在《論語今讀》裏面都有表述，關於「巫術壓迫神靈」的說法前面我們也做過澄清，在這裡只是重複。但是，他接下來說「中華文化是肯定人們現實生命和物質生活的文化，是一種非常關注世間幸福、人際和諧的文化（A culture of worldly happiness）。幸福當然包括了物質和精神兩個層面，但即使追求獨立甚至『超驗』的精神幸福，也不排斥、否定、憎惡這個現實物質的生活和存在（存在者）。」〔註72〕這可視為「樂感文化」的第一層次「幸福文化」。第二層次為「樂觀文化」。李澤厚說「由於沒有相信天主，『樂感文化』便以人為本，相信人類自身的力量，儘管歷史在悲劇中前行，但認為只要自強不息、韌性奮鬥，便可否極泰來：形勢可以改變，前途會有光明，繼往開來，『雖百世可知也』。……人類所行走的是一個永不完成的奮鬥歷程，這是『天道』，也是『人道』。所以『樂感文化』也是一種『樂觀文化』（A culture of optimism）。」〔註73〕這本句話下面有個頁下注，李澤厚

〔註70〕 李澤厚：《論語今讀》，北京：生活・讀書・新知三聯書店，2004 年 3 月版，第 168 頁。

〔註71〕 李澤厚：《由巫到禮》，載氏著：《由巫到禮 釋禮歸仁》，北京：生活・讀書・新知三聯書店，2015 年 1 月版，第 103 頁。

〔註72〕 李澤厚：《「說巫史傳統」補》，載氏著：《由巫到禮 釋禮歸仁》，北京：生活・讀書・新知三聯書店，2015 年 1 月版，第 81～82 頁。

〔註73〕 李澤厚：《「說巫史傳統」補》，載氏著：《由巫到禮 釋禮歸仁》，北京：生活・讀書・新知三聯書店，2015 年 1 月版，第 82 頁。

說「『樂感文化』的第三重含義是認音樂和審美情感是人性的最終完成。所以他又稱『樂（yue）感文化』（A culture of music & Aesthetics）。」〔註74〕

　　這一點很值得留意，李澤厚稱「美學是第一哲學」，其情本體重建、人性心理培育都有著深刻「審美」背景，在 1994 年與王德勝對談論及美學時明確提到「美學在中國的地位就比較高。西方學生對這一點很感興趣，有學生問：中國沒有對上帝的信仰，為什麼這種傳統能維持這麼久？」〔註75〕可見，李澤厚的「美學」更多是在「審美」以及「美育」層次的人性心理重建，這是他「情本體」重建的重要維度，也是「巫史論」未來指向的核心內容。需要留意的是此種「審美」「美育」側重，有著深刻的現實關懷，那便是「無上帝的人間世神聖性重建」語境。所以，「幸福」「樂觀」「審美」可以視為李澤厚「樂感文化」的三重維度。尤其是第三重含義「審美」層面：「『樂（yue）感文化』（A culture of music & Aesthetics）很值得留意。

　　第三、「樂感文化」的人性論依據。李澤厚關於「性善」的看法很特別，他分開「人類善」和「個體善」，前者意為「人和萬物的生，本身就是善。所以，這個善也就不是一般行為中的善惡對比的那個善，這是大善、至善。說中國是樂感文化，即以此故。」〔註76〕但是，此種「至善」來自哪裏呢？他說「人類的生存延續即至善，這是情感兼理性的設定，這是就總體和抽象來說。」其原因與「有情宇宙觀」有關，他說「中國傳統賦予宇宙、人生、生命、生活、生存以肯定的、正面的、積極的價值和情感，亦即「有情宇宙觀」（見《中國古代思想史論》1985）是也。」〔註77〕但是，對於「個體善」，他說「落實到個體上，人的生存、生命、生活的維持和延續便需要性善的培育，這是就個體和具體來說。在個體這裡，性是自然的潛在可能性，無所謂善惡，是『未發』；情是社會性、理性滲入的現實性，是人們生存、生命的實在，這裡才有善惡可言，是『已發』。『已發』才是真實的人生，所以不是性本體，而是情本體。不

〔註74〕李澤厚：《「說巫史傳統」補》，載氏著：《由巫到禮 釋禮歸仁》，北京：生活・讀書・新知三聯書店，2015 年 1 月版，第 82 頁，注釋 1。

〔註75〕李澤厚：《美學——中國人最高的境界——與王德勝對談（續）》，載氏著：《李澤厚對話集》（九十年代），北京：中華書局，2014 年 8 月版，第 110 頁，原載《文藝研究》1994 年第 6 期。

〔註76〕李澤厚：《為什麼說孔夫子加 kant》，載氏著：《由巫到禮 釋禮歸仁》，北京：生活・讀書・新知三聯書店，2015 年 1 月版，第 219 頁。

〔註77〕李澤厚：《為什麼說孔夫子加 kant》，載氏著：《由巫到禮 釋禮歸仁》，北京：生活・讀書・新知三聯書店，2015 年 1 月版，第 219 頁。

要把人類性本善的總體設定與性本無善惡的個體實在混為一談。人類總體生存延續作為至善，如前所說，乃一種設定，因為宇宙無所謂善惡，儒家通過至善的設定來肯定自身的現實生存與延續，這也就是『無情辯證法』（老子）與『有情宇宙觀』（孔子）的關係。『無情』是宇宙的本相，但『有情』才是真實的、現實的人生。孔子所代表的原典儒家，就是要在本無所謂情感、無所謂意義的世界中，積極地、堅韌地培育、塑建富有情感與意義的人生，而無求於上帝神明或另個世界。」〔註78〕

　　李澤厚關於「性」的看法明顯區別於孟子的「性善論」，也與宋明理學和牟宗三講的「性體」不同。他說「宋明理學和牟宗三講的性體，是先驗的道德律令，與人自然生存、生理存在沒有關係而且相互對立甚至衝突。而我講的抽象的性，仍然是人類生存延續的自然生理的存在，它與個體的生理存在是一致而不可分割的，它是一種經驗性的存在，而不是先驗的準則。人性善就總體說是肯定人類的生物族類的生存延續；就個體說，是追求將本無善惡可言的性培育為善。人類總體的自然生存、生命是善，但對個體卻必須有人為的統率、教導、培育，才能具體實現，斯之謂『率（帥）性之謂道』，不斷完滿修為，這就是『教』。」〔註79〕但是，對於人類至善以及個體性無善惡的說法，似乎有待論證。若同時認可這種說法，我們很自然的會去問，若個體之性無所謂善或惡，那麼對於「人類善」的設定從何而來呢？若認可個體之性本無善惡，那麼個體去「追求將本無善惡可言的性培育為善」也將是成問題的，因為此時追求善和惡的概率是均等的。所以，人類至善是個「設定」，個體追求善，也是個「設定」。

　　此種「性善」設定何以可能？我初步認為，與儒家傳統中由孟子奠定的「性善論」思想有關。下面我們嘗試以孟子的「性善論」為視角予以檢討。毋庸置疑，人性問題是複雜的，因為我們所能認知的只是人的行為；但是，人們又似乎不滿足於多變的行為而試圖更進一步尋求其穩定的人性本質，這樣問題的複雜性呈現為：人性是否存在？若存在其本質能否被探討？是動態的還是固定不變的？我們到底能否認識人性？下面以孟子性善論為中心予以討論，涉及性善論的改進版及亞里士多德對人性的另種界定。

〔註78〕李澤厚：《為什麼說孔夫子加 kant》，載氏著：《由巫到禮　釋禮歸仁》，北京：
　　　　生活‧讀書‧新知三聯書店，2015 年 1 月版，第 220 頁。
〔註79〕李澤厚：《為什麼說孔夫子加 kant》，載氏著：《由巫到禮　釋禮歸仁》，北京：
　　　　生活‧讀書‧新知三聯書店，2015 年 1 月版，第 221 頁。

一、孟子性善論之檢討

（一）人性之界定：人之所以為人者

第一、人性不同於本能。孟子關於人性之界定是自覺的，自覺迴避了用本能來界定人性的路徑，在與告子的辯論中我們看到：

> 告子曰：「生之謂性。」孟子曰：「生之謂性也，猶白之謂白與？」曰：「然。」「白羽之白也，猶白雪之白；白雪之白，猶白玉之白與？」曰：「然。」「然則犬之性，猶牛之性；牛之性，猶人之性與？」（《孟子・告子上》）

這種與「本能」保持距離的說法，在孔子「性相近」（《論語・陽貨》）的說法中尚不明顯，而在荀子關於人性的界定則與孟子不同而更近於告子：

> 凡性者，天之就也，不可學，不可事。（《荀子・性惡篇》）
>
> 生之所以然者謂之性。（《荀子・正名篇》）
>
> 性者、本始材樸也；偽者、文理隆盛也。無性則偽之無所加，無偽則性不能自美。性偽合，然後成聖人之名，一天下之功於是就也。（《荀子・禮論篇》）

關於孟荀人性論之異同並非本節重點，我們將集中於孟子「性善論」的內在理路試圖有所檢討和推進。孟子不認同本能來解說人性，因為其人性界定在於人之所以為人的獨特性。

第二、人性在於人之所以為人者。孟子曰：「人之所以異於禽獸者幾希，庶民去之，君子存之。舜明於庶物，察於人倫，由仁義行，非行仁義也。」（《孟子・離婁下》）與此同時我們需要看到，孟子對人的解讀是自覺的，看到了人與禽獸有所同，但是，在人性的界定與培育上自覺引向了「人之所以異於禽獸者」，他將人分為「大體」和「小體」，區分的目的在於引導人要自覺「先立乎其大」：

> 孟子曰：「人之於身也，兼所愛。兼所愛，則兼所養也。無尺寸之膚不愛焉，則無尺寸之膚不養也。所以考其善不善者，豈有他哉？於己取之而已矣。體有貴賤，有小大。無以小害大，無以賤害貴。養其小者為小人，養其大者為大人。今有場師，舍其梧檟，養其樲棘，則為賤場師焉。養其一指而失其肩背，而不知也，則為狼疾人也。飲食之人，則人賤之矣，為其養小以失大也。飲食之人無有失

也，則口腹豈適為尺寸之膚哉？」公都子問曰：「鈞是人也，或為大
人，或為小人，何也？」孟子曰：「從其大體為大人，從其小體為小
人。」曰：「鈞是人也，或從其大體，或從其小體，何也？」曰：「耳
目之官不思，而蔽於物，物交物，則引之而已矣。心之官則思，思
則得之，不思則不得也。此天之所與我者，先立乎其大者，則其小
者弗能奪也。此為大人而已矣。」（《孟子‧告子上》，11.14～15）

由此我們可以看出孟子關於人性的界定，他不像基督教那樣做肉體─靈
魂二分，也沒有突顯笛卡爾式的「身─心」二元，但是就人來講他認為「體有
貴賤，有小大。」看到耳目口體之作用，但只是處於「小體」的地位，人的可
貴在於「心」，需要留意的是，這裡我們無法由「大體─小體」而得出笛卡爾
式的「心─身」緊張，因為固然孟子講「心之官則思」，但是縱觀其關於「心」
的論述，更多是「惻隱」「羞惡」「辭讓」「是非」等「仁義禮智」等倫理意義
上的；由此而提出「先立乎其大」我們也可以看出其突顯的是倫理維度的人性
培養、擴充，比如孟子講：「仁，人心也；義，人路也。捨其路而弗由，放其
心而不知求，哀哉！人有雞犬放，則知求之；有放心而不知求。學問之道無
他，求其放心而已矣。」（《孟子‧告子上》11.11）可以作為旁證。這與其基本
人性界定「道性善」是一致的。

（二）「道性善」：由仁心到仁政

孟子道性善，言必稱堯舜。（《孟子‧滕文公上》5.1）

這裡我們需要留意的是：其一、依據《孟子》文本，當時提到孟子都以
「性善」為其成名理論，並沒有做「性本善」還是「性向善」的區分，依據孟
子文本「道性善」似乎更傾向於「性本善」，後世三字經「人之初，性本善」
是比較符合孟子思想的。他明確講：「人之所不學而能者，其良能也；所不慮
而知者，其良知也。孩提之童無不知愛其親者，及其長也，無不知敬其兄也。
親親，仁也；敬長，義也；無他，達之天下也。」（《孟子‧盡心上》，13.15）
而且他明確說「仁義禮智，非由外鑠我也，我固有之也」：

孟子曰：「乃若其情，則可以為善矣，乃所謂善也。若夫為不
善，非才之罪也。惻隱之心，人皆有之；羞惡之心，人皆有之；恭
敬之心，人皆有之；是非之心，人皆有之。惻隱之心，仁也；羞惡
之心，義也；恭敬之心，禮也；是非之心，智也。仁義禮智，非由外
鑠我也，我固有之也，弗思耳矣。故曰：『求則得之，捨則失之。』

　　或相倍蓰而無算者，不能盡其才者也。《詩》曰：『天生蒸民，有物
　　有則。民之秉彝，好是懿德。』孔子曰：『為此詩者，其知道乎！故
　　有物必有則，民之秉彝也，故好是懿德。』」（《孟子·告子上》，11.6）

　　固然孟子有「四端之心」有待「擴而充之」之說法，這只是「性善」端倪
之發揮過程而不能視為「向善」的過程。其二、需要留意的是，「性善論」有
著明確的內容，「堯舜之道，孝悌而已矣。」（《孟子·告子下》12.2）具體言之，
孟子的「性善論」圍繞「仁義禮智」展開。合乎「仁、義、禮、智」者為善，
否則為惡。其三、性善論只是仁政論之預備。孟子固然以「性善論」著稱，但
是，他並不以「人性」問題為理論旨歸，「人性論」只是一種預備，最終是為
了引向「仁政」論上，孟子曰：「人皆有不忍人之心。先王有不忍人之心，斯
有不忍人之政矣。以不忍人之心，行不忍人之政，治天下可運之掌上。」（《孟
子·告子上》）由此來看，仁政論是各種行為之「善惡」評判依據，「仁、義、
禮、智」最終圍繞「仁政論」展開，「性善論」為「仁政論」服務。二者關係
同樣是有趣的，避免問題討論分散，我們持續「性善論」的主題關注，下面集
中於對其論證方法之檢討。

（三）「性善論」之方法論檢討

　　從內在理路上「性善論」處於從屬地位，只是「仁政論」之預備，因此
「仁政論」才是孟子的理論旨歸，這也符合其「正人心」「治天下」之理想。
但是，本節主題為人性論，所以，我們集中於其「性善論」的論證方法，固然
他有多處論辯，但是，我們還是需要留意「人性是什麼」不是孟子思想的核心
主題，「人性」從屬於「仁政」，「道性善」是為了行「堯舜之道」而「平治天
下」。就「性善論」的論證方法而言會再次印證此種「從屬」地位，因為方法
是粗糙的，充斥著「故意的混淆與曲解」（陳漢生語）以及「沉溺於表現無意
義的論證」（劉殿俊語）〔註80〕。

1. 行為能否推知人性？

　　上面我們提到，對人性的認知只能從「行為」入手，所謂「人性善」只是
由「行為善」推出的結果，問題在於「行為能否推出人性？」。我們以「孺子
入井」為例予以討論。

〔註80〕詳見余紀元：《德性之鏡：孔子與亞里士多德的倫理學》，林航譯，北京：中國
　　　　人民大學出版社，2009 年版，第 128 頁，注釋【24】【25】。

所以謂人皆有不忍人之心者，今人乍見孺子將入於井，皆有怵惕惻隱之心，非所以內交於孺子之父母也，非所以要譽於鄉黨朋友也，非惡其聲而然也。由是觀之，無惻隱之心，非人也；無羞惡之心，非人也；無辭讓之心，非人也；無是非之心，非人也。惻隱之心，仁之端也；羞惡之心，義之端也；辭讓之心，禮之端也；是非之心，智之端也。人之有是四端也，猶其有四體也。有是四端而自謂不能者，自賊者也；謂其君不能者，賊其君者也。凡有四端於我者，知皆擴而充之矣，若火之始然，泉之始達。苟能充之，足以保四海；苟不充之，不足以事父母。(《孟子‧公孫丑上》)

這是個平實的例子，應當說孟子所言的情況是存在的，看到類似情境不是為了「內交於孺子之父母也，非所以要譽於鄉黨朋友也，非惡其聲」而想救那個孩子。然而孟子的問題在於試圖通過此種個別案例而引出人性一般，這是無效的。第一、儘管孟子舉例是真實的，但是無法排除反例。或許很少，但是，有沒有見到類似情境而「袖手旁觀」或「無動於衷」的呢？

第二、需要留意「生子不舉」現象。我們在韓非子的言論中看到：「今上下之接，無子父之澤，而欲以行義禁下，則交必有郤矣。且父母之於子也，產男則相賀，產女則殺之。此俱出父母之懷袵，然男子受賀，女子殺之者，慮其後便、計之長利也。故父母之於子也，猶用計算之心以相待也，而況無父子之澤乎！」(《韓非子‧六反》)另外我們看到《後漢書‧張奐傳》言河西「凡二月、五月產子，及與父母同月生者，悉殺之」。以及《論衡‧四諱》：「諱舉正月、五月子，以為正月、五月子殺父與母。不得已舉之，父母禍死」的說法。不舉「五月子」的例子在孟嘗君身上再次得到印證：

田嬰有子四十餘人。其賤妾有子名文，文以五月五日生。嬰告其母曰：「勿舉也。」其母竊舉生之。及長，其母因兄弟而見其子文於田嬰。田嬰怒其母曰：「吾令若去此子，而敢生之，何也？」文頓首，因曰：「君所以不舉五月子者，何故？」嬰曰：「五月子者，長與戶齊，將不利其父母。」(《史記‧孟嘗君列傳》)

其他「生子不舉」現象在李玉剛博士的研究中顯示出依據甲骨文及出土文獻，此現象源自上古，而且是一種自覺的「殺子」行為，由《日書》與傳世文獻所知，有不舉與父母同日生子，不舉正月生子，不舉五月子等；而且遠古時期的建築基址，常常以幼童作為「奠基牲」。在龍山文化時期的河北邯鄲澗

溝遺址中，就發現有 5 到 10 歲的幼童用於殉葬。〔註81〕包括韓非子所講「產女則殺之」都包括在內。此種事例在《左傳》中也有聞子哭視為「豺狼之聲」而有「殺」意的記載：

> 初，楚司馬子良，生子越椒，子文曰，必殺之，是子也，熊虎之狀，而豺狼之聲，弗殺，必滅若敖氏矣（《左傳·宣公四年》）

> 平公強使取之，生伯石，伯石始生，子容之母走謁諸姑，曰，長叔姒生男，姑視之，及堂，聞其聲而還，曰，是豺狼之聲也，狼子野心，非是，莫喪羊舌氏矣，遂弗視。（《左傳·昭公二十八年》）

需要留意的此種「殺子」行為是自覺的、合法的，甚至可以說是「善」的，不殺則視為「不祥」「不利父母」，依據《左傳》的例子，甚至是「惡」，因為善惡的評判標準正在於合乎「仁義禮智」之規範。但是，問題在於由「孺子入井」的例子推論出「人皆有惻隱之心」是否合法？更多的「生子不舉」（說白了是主動殺子行為）又如何維持此種「惻隱之心」？進而言之，由這些主動的合法的「殺子」行為能否推出「人性惡」呢？若孟子的推論方法是合理的，那麼，遵循同樣的論證思路，得出「性惡論」同樣有效，而此種善惡之相悖反證了孟子「行為推出人性」的無效。

2. 類比方法之悖論

在類比論證上孟子的方法同樣是無效的，他與告子的辯論清晰的反映了這一點：

> 告子曰：「性，猶杞柳也；義，猶桮棬也。以人性為仁義，猶以杞柳為桮棬。」

> 孟子曰：「子能乎？將戕賊杞柳而後以為桮棬也？如將戕賊杞柳而以為桮棬，則亦將戕賊人以為仁義與？率天下之人而禍仁義者，必子之言夫！」

依據孟子的思路「順杞柳之性而以為桮棬」那麼也只能得出「順人性而以為仁義」無法得出「仁義禮智，非由外鑠我也，我固有之也」之結論，所以傅佩榮先生提出「人性向善論」論證上更合理〔註82〕，但偏離了孟子「性本

〔註81〕李玉剛：《中國上古時期的「生子不舉」》，《古代文明》，2011 年第 3 期；另可參見：王子今：《秦漢「生子不舉」現象和棄嬰故事》，《史學月刊》，2007 年第 8 期。

〔註82〕傅佩榮：《人性向善論的理據與效應》，載沈清松主編：《中國人的價值觀：人文系觀點》，北京：中國人民大學出版社，2012 年版，第 134～154 頁。

善」的原有思路。在關於「性猶湍水」的類比中問題依然存在：

> 告子曰：「性猶湍水也，決諸東方則東流，決諸西方則西流。人
> 性之無分於善不善也，猶水之無分於東西也。」孟子曰：「水信無分
> 於東西。無分於上下乎？人性之善也，猶水之就下也。人無有不善，
> 水無有不下。今夫水，搏而躍之，可使過顙；激而行之，可使在山。
> 是豈水之性哉？其勢則然也。人之可使為不善，其性亦猶是也。」
> (《孟子・告子上》，11.1～2)

　　同樣遵循孟子的思路，「水之就下」，但是由此僅可以得出「性相近」而無法得出「性之善」，因為水有向下之本性與人之性善不存在類比關係，更不具有解釋力，依據類比的思路，既可以得出「性之善」也可以得出「性之惡」，都符合類比論證。嚴格來講，以「向下」界定水之本性難以成立。孟子由此現象層面論證本性並進一步獨斷論的認為「人性之善」是無效的。在類似的論證中，孟子還提到：「口之於味，有同耆也。易牙先得我口之所耆者也。如使口之於味也，其性與人殊，若犬馬之與我不同類也，則天下何耆皆從易牙之於味也？至於味，天下期於易牙，是天下之口相似也惟耳亦然。至於聲，天下期於師曠，是天下之耳相似也。惟目亦然。至於子都，天下莫不知其姣也。不知子都之姣者，無目者也。故曰：口之於味也，有同耆焉；耳之於聲也，有同聽焉；目之於色也，有同美焉。至於心，獨無所同然乎？心之所同然者何也？謂理也，義也。聖人先得我心之所同然耳。故理義之悅我心，猶芻豢之悅我口。」(《孟子・告子上》，11.7) 這依然是個漏洞百出的類比論證，其一前提不成立「口之於味有同耆」但也有「眾口難調」因素，孟子只是選擇性的由「同」出發；即便如此，也無法推出「心之所同」一定是「理和義」，完全可以遵循同樣的論證方法得出「惡和不義」，此種反證及悖論的出現恰恰證明孟子論證方法的無效。

3. 善惡評判方法與四端之衝突

　　除了上述論證方法的缺陷，孟子「性善論」的深層問題還在於「善惡」的評判標準是外在的，固然有「良知良能」以及「仁義禮智，非由外鑠我也，我固有之也」的說法，但是由於判斷的對象是人的行為，而此種「固有」之「良知良能」無法保證「仁義禮智」的行為必然，孟子明確提到了「不善」「多暴」「非才之罪」(《孟子・告子上》) 的問題，那麼對行為的善惡評判標準多為外在的禮樂規範而非內在的「良知良能」，尤其是在「有放心而不知

求」（《孟子‧告子上》）的時候其善惡規範引導都由外在的禮樂秩序予以實現。這裡進一步的問題在於，這些禮樂秩序如何判斷？儒道墨法各有不同的主張，為何儒家的「仁政」是唯一的善惡標準？進一步講當仁義禮智之間遇到衝突的時候，又如何是從？比如孔子對管仲的評價：其一為「不知禮」，其二為「如其仁」〔註83〕：

> 子曰：「管仲之器小哉！」或曰：「管仲儉乎？」曰：「管氏有三歸，官事不攝，焉得儉？」「然則管仲知禮乎？」曰：「邦君樹塞門，管氏亦樹塞門。邦君為兩君之好，有反坫，管氏亦有反坫。管氏而知禮，孰不知禮？」（《論語‧八佾》）

> 子路曰：「桓公殺公子糾，召忽死之，管仲不死。」曰：「未仁乎？」子曰：「桓公九合諸侯，不以兵車，管仲之力也。如其仁！如其仁！」子貢曰：「管仲非仁者與？桓公殺公子糾，不能死，又相之。」子曰：「管仲相桓公，霸諸侯，一匡天下，民到於今受其賜。微管仲，吾其被髮左衽矣。豈若匹夫匹婦之為諒也，自經於溝瀆，而莫之知也。」（《論語‧憲問》）

這是善與不善之混合，又當如何評價呢？孟子也講過「言不必信，行不必果，惟義所在」（《孟子‧離婁下》）這是破費思量的選擇與堅守，對於桓公、管仲事蹟他與孔子又有著明顯的不同，他說「仲尼之徒無道桓、文之事者，是以後世無傳焉。臣未之聞也。」（《孟子‧梁惠王上》）而他對齊宣王「好樂」「好勇」「好貨」「好色」應「與百姓同之」之勸導在孔子那裡也很難稱為是「善」的（比如孔子在「八佾」篇對「武」樂之評價「盡美矣，未盡善也」，其評判依據與孟子便明顯不同）。由此來看，孟子之性善論，無論是論證方法還是內在協調上，都存在著悖論和衝突。固然，性善論是為了走向「仁政」，但以此漏洞百出的理論為基礎能否為「仁政說」和「平治天下」奠基呢？我們對此深表懷疑。下面我們再看一下基於基督教人性論之改進版的「性善論」。

二、性善論之另種視角：宗教維度之靈性「良善」

關於基督教的人性論有「性惡論」說法，其中原因之一便是伊甸園的背

〔註83〕 王世魏博士認為「如其仁」是勸誡子路，與學界一般看法不同，可參考：王世魏：《學界對〈論語〉「如其仁」的誤讀》，《湖北工程學院學報》，2015年第1期。

叛：「耶和華神吩咐他說、園中各樣樹上的果子、你可以隨意吃。只是分別善惡樹上的果子、你不可吃、因為你吃的日子必定死。」（創 2：16～17）在蛇的引誘下亞當夏娃吃了禁果，因此被逐處伊甸園：「又對亞當說、你既聽從妻子的話、吃了我所吩咐你不可吃的那樹上的果子、地必為你的緣故受咒詛；你必終身勞苦、才能從地裏得吃的。」（創 3：17）而且在《創世紀》第十八章也提到所多瑪城的罪惡「為這十個人的緣故，我也不毀滅那城。」（創 18：32）這是個令人沮喪的「義人」尋找過程，結果是經由「50-45-40-20-10」還是毀滅了那城。耶和華曾經不止一次說過「我若在所多瑪城裏見有五十個義人，我就為他們的緣故饒恕那地方的眾人」，若有四十五個、三十個、二十個乃至「為這十個的緣故，我也不毀滅那城」（創 18：32），但是，兩個天使在所多瑪的遭遇，似乎毀滅了「十個」的夢想，這裡明顯不是在做數量上的運算或者討價還價，而是在指明人對「罪」的不以為然和嚴重性，在對上帝不敬的時候，人們無法意識到自己的罪惡和不義，有種種的僭越卻不知罪惡。其次，我們從最終的結局上可以看出，上帝毀滅了所多瑪城，這次用的不是「水」而是「硫磺與火」，除了羅得妻女，其他人都被毀滅了；不信者，比如羅得的兩個女婿，或許沒有太大的罪惡，但是因為「不信」「以為他說的是戲言」同樣被毀滅了；而羅得的妻子，本來已經逃離災難，但是違背了上帝所說「不可回頭看」而變成了鹽柱，所以得救的只有羅得父女三人。

從這裡可以說明，上帝不會為義人饒恕惡人；他只會善待義人而懲罰惡人，任何人面對上帝是單獨的，別人的恩澤無法覆蓋自己，自己為自己的行為負責；儘管我們看到耶和華說過為十個人可以不毀滅那城，人都是罪惡的，真正的義人可能一個也找不到：「常行善而不犯罪的義人，世上實在是沒有。」「沒有義人，連一個也沒有；沒有明白的，沒有尋求上帝的；都是偏離正路，一同變為無用。沒有行善的，連一個也沒有。」（羅 3：10～12）。最終發現「連一個也沒有」，而且依據《舊約》之記載，從「伊甸園」章節開始人就一直「僭越」「悖約」，很容易引出宗教層面的「性惡論」（不同於荀子基於倫理維度的「人之性惡」）；但是，是否真是這樣呢？我們將從人之被「創生」這一源頭來探尋人性問題，基於基督教此種視角，我們認為就「人之所以為人」這一界定而言，人在於「靈」而非其「肉體」，而就此「靈」而言，人是純性「善」的。此種思路在天主教耶穌會士利瑪竇來華傳教所撰的《天主實義》第七篇「論人性本善，而述天主門士正學」中給出了明確的說法：「釋此，庶可答子所問人性善否與？

若論厥性之體及情，均為天主所化生，而以理為主，則俱可愛可欲，而本善無惡矣。」（《天主實義・427》）〔註84〕下面我們將予以詳細論證。

（一）人之性「本善無惡」的宗教維度

《聖經》中關於人和世界的創造有著明確而又清楚的記載，而且是被作為世界的開端、歷史的起源、意義的生成而被作為經典的一部分來看待的。在《創世記》中我們看到關於世界與人的「創生」問題，有 The Beginning 和 Adam and Eve 章節，嚴格來說，這兩個版本的創造又不太相同，前者偏重六天創造世界的過程，而後者主要是突顯亞當作為有靈性的人被造的最初情境。我們以《創世紀》〔註85〕第一章為中心文本集中予以討論：

> 1. 起初神〔註86〕創造天地。2. 地是空虛混沌・淵面黑暗。神的靈運行在水面上。3. 神說、要有光、就有了光。4. 神看光是好的、就把光暗分開了。5. 神稱光為晝、稱暗為夜・有晚上、有早晨、這是頭一日。6. 神說，諸水之間要有空氣、將水分為上下。7. 神就造出空氣、將空氣以下的水、空氣以上的水分開了、事就這樣成了。8. 神稱空氣為天，有晚上、有早晨、是第二日。9. 神說，天下的水要聚在一處、使旱地露出來・事就這樣成了。10. 神稱旱地為地、稱水的聚處為海。神看著是好的。11. 神說、地要發生青草、和結種子的菜蔬、并結果子的樹木、各從其類、果子都包著核・事就這樣成了。12. 於是地發生了青草、和結種子的菜蔬、各從其類、并結果子的樹木、各從其類、果子都包著核。神看著是好的。13. 有晚上、有早晨、是第三日。14. 神說，天上要有光體、可以分晝夜、作記號、定節令、日子、年歲・15. 並要發光在天空、普照在地上，

〔註84〕依據版本利瑪竇：《天主實義今注》，梅謙立注，譚傑校勘，北京：商務印書館，2014 年版，第 183 頁。

〔註85〕本文參考的聖經版本有《聖經》，中國基督教三自愛國運動委員會、中國基督教協會出版發行，2009 年版；香港聖經公會和合版，1999 年；思高聖經學會譯本，1991 年香港 20 版；New International version, Zonderevan Bible Publishers, 1984；引用格式採用聖經通行格式比如創 1：1（創世紀第一章第 1 節），下同。

〔註86〕在漢語語境中「神」與「上帝」是不同，「帝」具有最高神的稱呼，而神則是廣義的、眾多的；在基督教語境中「帝」與「神」同義，在漢語《聖經》中往往有這樣的說明：本書《聖經》引文採用「神」版，凡是稱呼「神」的地方，也可以稱為「上帝」。

事就這樣成了。16. 於是　神造了兩個大光、大的管晝、小的管夜．
又造眾星。17. 就把這些光擺列在天空、普照在地上、18. 管理晝
夜、分別明暗。神看著是好的。19. 有晚上、有早晨、是第四日。
20. 神說，水要多多滋生有生命的物．要有雀鳥飛在地面以上、天
空之中。21. 神就造出大魚、和水中所滋生各樣有生命的動物、各
從其類．又造出各樣飛鳥、各從其類．神看著是好的。22. 神就賜
福給這一切、說、滋生繁多、充滿海中的水．雀鳥也要多生在地上。
23. 有晚上、有早晨、是第五日。24. 神說，地要生出活物來、各
從其類．牲畜、昆蟲、野獸、各從其類．事就這樣成了。25. 於是
神造出野獸、各從其類．牲畜、各從其類．地上一切昆蟲、各從其
類．神看著是好的。26. 神說、我們要照著我們的形象、按著我們
的樣式造人、使他們管理海裏的魚、空中的鳥、地上的牲畜、和全
地、并地上所爬的一切昆蟲。27. 神就照著自己的形象造人、乃是
照著他的形象造男造女。（創 1：1～27）

　　第一、由《創世紀》文本可以看出耶和華神在前六日創造了光、氣、日月
星辰、山河大地、草木鳥獸和人。談到草木鳥獸時明確說「各從其類」，而且
多次提到「神看著是好的」對其有讚揚和祝福。但是，人是獨特的。因此，人
之「異於禽獸者」在於「我們要照著我們的形象、按著我們的樣式造人」（創
1：26）、「神就照著自己的形象造人、乃是照著他的形象造男造女」（創 1：27）
這裡我們可以看出，人之獨特性在於人是「神之肖像」。

　　第二、人的獨特性在第二章「伊甸園」中有了更明確的論述：「有靈的活
人。」「耶和華　神用地上的塵土造人、將生氣吹在他鼻孔裏、他就成了有靈
的活人、名叫亞當。」（創 2：7）The lord God formed the man from the dust of
the ground and breathed into his nostrils the breath of life, and the man became a
living being.〔註87〕這是個很值得注意的現象，同樣是泥土造人（如同女媧），
但是沒有說明是「摶黃土」還是具體如何造，更沒有疲憊的問題〔註88〕（「劇
務力不暇供」），但是提到了「吹生氣在他鼻孔裏」，這裡我們很可以看出中西
創造者以及創造物的不同，創造者是否因創造而虧損（或者化掉）或者忙不過

〔註87〕英文版本採用的是 *Holy Bible*. New International version, Zondervan Bible
　　　　Publishers, 1984。
〔註88〕關於「女媧造人」神話及中西比較可參看：張永超：《創生與化生：從起源角
　　　　度探究中西文明融合的困境及其可能》，《哲學與文化月刊》，2016 年第 3 期。

來，這涉及創造者自身的大能是否完滿豐盛的問題；而對於受造物來說，是僅僅泥土還是有稟賦創造者的「生氣」，這涉及到肉體生命與精神靈性的問題，而恰恰是後者——「靈性」賦予人之尊嚴及其「永恆性」。這裡我們可以看到，在人的界定上，基督教對人的塑造與儒家的核心區別在於「有靈」上面，在源頭上人為上帝所創造，而且人是上帝依照自己的形象所造，因此，人的可貴便不在於他的肉體，如《約翰福音》所說「叫人活著的乃是靈，肉體是無益的」（約 6：63），而在於他被賦予了「神靈」的形象。

在亞當誕生時，固然來自「塵土」，但是，神將「生氣吹在他的鼻孔裏」（需要留意的是此處靈性意義上的「氣」），這樣他就不僅僅是「塵土」，而成為了「有靈」的活人。這意味著，人的肉體依然會死亡，會朽壞，但是，人的靈魂卻是不朽的、永生的。正是在「靈性」層面，為最終「復活的時候」提供了依據和判準。若說「創世紀」針對一般人之「降生」，對於「耶穌基督降生」有著同樣的「靈性」依據，我們熟知的「瑪利亞就從聖靈懷了孕」（太 1：18）；對於施洗約翰之降生有著類似的記載，「從母腹裏就被聖靈充滿了。」（路 1：15）因此我們可以說「對觀福音」所提的「復活」與「永生之道」主要是就「靈性」層面講的，生理性的肉體要歸於塵土，但是「靈性」生命則是可以永生的、不朽的。

就此層面而言，利瑪竇所言「釋此，庶可答子所問人性善否與？若論厥性之體及情，均為天主所化生，而以理為主，則俱可愛可欲，而本善無惡矣。」（《天主實義・427》）則是合乎基督教《聖經》本旨的。自然還有後來的故事比如「伊甸園」章節亞當夏娃因偷吃「智慧之果」而被逐，包括《聖經》中還有「創世記」第七章洪水後諾亞方舟的問題，另外還有在 19 章提及「摩押人和亞捫人的起源」問題，但是這些嚴格說來是屬於「毀滅與再生」的問題，這是上帝在創世之後「後悔造人在地上，心中憂傷」（創：5～6）或者是懲罰所多瑪罪惡（創：18～19）的問題。這些更多是人對神的「悖離」屬於「罪惡」而非基於「本性」，其區別在於這些是在「行為」層面的「悖逆」「違約」而非人性層面的「惡」。

（二）靈性層面「本善無惡」之檢討

第一、靈性之善與「原罪意識」之檢討。就人性層面立論，依據「人為上帝之肖像」的說法，我們認可利瑪竇所說人性「本善無惡」的說法。論證方法上甚至比孟子的「性善論」更能自圓其說，因為《創世紀》的設定在於「全知

全能全善」之神的創世，而人之所以異於禽獸者在於「有靈」，由此得出「本善無惡」是合理的。這裡面我們還需要做出三點說明：其一、利瑪竇分善為「良善」和「習善」，他說「性之善，為良善；德之善，為習善。夫良善者，天主原化性命之德。」（《天主實義·435》）他認為儒家的仁義禮智只是「良善」，由此可見同是講「性善」，基督教的性善論因其宗教創生維度而與孟子基於倫理維度不同；其二、利瑪竇明確講人之獨特在於「能推論理者」「乃所謂人性」而「仁義禮智，在推理之後。」（《天主實義·425》）這是他明確繼承了亞里士多德「人是理性動物」（亞里士多德《尼各馬可倫理學》1098a3）的說法。所以，如果嚴守「人之所以為人者」的界定，利瑪竇將「理性」置於「善惡」之前；而基督教「創世紀」也只是突顯「靈性」而不以「善惡」立論，沒有明確講「靈」性等同於善，未吃「那棵樹」的果子以前，亞當和夏娃是「不知道善惡的」（創3：5）。其三、就人性論層面而言，與「毀滅與再生」故事明確區分開也是必要的，後者更多是講行為層面的「悖逆」。但若進一步問，從伊甸園的故事開始，為何此種「悖逆」會一再出現，在《舊約》中「違約」之反覆、「不義之人」之普遍包括巴別塔的故事，我們是否可以追問這些「悖逆」「違約」行為是否有人性論依據？僅僅歸於毒蛇、撒旦之引誘是否充分？

第二、依據人之被創生的「靈性」設定依然無法保證行為上的「善」和「義」。那麼隨之而來的善惡標準依然是外在的，主要依據「律法」。問題在於在《新約》中對「律法」的理解變得更加複雜，我們以「安息日問題」為例予以討論。關於安息日的問題，我們知道這是明確寫在摩西所領受的十誡裏的，為第四誡。而且我們注意到在《舊約》中對干犯安息日的處罰是嚴厲的「凡干犯這日的，必治死」（出31：14），而且確實有這樣的案例，在安息日撿柴，被眾人「用石頭打死」（民15：36），要求「在那日無論何工都不作。」（耶17：24）但是，這樣嚴厲的誡命與懲罰在福音書中得到了質疑，在「安息日掐麥穗」（太12：1）得到了耶穌的辯護，他的問題是，安息日什麼都不可以做，那麼是否可以治病？在安息日行善和作惡，哪樣是可以的？羊在安息日掉在坑裏，要不要將它拉上來？

> 那裡有一個人枯乾了一隻手。有人問耶穌說、安息日治病、可以不可以・意思是要控告他。耶穌說、你們中間誰有一隻羊、當安息日掉在坑裏、不把他抓住拉上來呢。人比羊何等貴重呢・所以在安息日作善事是可以的。（太12：10～12）

「在安息日治病是可以的」，這是耶穌的回答。細審比較，耶穌的問題與回答確實比法利賽人高明，法利賽人堅持飯前洗手並對耶穌的門徒不這樣做表示質疑，但是耶穌明確指出他們「藉著遺傳，廢了神的誡命」（太 15：6）。法利賽人堅持律法條文，安息日不做工，但問題是安息日是否可以治病？羊掉在坑裏了，因為安息日的規定就袖手旁觀嗎？這裡的問題是價值次序問題，是因為律法而讓位愛，還是因為愛讓位律法，愛與律法誰才是根本的？耶穌說「安息日是為人設立的，人不是為安息日設立的。」（可 2：27）「我喜愛憐憫，不喜愛祭祀」（何 6：6）這是耶穌的依據，在祭祀（律法）與憐憫（愛）上，耶穌繼承了《舊約》的精義，憐憫（愛）才是第一位的，其他都處於從屬地位，正是在這個意義上耶穌說「莫想我來要廢掉律法和先知·我來不是要廢掉、乃是要成全。我實在告訴你們、就是到天地都廢去了、律法的一點一畫也不能廢去、都要成全。所以無論何人廢掉這誡命中最小的一條、又教訓人這樣作、他在天國要稱為最小的·但無論何人遵行這誡命、又教訓人遵行、他在天國要稱為大的。」（太 5：17～19）

固然耶穌說「律法的一點一畫也不能廢去」（太 5：18）但是在「對觀福音」中通過對於「安息日是否可以治病」「律法寫在心版」「好撒瑪利亞人」的說教，我們還是看到了此種對於善惡評判依據—律法的新詮釋。由此而來的問題便是，既然人之「靈性」無法必然行善，那麼善惡就是個懸而未決的問題，其評判標準是外在的，那麼對其理解詮釋將會變得複雜，由此而來的「善惡」界定也將是多變的、複雜的。基督教人性論的另種隱憂還在於，若無此種信仰背景，其「靈性」設定不僅僅是脆弱的行善保證，而且將直接歸於無效。沒有信心，神聖性將無處安放。

三、性善論困境與人性的另種審視

（一）性善論困境與理性依據

上面我們考察了儒家性善論與基督教靈性層面的「良善論」（利瑪竇語）。就儒家而言，其困境在於：第一、由行為善惡無法推知人性善惡，其推論方法是無效的；第二、行為善惡的評判標準是外在的、多元的、變動的，那麼由此而來無法得出唯一的、確定的、不變的人性「善」或「惡」；第三、對行為的善惡評判依賴於理性認知和詮釋。何種行為合乎「仁義禮智」有待於「心」之「思」，沒有理性參與，「善惡」無從產生。因此，理性認知優先於善惡，利瑪

竇講「仁義禮智，在推理之後。」(《天主實義‧425》) 是合理的。

基督教人性論的理論困境在於：第一、若從「創生」角度講，只可得出人之所以為人在其「靈性」而不知道「善惡」，毋寧說是「超善惡」的，利瑪竇講「本善無惡」，此種「本善」或「良善」並非是在善惡對立層面的「善」；問題在於此種「靈性」與後來的「悖逆」「違約」是何種關係？「悖逆」「違約」「不義」是否有其人性論依據？第二、就人的行為而言，其善惡判斷不在自身，而在「律法」，問題在於對於「律法」的解讀認知是不同的，由此而來的善惡判斷也隨之不同，這在耶穌對於「安息日」「割禮」「外邦人」「召罪人」等解說中有了新的詮釋，我們看到福音書對愛的弘揚，但依然無法迴避此種善惡判準對理性認知的依賴。由此而言利瑪竇所說「仁義禮智，在推理之後。」(《天主實義‧425》) 的現象依然存在。第三、即便接續「有靈的活人」這一思路，如何認識「靈性」進而如何敬畏天主、理解愛的誡命都有待於理性認知。就此而言，就人性論之原初而言，我們會看到「理性」在人性角色中的優先性。

（二）人之所以為人的另種視角：理性動物

亞里士多德在探討人之所以為人時基於功能論證〔註 89〕而提出「人是理性的動物」(亞里士多德《尼各馬可倫理學》1098a3) 他明確提出「我們能否認為，木匠、鞋匠有某種功能與活動，人卻沒有，並且生來就沒有的一種功能？或者，是否我們更應當認為，正如眼、手、足和身體的各個部分都有一種功能一樣，人也同樣有一種不同於這些特殊功能的功能？」(《尼各馬可倫理學》1097b29-33) 他認為此種人所特有的功能便是「理性」：「那麼這種（人類）功能究竟是什麼？生命活動也為植物所有，而我們所探究的是人的特殊功能。所以我們必須把生命的營養和生長功能放在一邊。下一個是感受的功能。但是這似乎也為馬、牛和一般動物所共有。剩下的是那個有理性部分的生命。」〔註90〕(《尼各馬可倫理學》1097a33-98a3)

我們知道此種功能論證在其《論靈魂》中有著更明確、更詳細的說明，他說「靈魂是在原理意義上的實體，它是這樣的軀體是其所是的本質。」〔註91〕

〔註89〕 可參見余紀元：《德性之鏡：孔子與亞里士多德的倫理學》，林航譯，北京：中國人民大學出版社，2009 年版，第 97～98 頁。

〔註90〕 譯文參照余紀元：《德性之鏡：孔子與亞里士多德的倫理學》，林航譯，北京：中國人民大學出版社，2009 年版，第 101 頁。

〔註91〕 譯文參照秦典華譯《論靈魂》，載苗力田主編《亞里士多德全集》第三卷，北京：中國人民大學出版社，1992 年版，第 31 頁。

（《論靈魂》412b10～11）他對靈魂能力之考察以「營養能力、感覺能力、思維能力以及運動能力來定義」〔註92〕（《論靈魂》413b12～13）而在其倫理學明確提出「思維能力」也即「理性」功能是人區別於動物、植物之所在。而且他明確將「德性生活」視為第二位的，最高的幸福在於對於人之所以為人的發揮—理論理性這一思辨功能的發揮：「體現努斯的生活對於人是最好、最愉悅的，因為努斯最屬於人之為人。所以說，這種生活也是最幸福的。另一方面，體現其他德性的生活只是第二好的。」（《尼各馬可倫理學》1178a6～10）〔註93〕因此，他認為真正體現「不朽」「神性」的在於「思辨」，那才是最高的善與第一位的幸福，德性幸福在其次〔註94〕。上面所引利瑪竇的說法，正是亞里士多德人性論的承繼，他明確區分「生魂」「覺魂」和「靈魂」，而此種靈魂的「能推論理」正是以理性界定人的思路，而「仁義禮智，在推理之後。」（《天主實義‧425》）也是亞里士多德「第二好」的回應，自然其中還經歷了托馬斯‧阿奎那的詮釋，利瑪竇直接繼承的是阿奎那的神學體系，此不贅論。延續人性論的討論，基於亞里士多德「論靈魂」的功能論證，讓我們看到考察人性的另種維度，同時亦可對於「性善論」困境有所化解。

小結：「人性向善建構」與「理性思維方式」重建

　　然而，問題還沒有完。若對理性界定人性有所檢討的話，我們將會看到：其一、依據亞里士多德對靈魂劃分為「理性部分」和「無理性部分」，而「理性部分」又劃分為「實踐理性」和「理論理性」〔註95〕，這樣是哪部分更能凸顯「靈魂」的之所是便有不同的可能性解讀，亞里士多德認為理論理性最能凸顯人之為人只是一種可能性的說法；其二、固然上述提到善惡行為之解讀、評判有待於理性認知，但是僅僅有理性認知是不夠的，因為理性認知更多是一種中性的「品質」「功能」，可以行善亦可以行惡，這樣一來善惡觀念固然需要理性認知，但是，理性功能也需要善惡的引導，此種看似循環的解釋，透露出

〔註92〕譯文參照秦典華譯《論靈魂》，載苗力田主編《亞里士多德全集》第三卷，北京：中國人民大學出版社，1992年版，第34頁。

〔註93〕譯文參照余紀元：《德性之鏡：孔子與亞里士多德的倫理學》，林航譯，北京：中國人民大學出版社，2009年版，第315頁。

〔註94〕詳細分析參見：余紀元：《亞里士多德倫理學》，北京：中國人民大學出版社，2011年版，第219～222頁（「思辨與幸福」）。

〔註95〕可參照余紀元：《亞里士多德倫理學》，北京：中國人民大學出版社，2011年版，第74頁圖表。

人性行為的複雜：只講性善是蒼白的，只據理性是盲目的。正是在此種意義上，我們看到儒家「性善論」的論證固然無效，但是其注重禮樂秩序的「善惡」引導是必要的；基督教的「靈性論」固然不強調原初「善惡」之分，但是它為人世的善惡行為及其審判提供了最終神性依據。

　　其三、無論是倫理維度的性善界定還是宗教層面的靈性界定，讓我們看到，最終都要回到人的「行為」〔註96〕評判上來，我們應當注重「行為正當性」之培養、自覺與反省，由此而逐漸形成合乎禮樂秩序、律法、愛的誡命的「穩固品質」，亞里士多德提到：「滿足了相應的條件才是德行。首先，他知道他所做的事；其次，他是基於一種明確的意願抉擇並且這種抉擇是全然為了這件事情本身而故意行動的；第三，他是堅定地和毫不動搖地行動的。」〔註97〕（《尼各馬可倫理學》1105a30-34）余紀元先生將第三點界定為「確定的品質」「穩固的品質」並將整個的或完全的德性視為一種「第二本性」〔註98〕是值得借鑒的說法。由此而言，基於行為之省察可以推知人性是動態的、建構中的，在此種意義上，我們無法接受人性有著確定不變之「善」或「惡」的說法，因為「善惡」評價針對的是人的行為而非人性；而且「善惡」評判標準也在不斷變化中、建構中，由此對行為之評判也是變化的，此種動態評價依賴於理性認知及其反思。但是，我們同樣認可不同時期人們對「善惡」的自覺引導、培育、反思與追尋，並且也不否認有著超越時空的「永恆善」的可能性，但是此種「永恆善」之尋求依然依賴於理性認知與追尋努力，更多體現在追尋的建構過程中而非某種確定的已有答案。在此一追尋過程中，宗教維度的「靈性」信仰，不僅是一種神聖性、永恆性的源頭說明，同時也為善惡評判提供了最終依據。以人的「行為正當性」為中心，經由理性審視、善惡引導、宗教信仰規約，逐漸形成穩固的品質，合乎禮樂秩序、律法、愛的誡命，若此種「穩固品質」可以指稱人性的話，我們可以看出其是動態的、自覺的、處於建構過程中的，從寬泛意義上講，可以說是一種「人性向善建構論」。

〔註96〕陳來老師在談到城市文明問題時說「應當以『行為』為中心來解決」，參見陳來：《精神素質與有序行為》，載於陳來：《北京國學大學》，北京：北京大學出版社，2012 年版，第 13 頁。

〔註97〕譯文參照亞里士多德：《尼各馬可倫理學》（注釋導讀本），鄧安慶譯，北京：人民出版社，2010 年版，第 83～84 頁。

〔註98〕余紀元：《德性之鏡：孔子與亞里士多德的倫理學》，林航譯，北京：中國人民大學出版社，2009 年版，第 237、259 頁。

　　如果上面關於「實用理性」的認知模型審視和「樂感文化」的人性論依據批判可以得到辯護。那麼，我們可以看出，無論是「實用理性」還是「樂感文化」都有著深刻的理論缺陷。杜威先生的一次談話有必要提及：「杜威教授對中山先生說：『過重實用，則反不切實用。在西方沒有人相信知是一件容易的事。』」〔註99〕蔣夢麟先生也說「每一種科學都是許多為學問而學問的人們經過幾百年繼續不斷研究所積聚的結果。」〔註100〕沒有對純粹學理的探求，便不可能有真正的學術獨立，羅家倫先生在談到偉大的發明家愛迪生終不為英國皇家學會接納時說，原因是他的貢獻是「發明」而對學理沒有任何發現：「科學本身是一種求真務確定精神之表現，他是一種純粹的『知識的探求』（Intellectual persuit），他本身自有存在的價值，不必一定借應用為之表彰。」〔註101〕「我所以寫到此事，因為我想到『中國學術獨立』的基本問題。我以為中國如果想在世界學術上有點貢獻，對於人類知識總量的基礎上有點增加，則非從純粹科學上著手不可。就是要謀科學在中國有真正的實用，也須從此著手。不然，則永久是向他人借貸，而不能自起爐灶。」〔註102〕

　　這裡我們可以看出「實用理性」的某種理論弔詭：「實用理性」不注重西學所擅長的「思辨」「邏輯」和「推理」，那些研究的是普遍必然性的東西，那是離人最遠的，完全可以拋棄作為人的感情，按說是「虛」的，但是正是此種「虛」產生了「實」的效果，因為他們表面上在研究關於「being」的遙不可及的學問，實際上卻給任何一門學問提供了極為嚴謹的工具，所以必然會產生「實」的結果，因為工具或方法的精當，產生效果必然是可靠的。而「實用理性」則注重感悟、體驗、修齊治平，很看重實效和踐行，然而此種態度反而給人以「玄談」「務虛」的特點。具體來說看似「務虛」的「為學問而學問」反而產生了真學問並有了真實用，我們為實用而學問反而既沒有可靠的學問也難以產生真實的效用。鄧曉芒先生稱中國人求實用是「滲透到血液裏面的東西」，他批評徐友漁、陳嘉映盡寫些政論和隨筆，並坦誠自己也不願純粹「為學問而學問」，研究康德、黑格爾、海德格爾等因為「這些人跟中國人的命運結合得更緊密一些，他們能對我們的人生起一種指導作用」，而作分析哲學便

〔註99〕蔣夢麟：《西潮・新潮》，長沙：嶽麓書社，2000年9月第1版，第117頁。
〔註100〕蔣夢麟：《西潮・新潮》，長沙：嶽麓書社，2000年9月第1版，第117頁。
〔註101〕羅志希：《科學與玄學》，北京：商務印書館，1999年12月第1版，第49頁。
〔註102〕羅志希：《科學與玄學》，北京：商務印書館，1999年12月第1版，第52頁。

「覺得那樣獻身有點划不來」〔註103〕令人感到有趣的是，鄧先生正是在檢討「百年來中國西方哲學研究中的實用主義偏向」時說那番話的。

「實用理性」的此種理論缺陷，在我看來與「人性論依據」有關。「樂感文化」的三重維度有其深刻處，但是，他所依據的「人性論」預設，無論是孟子的「性善論」還是李澤厚所區分的「人類至善—個體向善」，在我看來都是極不嚴謹的。對人性缺乏瞭解，便以「想像」作為結論和成見前行。這就好比，我們對西方人的理解，因為知識結構限度，而以「想像」代替詮釋。這些問題的深刻淵源，至少一個原因，與我們對「人性」的倫理化狹隘設定有關，無論是人是神，是政治還是經濟，我們都以「倫理化」「道德化」視角去解讀，這是「泛道德主義」框架。似乎是一種低層次的「善惡二分」「劃清敵友」的原始衝動。「實用理性」和「樂感文化」只是經驗層次的低效率重複，對於「先驗理論」缺乏同情，對於他種文明缺乏理解，對於外邦人缺乏尊重。我們常常自誇中國文化的「包容」，但是，若細審佛教在中國的挫折遭遇、基督教在華的艱辛歷程〔註104〕，似乎對於原有之種種「結論」「成見」會表示遲疑。

下面我以明末清初對西學的剪裁為例予以討論，尤其是圍繞「亞里士多德著作在中國的遭遇」展開論述，並予以反省在「和平時期」，「實用理性」「樂感文化」所代表的「中華傳統的基本精神」面對他種文明的荒謬剪裁。文獻依據方面，以《四庫全書總目》為據，因為四庫館臣的「提要」保留了很多值得留意的評價內容和取捨理由。

第四節 「實用理性」之例證：明末清初對西學之剪裁

引論：乾隆認識亞里士多德麼？

乾隆朝主持出版了令人歎為觀止的《四庫全書》收錄書籍 3461 種，79309 卷；存目書籍 6793 種，93551 卷，總計 10254 種，172860 卷（據《四庫全書總目》出版說明，中華書局 1965 年版），據陳垣先生對文津閣四庫全書統計為

〔註103〕鄧曉芒：《哲學史方法論十四講》，重慶：重慶大學出版社，2008 年 3 月第 1版，第 323 頁。

〔註104〕可參見拙著張永超：《仁愛與聖愛——儒家與基督教愛觀之比較研究》，新北：輔大書坊，2015 年 9 月版，第一章第二節、第六章「愛的衝突——中國士紳反教的根本原因」。

36277 冊，2291100 頁〔註 105〕；值得留意的是在這龐大的書庫中，收錄了數十種傳教士著作，涉及到了音樂、歷史、地理、幾何、天文、宗教、自然哲學、道德哲學、形而上學、邏輯學等內容，有些存目，有些收錄原著。為了探討乾隆朝的西學觀，作為全書的編選說明與提要，《四庫全書總目》備受人關注，成為重要文獻依據。

在《總目》卷 125 子部 35 雜家類存目 2：浦汎際《寰有詮》·六卷（浙江汪啟淑家藏本）對《寰有詮》提要說明後有個案：「歐羅巴人天文推算之密，工匠製作之巧，實逾前古；其議論誇詐迂怪，亦為異端之尤。國朝節取其技能，而禁傳其學術，具存深意。其書本不足登《冊府》之編，然如《寰有詮》之類，《明史·藝文志》中已列其名，削而不論，轉慮惑誣，故著於錄而闢斥之。又《明史》載其書於道家，今考所言兼剟三教之理，而又舉三教全排之，變幻支離，莫可究詰，真雜學也，故存其目於雜家焉。」其中「國朝節取其技能，而禁傳其學術，具存深意。」一句頗令人注目，固然提要本為集體成果，很難說是具體某人所寫；但是，作為官方叢書，審核認可並出版，我們有理由認為這句話代表了乾隆朝正統的西學觀。

但是，問題在於，乾隆朝對於歐羅巴人的「學」是如何理解的？乾隆朝所「禁傳其學術」所禁的又是何種內容？這是有待於我們進一步去分析的。本文基於學界對於 16～18 世紀西學東漸的研究，試圖理清當時乾隆朝前後有機會看到的西學文本；尤其是以亞里士多德著作為例，試圖分析為何《四庫全書》對於亞里士多德著作不予收錄，存目部分也多是以批判排斥的態度保留下來；為何會這樣？作為西學的奠基性內容，為何中國人對亞里士多德如此冷漠？有機會相遇卻無緣認識？在對西學的誤解中，本文試圖探究其深層原因。

一、乾隆朝及以前所遭遇的西學（16～18 世紀）

（一）西書 7000 部及西學漢籍 427 部

在《方豪六十自定稿》中，我們看到在明清時期，中西文化之交流已經經歷了較為豐富的歷程，而且這一時期我們知道基本是在和平的國際環境下進行的，沒有太多暴力、強權和不平等條約的因素，而且，更多的交流集中

〔註 105〕陳垣著、陳智超編：《陳垣四庫學論著》，北京：商務印書館，2012 年版，第23 頁。

在「文化」層面：書籍翻譯、晉接交流、學生派遣。基於方豪先生的考證，關於本主題涉及的篇章主要有《拉丁文傳入中國考》、《明季西書七千部流入中國考》、《明清間譯著底本的發現和研究》、《伽利略與科學輸入我國之關係》、《清代禁抑天主教所受日本之影響》、《十七八世紀來華西人對我國經籍之研究》、《明末清初天主教適應儒家學說之研究》、《明末清初旅華西人與士大夫之晉接》、《徐霞客與西洋教士關係之探索》、《明清間西洋機械工程學物理學與火器入華考略》、《王徵之事蹟及其輸入西洋學術之貢獻》、《同治前歐洲留學史略》、《從紅樓夢所記西洋物品考故事的背景》、《清初宦遊滇閩鄂之猶太人》、《浙江之回教》（上冊）；《中國文化對外的傳佈》、《中國文化對西方的影響》、《從中國典籍見明清間中國與西班牙的文化關係》、《明萬曆間馬尼拉刊行之漢文書籍》、《中法文化關係史略》、《英國漢學的回顧與前瞻》、《西藏學的開拓者》、《天主實義之改竄》、《明清間耶穌會士譯著提要正誤》、《故意大利漢學家德禮賢著作正誤》、《流落於西葡的中國文獻》、《北堂圖書館藏書志》、《利瑪竇交友論新研》、《名理探譯刻卷數考》、《十七八世紀中國學術西被之第二時期》（下冊）。

由此目錄我們可以看出明清時期中西文化交流的繁盛局面，既有廣泛的譯述又有大規模的西書來華，而且涉及的種類基本具備一個小型圖書館規模，側重上不僅僅是教會書籍，更多涉及科學、哲學、邏輯學、幾何學、地理學、天文學、物理學等等；而且在明末清初既有中國子弟赴羅馬求學。在器物層面更有對西洋火炮之購買、仿造與大規模使用。具體分述如下〔註106〕：

1. 譯為漢文之拉丁名著及西書七千部

據方豪先生考證，較早翻譯拉丁文入漢文的為元大德九年（1305年）教廷駐中國使節，大都總主教若望孟高未諾致書歐洲曰：「聖詠 Psalmi 一百五十首，聖詩 Hymni 三十篇，及大日課經二部，余皆已譯為方言。」惜譯本不傳，不知其為蒙文抑漢文也。另崇禎二年（1629）湯若望（P. J. Adam Schall von Bell）譯《主制群徵》印行。崇禎九年（1636）陽瑪諾（P. Emmunuel Diaz, Junior）翻譯《聖經直解》印行。利類思（P. Ludovicus Buglio）於康熙九年（1670）譯《彌撒經典》（Missale Romanum）；十四年（1675）譯《七聖事禮典》（Rituale Romanum）及《司鐸典要》（Theologia Moralis）。順治十一年（1654）始利類

〔註106〕此部分寫作及對方豪著作的研讀在輔仁大學做博士後研究期間完成，對輔仁大學天主教學術研究院深致謝意。

思等譯《超性學要》（《神學大全》節譯）。順治十七年（1660），衛匡國（P. Martinus Martini）譯《靈性理證》。乾隆間內廷畫家賀清泰（P. L. de Poirot）譯有《古新聖經》。（全部聖經所缺無幾）；另有魏繼晉《聖詠續解》、殷弘緒《訓慰神編》等。

　　天主教之外的經典也多有翻譯。比如說萬曆三十五年（1607），利瑪竇與徐光啟合譯《幾何原本》前六卷。崇禎元年（1628），李之藻與傅泛際合譯亞里士多德《寰有詮》、《名理探》。天啟四年（1624），畢方濟與徐光啟合譯經院哲學之心理學名著《靈言蠡勺》（亞里士多德靈魂論翻譯）。崇禎三年（1630），高一志翻譯倫理學著作《西學修身》。天啟五年（1625），金尼閣翻譯《況義》（今譯《伊索寓言》）。順治十七年（1661），衛匡國譯作《述友論》（翻譯西塞羅、塞內卡等著作）〔註107〕另有羅雅谷翻譯伽利略著作《比例規解》、鄧玉函與王徵合譯之《奇器圖說》等。〔註108〕

　　另有金尼閣在海外籌集涵蓋神學、哲學、數學、物理學等為在北京建立一圖書館之總計約七千部圖書更是蔚為壯觀。〔註109〕只可惜這些書反而沒有受到應有的重視，方豪先生對此評論道「近人論中國之宗教，每盛稱浮屠經藏，而於基督典籍之不可多得，則深致其歡惜之意。孰知三百年前，以四五十載之短時期，入華天學圖書，竟有萬部之富耶？（以金尼閣與他人攜入著合計之）使其時果能一一迻譯，則影響於我國文化，豈易言哉？我國天佛盛衰之故，雖非一端，歷史之短長，困厄之多寡，皆其大者，然譯事之成敗，實一重要關鍵。七千部之湮沒不彰，又不僅教會蒙受損失而已，我國科學之進步，亦為之延遲二三百年，此語或非過當。鑒往查來，國人當知所勉矣！」〔註110〕。這裡我們可以看到機遇與冷漠並存，熱情與誤解相伴。

2. 西學漢籍：翻譯或寫成的漢語西學 427 部

　　關於西學譯著數量是個難以完成的統計任務，這涉及到西學的判斷和理解，另外翻譯的版本或有遺失不可覓得；另外，明清之際已有用中文撰寫的能

〔註107〕　方豪：《方豪六十自定稿》上冊，《拉丁文傳入中國考》，臺北：臺灣學生書局，1969 年版，第 27～28 頁。

〔註108〕　方豪：《方豪六十自定稿》上冊，《明清間譯著底本的發現和研究》，臺北：臺灣學生書局，1969 年版，第 59～61 頁。

〔註109〕　方豪：《方豪六十自定稿》上冊，《明季西書七千部流入中國考》，臺北：臺灣學生書局，1969 年版，第 49 頁。

〔註110〕　方豪：《方豪六十自定稿》上冊，《明季西書七千部流入中國考》，臺北：臺灣學生書局，1969 年版，第 52 頁。

力，那麼他們用漢語寫的西學文本是否也應算在漢語西學範圍內呢？進一步而言，當時士大夫階層部分人士對西學頗感興趣，逐漸也有自己的著作，這是否也應算在內呢？基於如上理由，我們看到關於明清傳教士譯著目錄的統計便顯得眾說紛紜，是可以理解的。

據陳占山先生的梳理：梁啟超《中國近三百年學術史》所附《明清之際耶穌會士在中國及其著述》一表，約列三百餘種。陳垣《明末清初教士譯著現存目錄》，只列現存 150 種宗教書籍，且其中有 20 餘部為中國教徒著作。徐宗澤《明清間耶穌會士譯著提要》，可稱得上是這方面的專書，約列 200 種。但一方面漏列十分嚴重，另一方面也雜入不少中國教徒的著述；相比之下，華裔學者錢存訓博士《近世譯書對中國現代化的影響》一文中，對 1584——約 1790 年入華耶穌會士譯述的統計顯示：耶穌會士譯述共 437 種。其中，天主教方面的著作 251 種，占總數的 57%；人文科學（含哲學、心理學、倫理學、教育、語言、地理等）為 55 種，占 13%；科學書籍（數學、天文學、物理、地質、醫學和軍事科學等）131 種，占 34%。錢氏的統計，大大超出了梁啟超和徐宗澤兩人著述中所收載的數目。然稍感缺憾的是錢文只有統計數字，而未列出相關書目，故無法據此作進一步的考求取信﹝註 111﹞。

可貴的是，我們看到張西平教授的研究生胡文婷以《梵蒂岡圖書館所藏漢籍目錄》為基礎結合其他國內外西學漢籍書目撰寫了《明清之際西學漢籍書目研究初探》並整理出了《西學漢籍書目初編》附錄，有證可查的書目總計 427 本。這是目前較為可信的數據，作為碩士生能下這樣的工夫、做出這樣的研究，是令人敬重的。固然，繼續此種研究，還有很多工作要作，比如說具體書目的內容需要研讀分類，這些僅僅通過書名或者統計數字是無法理解的；需要考證譯著與原著的異同，也需要研究漢語西學的具體內容。但是，無論如何，我們對用漢語寫出的西學著作，目前可以根據梵蒂岡圖書館的收藏，得出比較可靠的統計，至少有 427 種在明清之際陸續出現，事實上，實際上產生過的西學漢籍會更多；梵蒂岡圖書館收錄最全，但是，遺漏在所難免。

基於上述考證，我們可以這樣說，當時傳教士帶入中土的西學著作在 7000 部以上，實際翻譯或寫成的西學著作在 427 部以上。問題在於，在乾隆朝編書時，又有多少編入這套史無前例後無來者的龐大叢書呢？答案是 56 種。

﹝註 111﹞ 陳占山：《四庫全書》載錄傳教士撰譯著作述論，《文獻》，1998 年第 2 期，第 249 頁。

3.《四庫全書總目》收錄（著作或存目）西學文獻 56 種

對於《四庫》中西學文獻的統計數字由於採用的標準不同，所以，我們根據同一個書目（其實四庫七閣本也並非完全相同）往往得出不同的統計結果，比如王永華認為是 24 種（著錄 13 種、存目 11 種）[註112]；而張蘭英的統計則是 27 種（著錄 14 種、存目 13 種）[註113]；霍有光則統計為 29 種，涉及到 17 個傳教士[註114]；周仕敏的統計也是 27 種（著錄 14 種、存目 13 種）[註115]；陳占山的統計是 32 種（著錄 18 部、存目 14 部）[註116]；蘭州大學研究生郝君媛的學位論文《四庫全書之西學文獻著錄研究》則列表統計曰：「由上表可以看出，《四庫全書》共收西學文獻 62 部，其中著錄書 38 部，存目書 24 部，較之前人總結的三十多部書，又有新的收穫。著錄書中，經部樂類 1 部，史部地理類 2 部，子部農家類 2 部，天文算法類 31 部，譜錄類 2 部，存目書中，經部樂類 1 部，小學類 1 部，史部地理類 2 部，子部儒家類 1 部，天文算法類 7 部，雜家類 12 部。西學書籍在經、史、子三大部類中都有分布，其中子部最多，其下又有天文算法類最多，雜家類次之。」[註117]

這裡面涉及到統計參數問題，是以傳教士為單位，還是以「西學」為單位；郝君媛的統計之所以幾乎多出一倍，在於她盡可能擴大了統計參數，以西學為單位，而且《四庫全書總目提要》的分類，提要作為一種，但涉及到兩種書，她統計為兩本；其他研究者則多是以《四庫》的分類統計；但是，郝君媛的方法，改進之處在於，她不以傳教士為單位，而以「西學」為單位，比如其他中國人的作品，若是基於西法，或者發揮西法，或者撮述西法的，她也視同西學文獻，這是有意義的。本文根據她的此種參數統計，結合其他學者的統計方法，加以改進，基於《四庫》原書條目，總共統計為 56 種。愚以為我的統計方法，

[註112]　王永華：《「西學」在〈四庫全書〉中的反映》，《圖書館工作與研究》，2002 年第 1 期，第 31 頁。

[註113]　張蘭英、楊燕、李海：《從〈四庫全書總目〉看編纂者對西學的態度》，《晉圖學刊》，1993 年第 3 期，第 59 頁。

[註114]　霍有光：《從〈四庫全書總目提要〉看乾隆時期官方對西方科學技術的態度》，《自然辯證法通訊》，1997 年第 5 期，第 57 頁。

[註115]　周仕敏：《〈四庫全書總目提要〉與乾隆朝西學觀》，《廣東技術師範學院學報》，2012 年第 2 期，第 99 頁。

[註116]　陳占山：《四庫全書載錄傳教士撰譯著作述論》，《文獻》，1998 年第 2 期，第 247 頁。

[註117]　郝君媛：《四庫全書之西學文獻著錄研究》，蘭州大學研究生學位論文，2014 年 5 月，第 14 頁。

與其他研究者相比，更精確；我不僅附上目錄，而且把作者、提要內容與西學相關的依據都列上了；要考察乾隆時期的西學觀，當以此為據。

這裡有個有趣的現象值得留意：一個半世紀以來，中國知識界的首要問題便是與西方文化之全面遭遇及其消化；如果說晚清以來種種傳統學術分類是從「四部之學」到「七科之學」的話，那麼再向前推一百年左右，我們看到的情形或許相反，不是分解「四部」納入西學之「七科」的不同門類；而是對於涵蓋七科的西學依照「四部」標準納入四部分類。《四庫全書總目》收錄西學文獻之分類如下：

第一、經部收錄 3 種（含存目 2 種）：包括樂類和小學類著作

（1）卷 38 經部 38 樂類：《御定律呂正義》‧五卷（徐日升、德里格：續編）

（2）卷 39 經部 39 樂類存目：徐日升《律呂纂要》‧二卷（內府藏本）

（3）卷 44 經部 44 小學類存目二：金尼閣《西儒耳目資》（無卷數，兩江總督採進本）

第二、史部收錄 4 種（含存目 2 種）：集中在地理類著作

（1）卷 71 史部 27 地理類：艾儒略《職方外紀》‧五卷（兩江總督採進本）

（2）卷 71 史部 27 地理類：南懷仁《坤輿圖說》‧二卷（內府藏本）

（3）卷 78 史部 34 地理類存目 7：南懷仁《別本坤輿外紀》‧一卷（大學士英廉購進本）

（4）卷 78 史部 34 地理類存目 7：利類思、安文思、南懷仁《西方要記》‧一卷（編修程晉芳家藏本）

第三、子部收錄 49 種（含存目 19 種）：集中在天文算法類和雜家類

（1）卷 102 子部 12 農家類：徐光啟《農政全書》‧六十卷（泰西水法六卷）（兵部侍郎紀昀家藏本）

（2）卷 102 子部 12 農家類：熊三拔《泰西水法》‧六卷（兩江總督採進本）

（3）卷 106 子部 16 天文算法類：利瑪竇《乾坤體義》‧二卷（兩江總督採進本）

（4）卷 106 子部 16 天文算法類：熊三拔《表度說》‧一卷（兩江總督採進本）

（5）卷 106 子部 16 天文算法類：熊三拔《簡平儀說》・一卷（兩江總督採進本）

（6）卷 106 子部 16 天文算法類：陽瑪諾《天問略》・一卷（兩江總督採進本）

（7）卷 106 子部 16 天文算法類：徐光啟龍華民等《新法算書》・一百卷（編修陳昌齊家藏本）

（8）卷 106 子部 16 天文算法類：徐光啟《測量法義》・一卷（演利瑪竇所譯）、《測量異同》・一卷、《勾股義》・一卷（兩江總督採進本）

（9）卷 106 子部 16 天文算法類：李之藻《渾蓋通憲圖說》・二卷（是書出自西洋簡平儀法）（兩江總督採進本）

（10）卷 106 子部 16 天文算法類：李之藻（亦利瑪竇之所授也）《圜容較義》・一卷（兩江總督採進本）

（11）卷 106 子部 16 天文算法類：王英明《曆體略》・三卷（陰用利瑪竇之法）（安徽巡撫採進本）

（12）卷 106 子部 16 天文算法類：《御定曆象考成》・四十二卷（訂正《新法算書》）

（13）卷 106 子部 16 天文算法類：《御定儀象考成》（郭守敬、南懷仁等）・三十二卷

（14）卷 106 子部 16 天文算法類：《御定曆象考成後編》・十卷（《曆象考成》增修表解圖說）

（15）卷 106 子部 16 天文算法類：土錫闡《曉菴新法》・六卷（兼通中西之學）（山東巡撫採進本）

（16）卷 106 子部 16 天文算法類：薛鳳祚譯、穆尼閣《天步真原》・一卷（浙江汪啟淑家藏本）

（17）卷 106 子部 16 天文算法類：薛鳳祚《天學會通》・一卷（是書本穆尼閣《天步真原》而作）（浙江汪啟淑家藏本）

（18）卷 106 子部 16 天文算法類：梅文鼎《曆算全書》・六十卷（通中西之旨）（浙江汪啟淑家藏本）

（19）卷 106 子部 16 天文算法類：梅文鼎《勿菴曆算書記》・一卷（中西諸法融會貫通）（浙江吳玉墀家藏本）

（20）卷 106 子部 16 天文算法類：梅文鼎《中西經星同異考》‧一卷（據南懷仁《儀象志》所載星名）（安徽巡撫採進本）

（21）卷 106 子部 16 天文算法類：江永《算學》‧八卷（對《曆算全書》之訂正）、《續》‧一卷（安徽巡撫採進本）

（22）卷 107 子部 17 天文算法類二：李之藻演西人利瑪竇所譯之書《同文算指前編》‧二卷、《通編》‧八卷（兩江總督採進本）

（23）卷 107 子部 17 天文算法類二：歐幾里得《幾何原本》‧六卷（兩江總督採進本）

（24）卷 107 子部 17 天文算法類二：《御定數理精蘊》（對《幾何原本》的發揮）‧五十三卷

（25）卷 107 子部 17 天文算法類二：杜知耕《幾何論約》‧七卷（據《幾何原本》（內府藏本）

（26）卷 107 子部 17 天文算法類二：方中通《數度衍》‧二十四卷、附錄一卷（《幾何約》本前明徐光啟譯本）（兩江總督採進本）

（27）卷 107 子部 17 天文算法類二：陳訏《勾股引蒙》‧五卷（《測量全義》所載泰西之舊表）（浙江巡撫採進本）

（28）卷 107 子部 17 天文算法類二：黃百家《勾股矩測解原》‧二卷（與熊三拔《矩度表說》大概相同）（浙江汪啟淑家藏本）

（29）卷 107 子部 17 天文算法類二：莊亨陽《莊氏算學》‧八卷（大旨皆遵《御製數理精蘊》，而參以《幾何原本》、《梅氏全書》，分條採摘）（福建巡撫採進本）

（30）卷 115 子部 25 譜錄類：鄧玉函《奇器圖說》‧三卷、王徵《諸器圖說》‧一卷（兩淮鹽政採進本）

（31）卷 98 子部 8 儒家類存目 4：王建衡《性理辨義》‧二十卷（其原天三篇，則純述歐羅巴語而諱所自來焉。）（直隸總督採進本）

（32）卷 107 子部 17 天文算法類（存目）：許胥臣《蓋載圖憲》‧一卷（天圖皆出於湯若望）（編修勵守謙家藏本）

（33）卷 107 子部 17 天文算法類（存目）：揭暄《璇璣遺述》‧七卷（兼採歐邏巴義）（兩江總督採進本）

（34）卷 107 子部 17 天文算法類（存目）：秦文淵《秦氏七政全書》（文淵此帙，特西法之糟粕）‧（無卷數，江蘇巡撫採進本）

（35）卷 107 子部 17 天文算法類（存目）：梅毅成《曆算叢書》（《曆算全書》附以己說及辯論之語）‧六十二卷（安徽巡撫採進本）

（36）卷 107 子部 17 天文算法類（存目）：邵昂霄《萬青樓圖編》‧十六卷（皆援引漢、晉以來天官家言及歐邏巴之說）（國子監助教張羲年家藏本）

（37）卷 107 子部 17 天文算法類（存目）：余熙《八線測表圖說》‧一卷（欽遵《御製數理精蘊》）（兩江總督採進本）

（38）卷 107 子部 17 天文算法類（存目）：李子金《隱山鄙事》（惟採《幾何原本》及《幾何要法》二書）‧四卷（浙江巡撫採進本）

（39）卷 125 子部 35 雜家類存目 2：利瑪竇《辨學遺牘》‧一卷（兩江總督採進本）

（40）卷 125 子部 35 雜家類存目 2：利瑪竇《二十五言》‧一卷（浙江巡撫採進本）

（41）卷 125 子部 35 雜家類存目 2：利瑪竇《天主實義》‧二卷（兩江總督採進本）

（42）卷 125 子部 35 雜家類存目 2：利瑪竇《畸人十篇》‧二卷、附《西琴曲意》‧一卷（兩江總督採進本）

（43）卷 125 子部 35 雜家類存目 2：利瑪竇《交友論》‧一卷（兩江總督採進本）

（44）卷 125 子部 35 雜家類存目 2：龐迪我《七克》‧七卷（兩江總督採進本）

（45）卷 125 子部 35 雜家類存目 2：艾儒略《西學凡》‧一卷、附錄《唐大秦寺碑》‧一篇（兩江總督採進本）

（46）卷 125 子部 35 雜家類存目 2：畢方濟《靈言蠡勺》‧二卷（兩江總督採進本）

（47）卷 125 子部 35 雜家類存目 2：高一志《空際格致》‧二卷（直隸總督採進本）

（48）卷 125 子部 35 雜家類存目 2：浦汛際《寰有銓》‧六卷（浙江汪啟淑家藏本）

（49）卷 134 子部 44 雜家類存目 11：李之藻編《天學初函》‧五十二卷（兩江總督採進本）

總括上述，從文獻分類上看，固然經由傳教士翻譯的文獻涉及到多學科、多門類，但是依照「四部」的標準收錄 56 種，涉及到經史子三部，經部主要涉及樂類和小學類，史部主要是地理類，其他絕大部分近九成集中在子類，子類中又以天文算法類和雜家類居多。透過分類我們可以看出內容的權重，四部並非是並列的四種文獻，經部居於首位，其地位毋庸置疑，而對西學文獻的收錄八成以上放在「子部」而且是位於天文算法類和雜家類，可以說無足輕重。經由傳教士翻譯的文獻，固然涉及到天文、曆法、地理、哲學、宗教、幾何、邏輯、技術應用等等，但是，在他們那裡也是有對應的地位權重的，比如宗教教義、神學對於他們一定是首要的，出於毋庸置疑的「經」的地位，技術應用，對於他們只是傳教的「道具」，但是，中土認識不那樣看，從上述文獻篩選可以看出。

在傳教士看來，中土士林的選擇是捨本逐末，但是，在中土知識階層看來那樣做，重視其技術比如天文算法等正是為了強本固源，在《總目》卷 125 子部 35 雜家類存目 2：浦汎際《寰有詮》·六卷（浙江汪啟淑家藏本）對《寰有詮》提要說明後有個案：「歐羅巴人天文推算之密，工匠製作之巧，實逾前古；其議論誇詐迂怪，亦為異端之尤。國朝節取其技能，而禁傳其學術，具存深意。其書本不足登《冊府》之編，然如《寰有詮》之類，《明史·藝文志》中已列其名，削而不論，轉慮惑誣，故著於錄而闢斥之。又《明史》載其書於道家，今考所言兼剟三教之理，而又舉三教全排之，變幻支離，莫可究詰，真雜學也，故存其目於雜家焉。」由此我們可以看出，此種對於西學文獻篩選的自覺。

但是，此種自覺是否合理呢？在分類上固然可以依照「四部」將其分類羅列，但是，內容上是否會「方枘圓鑿」或者誤解呢？下面我們會以「亞里士多德著作在中國」為例予以專題討論。先看一下同治前後的其他西學交流。

（二）其他西學交流：同治前歐洲留學情況與明清時期火器引入

據方豪先生考證，同治前歐洲留學總計 114 人，最早為鄭瑪諾，生於 1633 年之澳門，1650 年出國赴羅馬求學；1671 年回國，1673 年於北平去世。〔註118〕這些數據本很難收集，方豪秉其史學特長以及孜孜不倦的工夫，竟然有百數十人之搜集。但是，同樣我們也可以問，竟然有這樣的史實，為何這些人變得湮沒無聞？羅光先生對此評論道「寫中國思想史的人，常注意佛教人士留學印度的事蹟，對於天主教人士留學歐洲的事，則略而不說。這或者因為佛教留

────────

〔註118〕方豪：《方豪六十自定稿》上冊，《同治前歐洲留學史略》，臺北：臺灣學生書局，1969 年版，第 380 頁。

學印度的玄奘等人，對於譯經有極大的貢獻；天主教的留學生則默默無聞。」〔註119〕關於留學我們知道在清末時期又有數百名留美幼童的派遣，而到民初前後則有庚款留學生赴美。但是，令人深思的是，有如此長的留學淵源，為何中西文化之真正理解與交流則仍然隔膜依舊、誤解重重。

　　對西洋火器之引入、仿製更是不遺餘力。在明末清兵入關的戰爭中，徐光啟等更是極力主張用西洋火炮應戰，更有赴澳門招募葡兵、購買葡炮之經歷。湯若望神父更是在崇禎九年設立鑄炮廠，又和焦勗合譯《則克錄》（《火攻挈要》）。〔註120〕羅光先生對此評論道「如果當時崇禎皇帝完全採用這種計劃，流寇不能入京，清兵也不能入關。」〔註121〕殆至清初，南懷仁神父更是廣造神威大炮二百四十餘位，配布陝西、湖南、江西等省。然而到了清末反而變得一敗塗地，羅光先生評論道「在康熙時，皇帝知道西洋火炮的利害，到了兩百年後的光緒朝竟有慈禧太后和大臣深信義和團的符咒可以避炮。西洋科學繼續進步，明末清初的一點科學知識反而被扼殺了，中國的國運怎能不墮落！」〔註122〕這些更是令人不可思議之事，明末即知道火炮的厲害，而且也多有運用，最後則被清兵摧毀；而清朝康熙時就廣造火炮，殆至清季，則反而變得懵懂愚昧。

　　總結上述，基於學界對明清之際中西交流的研究，尤其是方豪先生以其史家之特長為我們做了豐富的文化史考證，許多湮沒無聞的史實逐漸為我們所看到；無論是近萬部西書來華還是明清時期的廣造神威大炮，無論是西學經典的較早翻譯還是華人子弟的赴外留學；明末清初的西學觀念可謂大規模引進，遍及哲學、宗教、神學、幾何、物理、邏輯學等等，據沈清松教授考證，第一個系統被介紹到中國的哲學家是亞里士多德〔註123〕，然而我們卻發現，儘管有著如此系統的引進與介紹，有著廣泛的西學觀念傳入，但是，對於明清學問並沒有實質上的革新。

〔註119〕　羅光：《方豪六十自定稿的中西交通史論著》，《方豪六十自定稿》補編，臺北：臺灣學生書局，1969 年版，第 2867 頁。

〔註120〕　方豪：《方豪六十自定稿》上冊，《明清間西洋機械工程學物理學與火器入華考略》，臺北：臺灣學生書局，1969 年版，第 304～317 頁。

〔註121〕　羅光：《方豪六十自定稿的中西交通史論著》，《方豪六十自定稿》補編，臺北：臺灣學生書局，1969 年版，第 2867 頁。

〔註122〕　羅光：《方豪六十自定稿的中西交通史論著》，《方豪六十自定稿》補編，臺北：臺灣學生書局，1969 年版，第 2866 頁。

〔註123〕　沈清松：《從利瑪竇到海德格：跨文化脈絡下的中西哲學互動》，臺北：商務印書館，2014 年 9 月版，第 48 頁。

我們想追問為什麼？尤其是對於亞里士多德著作，作為西學的奠基性人物，為何乾隆朝士大夫對其視而不見？如此冷漠？

二、《四庫全書總目》涉及到的亞里士多德著作

（一）耶穌會士翻譯的亞里士多德著作

沈清松教授〔註124〕講，明清之際第一個系統被介紹到中國的哲學家是亞里士多德〔註125〕，這是令人欣慰和激動的，但是明清之際中國人對亞里士多德的態度或許會告訴我們欣慰和激動的太早了。就學界對西學漢籍的書目研究，結合亞里士多德全集，我們大致可以得出如下判斷，在明清之際涉及到亞里士多德著作翻譯（或改譯）的有：

邏輯學著作：《論範疇》，中譯本作《名理探》〔註126〕；物理學著作：《論天體》，中譯本作《寰有詮》、《空際格致》；自然哲學著作：《論靈魂》，中譯本作《靈言蠡勺》、《性學觕述》〔註127〕；心理學、生理學著作：《論睡眠》，中譯改寫本《睡答》；道德哲學著作：《尼各馬可倫理學》，中譯改寫本《修身西學》〔註128〕；形而上學著作，我們沒有看到明確的翻譯本或改寫本，沈清松教授講「或許太難了，要不然就是當時的修士還用不到，所以沒有譯出。」〔註129〕但是，我們在《天主實義》中看到關於「天主」的論述，在《靈言蠡勺》《性學觕述》中關於「自立實體」的論述，可以說是對亞里士多「實體」理論的運用與發揮。值得留意的是當時的親王德沛撰寫有《實踐錄》也採用了亞里

〔註124〕 筆者 2015 年在輔仁大學做博士後期間，適逢沈清松教授從多倫多休假到輔仁大學宗教學系擔任講座教授，堅持旁聽了其《從利瑪竇到海德格》的課程、另有講座等，受益匪淺；對其原創性思考及理論建構，深受啟發，特表敬意。

〔註125〕 沈清松：《從利瑪竇到海德格：跨文化脈絡下的中西哲學互動》，臺北：商務印書館，2014 年 9 月版，第 48 頁。

〔註126〕 據沈清松講本書其實只是亞里士多德邏輯學的一部分，而且他說見到過一份法文書目提到《論詮釋》的翻譯，但是沒見到該書或是沒有刻版付印：沈清松：《從利瑪竇到海德格：跨文化脈絡下的中西哲學互動》，臺北：商務印書館，2014 年 9 月版，第 52 頁。

〔註127〕 需要留意的是《靈言蠡勺》和《性學觕述》不是嚴格的翻譯，屬於改譯或改寫，但是都以闡釋亞里士多德論靈魂：生魂、覺魂、靈魂之區分為要旨。

〔註128〕 這是高一志根據聖多瑪斯詮釋亞里士多德《尼克馬古倫理學》的一部分，參見沈清松：《從利瑪竇到海德格：跨文化脈絡下的中西哲學互動》，臺北：商務印書館，2014 年 9 月版，第 52 頁。

〔註129〕 沈清松：《從利瑪竇到海德格：跨文化脈絡下的中西哲學互動》，臺北：商務印書館，2014 年 9 月版，第 53 頁。

士多德關於靈魂的論述，同時採用了亞里士多德的四因說，其稱之為「凡物有質有模有為有造」；而《天主實義》則稱之為「有作者，有模者，有質者，有為者」，其意義相當。

　　固然與亞里士多德全集相比，上述的翻譯不算太多，還有許多的改寫在裏面；但是，就思想內容來看，據學界對亞里士多德著作分類〔註130〕，當時的翻譯涉及到了亞里士多德邏輯學、自然哲學、倫理學和形而上學部分，換句話說除了美學著作，當時中國人有機會見到亞里士多德著作的核心門類及其思想。那麼，當時傳教士為何要選擇亞里士多德著作予以翻譯呢？

　　這與當時耶穌會士的教育規程有關，當時耶穌會極其重視亞里士多德著作，而且他們認為亞里士多德提供了一個從自然、到人、到天主，從理論到實踐，到創作的系統學問，沈清松教授提到他見到的1586年耶穌會教育規程明確規定：「對於亞里士多德的教學必須按照以下順序：邏輯學、自然哲學、道德哲學、形上學。」〔註131〕事實上，當時耶穌會士也正是遵循其教育規程所要求，這樣來翻譯亞里士多德著作，並以此順序介紹亞里士多德思想給中國士大夫階層的。但是，問題在於，作為接受者一方則採取了完全相反的理解方式，既不明白選擇亞里士多德的原因，也不明白其學術淵源，坐在夷夏之防的井裏看到了狹隘臆測的天空，誤解就這樣開始了。

（二）《四庫全書總目》對亞里士多德著作的評價與誤解

　　首先是邏輯學著作《名理探》。此書根據《亞里士多德辯證法大全》（全名為《耶穌會立科英布拉大學亞里士多德辯證法大全注釋集》）翻譯，是葡萄牙的科英布拉以及艾維拉這兩所大學的教科書。李之藻與葡萄牙籍耶穌會士傅泛際有感於中國人缺乏邏輯思維訓練，於是翻譯該書，並取名為《名理探》。李天經（一五七九～一六五九）在序《名理探》中曾說：「蓋《寰有詮》詳論四行天體諸義，皆有形聲可晰，其於中西文字，稍易融會，故特先之以暢其所以欲吐；而此則推論名理，迪人開通明悟，洞澈是非虛實；然後因性以達夫超性，凡人從事諸學諸藝，必梯是為嚆矢，以啟其倪，斯名之曰《名理探》云。」包遵信先生評論道：從李天經這篇序可以看出，《名理探》的翻譯是受了西方

〔註130〕　主要參考逍遙派代表人物 Andronicus 的分類，詳見趙敦華：《西方哲學簡
　　　　　史》，北京：北京大學出版社，2001年版，第59頁。
〔註131〕　轉引自沈清松：《從利瑪竇到海德格：跨文化脈絡下的中西哲學互動》，臺北：
　　　　　商務印書館，2014年9月版，第52頁。

科學傳入的刺激,他們對邏輯的功用也有一定的認識,李之藻稱之為「愛知學」,說它是「窮理諸學之總名」,可以「引人開通明悟,辨是與非,闢諸迷謬,以歸一真之路,名曰絡日伽。」(《名理探・愛知學原始》)〔註132〕

但是,《名理探》翻譯之後,卻無人問津,甚而連已刊的十卷也很快杳無蹤跡,以致三百年後國內公私藏書中都找不到一部。直到本世紀初,陳垣根據徐家匯藏書樓的抄本影印了前五卷,三十年代商務印書館「萬有文庫」又根據北京西什庫天主堂藏的抄本排印(據徐宗澤《名理探・跋》)。難怪陳垣先生曾經感慨:「此學在中國今日,尚未有一正名,豈知三百年前,已譯有此巨帙。」(《浙西李之藻傳》,見《陳垣學術論文集》第一集第78頁)包遵信先生稱:我們從這三百多年的學術思想中,幾乎找不到《名理探》影響的痕跡。康熙年間,南懷仁翻譯《窮理探》(一六八三),算是唯一的反響了。它是那樣的微弱,連邏輯史上也難聽到它的餘音!邏輯學在中國傳統文化上,還沒找到它立腳的基點,中國還沒有感到需要它!〔註133〕我們回到《四庫全書》這個龐大的叢書中來,這裡面沒有《名理探》的影子,無論是著錄還是存目,我們都看不到《名理探》的影子。Joachim Kurtzz 在 The Discovery of Chinese Logic 一書提到《名理探》時說:

> Nonetheless, the Mingli tan's main sections deserve more detailed analysis. For our purpose, however, such an analysis promises little reward since the text as a whole clearly failed to inspire any logical interest among Chinese readers. In fact, there is little evidence that the Mingli tan was read by anyone ant all apart from the authors of the two prefaces, four Jesuit confreres who helped to prepare the draft for printing, and one Chinese convert said to have consulted the work during his studies in Lisbon.〔註134〕

根據 Joachim Kurtzz 在本段的注釋 172 他引用了方豪《名理探的翻譯》

〔註132〕包遵信:《「墨辯」的沉淪和「名理探」的翻譯》,《讀書》,1986年第1期,第69頁。

〔註133〕包遵信:《「墨辯」的沉淪和「名理探」的翻譯》,《讀書》,1986年第1期,第70頁。

〔註134〕Joachim Kurtzz, The Discovery of Chinese Logic (Modern Chinese Philosophy, ISSN187-9386; v.1). ISBN9789004173385. Koninklijke Brill NV, Leiden, The Netherlands, 2011, p6. 本書得自輔仁大學華裔學誌漢學研究中心主任黃渼婷教授2012年給士林哲學講習會上課課程材料複印本,特致謝意。

一文，根據這些考證，我們更加可以確定固然《名理探》翻譯技術上有些本土化處理〔註135〕，但是基本忠實於亞里士多德邏輯學要義，不得不承認，這是西學翻譯過程中最辛苦，同時也最受冷落的一部書，幾乎沒有人去讀，除了翻譯者及其助理之外，我們看不到其他人閱讀《名理探》的記錄。寫的這裡，我們不得不佩服李之藻、傅泛際的眼光以及他們艱苦卓絕的翻譯努力；而乾隆朝士大夫階層，對如此重要的西學竟毫無反應，足以看出他們對西學的見識與李之藻輩比起來相差甚遠；或者，甚至我們可以說，他們根本不懂西學，既不明白當時傳教士來自哪裏，學理淵源何在，也不明白他們所傳何教，從他們根據《大秦景教流行中國碑》信誓旦旦判斷說「天主教是祆教」「天主是祆神」並且將「佛耶混同」得出這樣的結論也許並不為過〔註136〕。

其次、自然哲學著作《寰有詮》《空際格致》。對《空際格致》的提要為：「明西洋人高一志撰。西法以火、氣、水、土為四大元行，而以中國五行兼用金、木為非，一志因作此書以暢其說。然其窺測天文，不能廢五行也。天地自然之氣，而欲以強詞奪之，烏可得乎？適成其妄而已矣。」〔註137〕對《寰有詮》的提要為：「明西洋人浦汎際撰。書亦成於天啟中。其論皆宗天主。又有圓滿純體不壞等十五篇，總以闡明彼法。」後加以案語：「歐羅巴人天文推算之密，工匠製作之巧，實逾前古；其議論誇詐迂怪，亦為異端之尤。國朝節取其技能，而禁傳其學術，具存深意。其書本不足登《冊府》之編，然如《寰有詮》之類，《明史・藝文志》中已列其名，削而不論，轉慮惑誣，故著於錄而闢斥之。又《明史》載其書於道家，今考所言兼剽三教之理，而又舉三教全排之，變幻支離，莫可究詰，真雜學也，故存其目於雜家焉。）」

這裡面的誤解有二：第一，將古希臘的「水火土氣」與中國的「五行」說混同，而且還等同於印度的四大混同「以水、火、土、氣為四大元行，則與佛

〔註135〕關於譯著與原本只比較詳見：王建魯：《〈名理探〉比較研究──中西邏輯思想的首次大碰撞》，西南大學博士學位論文，2010年。

〔註136〕或許不應苛責明清士大夫階層，天主教無論是早期聶斯托利派傳入還是利瑪竇著僧服入中國，天主教與祆教、佛教自始至終就有扯不斷理還亂的關係；只是，遭遇二百年，乾隆朝士大夫還誤把他們作為波斯人，誤認天主為祆神，依然令人驚詫；從這個角度看，利瑪竇以來本來是學術傳教，但是傳教效果很差，他們沒能解釋清楚他們的身份與使命；權宜之計固然好，但還是捨本逐末了。愚以為，乾隆朝西學觀「捨本逐末」與利瑪竇規矩傳教策略有某種對應關係。

〔註137〕《四庫全書總目》卷125子部35雜家類存目2：高一志《空際格致》・二卷（直隸總督採進本）。

經同。（佛經所稱地水風火，地即土，風即氣也。）」〔註138〕第二、僅看到了
歐羅巴人「推算」和「製作」之精密工巧，換句話說，只看到了他們的「算術」
和「技藝」並沒有看到他們的「學理」與「邏輯」。對比亞里士多德《論天體》
關於宇宙論和論述天體的部分，可以看到「推算」與「製作」並不是其論學重
點。《四庫全書》只選擇了他們樂意看到的部分和能力所及看到的部分。因此
當他們自信的提出「國朝節取其技能，而禁傳其學術，具存深意。」我們可以
看出，他們採用了「捨本逐末」的西學觀，即便如此，也是建立在對「西學」
誤解的基礎上，甚至我們可以根據《四庫全書總目》得出這樣的結論：他們根
本沒有能力理解西學，他們也沒有弄懂西學為何物。

　　第三、自然哲學著作：《論靈魂》，中譯本作《靈言蠡勺》、《性學觕述》；
心理學、生理學著作：《論睡眠》，中譯改寫本《睡答》。《四庫全書總目》只提
到《靈言蠡勺》是作為存目留下的，提要稱：「明西洋人畢方濟撰，而徐光啟
編錄之。書成於天啟甲子，皆論亞尼瑪之學。亞尼瑪者，華言靈性也，凡四篇。
一論亞尼瑪之體，二論亞尼瑪之能，三論亞尼瑪之尊，四論亞尼瑪所同美好之
情，而總歸於敬事天主以求福。其實即釋氏覺性之說，而巧為敷衍耳。明之季
年，心學盛行，西士慧黠，因摭佛經而變幻之，以投時好。其說驟行，蓋由於
此。所謂物必先腐而後蟲生，非盡持論之巧也。」〔註139〕

　　這個提要優點在於忠實記錄了《靈言蠡勺》的目錄，關於靈魂的四主題
論述，而且看到「總歸敬事天主以求福」；需要插一句，《論靈魂》在亞里士
多德那裡是作為自然哲學著作出現的，主要探討了「生魂覺魂和靈魂」，而人
在自然中最高；後來經過托馬斯的評注《論靈魂》作為「人學」的一部分，
耶穌會士畢方濟的《靈言蠡勺》固然對於亞里士多德「靈魂論」的主要觀點
有所堅持，但是他突顯了「靈魂」與敬愛天主的關係，這可以從研讀《靈言
蠡勺》內容中看出；所以本提要在綜述上是忠實的。但是，評價部分，毋寧
說是一種錯誤，提要說「其實即釋氏覺性之說，而巧為敷衍耳。明之季年，
心學盛行，西士慧黠，因摭佛經而變幻之，以投時好。其說驟行，蓋由於此。
所謂物必先腐而後蟲生，非盡持論之巧也。」這裡的誤解有二：第一、將亞
里士多德的「靈魂說」與佛教的「覺性之說」混同；第二、將「靈魂論」與

〔註138〕 《四庫全書總目》卷106子部16天文算法類：利瑪竇《乾坤體義》‧二卷（兩
　　　　　江總督採進本）。
〔註139〕 《四庫全書總目》卷125子部35雜家類存目2：畢方濟《靈言蠡勺》‧二卷
　　　　　（兩江總督採進本）。

「心學」混同（輒拾佛經變幻之）。傳教士論「靈魂」與佛教「神不滅」或有類似處而實不同，「靈魂」更不同於心學所談「心」；但是，根據提要的理解，是完全混同在一起了。

第四、道德哲學著作：《尼各馬可倫理學》，中譯改寫本《修身西學》。在《四庫全書》中沒有著錄也沒有存目。總結上述，我們可以看出當時翻譯的亞里士多德著作：邏輯學著作：《論範疇》，中譯本作《名理探》；物理學著作：《論天體》，中譯本作《寰有詮》、《空際格致》；自然哲學著作：《論靈魂》，中譯本作《靈言蠡勺》、《性學觕述》；心理學、生理學著作：《論睡眠》，中譯改寫本《睡答》；道德哲學著作：《尼各馬可倫理學》，中譯改寫本《修身西學》。總計 7 本，在《四庫全書總目》中出現的只有《寰有詮》《空際格致》《靈言蠡勺》3 本，也就是三本都是自然哲學著作，而且只是作為存目出現，而且是為了作為「反面典型」用來批評的，同樣重要的邏輯學、道德哲學著作則甚至沒有納入「批評者範圍」。原因何在？

三、《四庫全書總目》對西學誤解及其原因

（一）《四庫全書總目》對西學誤解

兩種文化相遇很容易，但是，彼此認識理解很難；無論你多麼重要，多麼好，我們完全可以視而不見；與此同時，便是深深的誤解、揣測；你本意是什麼並不重要，關鍵在於，我們怎麼理解你，你就是什麼；其他都是遁詞和藉口。基於《四庫全書總目》我們可以看到乾隆時期士大夫階層（尤其是提要作者所代表的官方）對西學的誤解表現在三個方面：

第一、學術不分：以術為學捨本逐末

他們稱「西學所長在於測算，其短則在於崇奉天主以炫惑人心。」〔註140〕又稱「西洋之學，以測量步算為第一，而奇器次之。」〔註141〕這裡我們可以看出，提要作者只看到實用層面「測量」「計算」「器械」層面，而且認為這就是西學所長；但是，我們知道這只是「西學」之用，西學之本在於「學理」；具體表現為亞里士多德所奠基的邏輯學、自然哲學、道德哲學、形而上學；

〔註140〕《四庫全書總目》卷 134 子部 44 雜家類存目 11：李之藻編《天學初函》·五十二卷（兩江總督採進本）。

〔註141〕《四庫全書總目》卷 102 子部 12 農家類：熊三拔《泰西水法》·六卷（兩江總督採進本）。

對《寰有詮》的提要後加以案語:「歐羅巴人天文推算之密,工匠製作之巧,實逾前古;其議論誇詐迂怪,亦為異端之尤。國朝節取其技能,而禁傳其學術,具存深意。」〔註142〕這裡可以看出,他們認為其「學」之議論是詭譎迂怪的,而且「崇奉天主炫惑人心」,康乾號稱盛世,但是,在人心深處從來沒看到他們有任何面對他者的慷慨與自信。當時號稱一流的士林代表卻以「捨本逐末」的方式選取西學尚自以為高明(「具存深意」);我們只能說:以誤解的方式對待遠方來客,我們也只好自己承受誤解帶來的痛苦。換句話說,這是中國思想界的失職和恥辱,當思想領域狹隘愚昧無法理解他種文明的時候,我們只好拿千百萬民眾的屈辱、鮮血、生命來交學費。中國知識人在和平環境下遭遇西學,兩百年的交往竟然沒弄清對方的底細,這實在是一種罪孽;與李之藻諸公相比,實在是一種倒退,不可原諒的倒退;代價太大,沒有人能夠負責得起,但是,我們卻還要鼓起反思的勇氣,為何會這樣?為何誤解會這樣多?

第二、宗教迷霧:佛耶混同、誤把天主等同祆神

值得留意的一個現象是,耶穌會士重點批評的對象之一便是佛學,當時士林也知道佛耶彼此攻訐的傳統,但是在提要作者看來,那是「五十步笑百步」,他們大致一樣,沒必要彼此攻訐,他們認為:「利瑪竇力排釋氏,故學佛者起而相爭,利瑪竇又反唇相詰,各持一悠謬荒唐之說,以較勝負於不可究詰之地,不知佛教可闢,非天主教所可闢;天主教可闢,又非佛教所可闢。均所謂同浴而譏裸裎耳。」〔註143〕而且認為,傳教士是不敢攻擊儒教,所以只能拿佛教說事,其實二者本原則一:「知儒教之不可攻,則附會六經中上帝之說以合於天主,而特攻釋氏以求勝。然天堂、地獄之說與輪迴之說相去無幾,特小變釋氏之說,而本原則一耳。」〔註144〕這種現象不止一見:「明利瑪竇撰。西洋人之入中國自利瑪竇始,西洋教法傳中國亦自此二十五條始。大旨多剽竊釋氏,而文詞尤拙。蓋西方之教惟有佛書,歐羅巴人取其意而變幻之,猶未能甚離其本。厥後既入中國,習見儒書,則因緣假藉以文其說,

---

〔註142〕《四庫全書總目》卷 125 子部 35 雜家類存目 2:高一志《空際格致》·二卷(直隸總督採進本)。

〔註143〕《四庫全書總目》卷 125 子部 35 雜家類存目 2:利瑪竇《辨學遺牘》·一卷(兩江總督採進本)。

〔註144〕《四庫全書總目》卷 125 子部 35 雜家類存目 2:利瑪竇《天主實義》·二卷(兩江總督採進本)。

乃漸至蔓衍支離，不可究詰，自以為超出三教上矣。附存其目，庶可知彼教之初，所見不過如是也。」〔註145〕

　　而且更荒唐的是，他們認為西洋人就是波斯人，天主教就是祆教，天主就是祆神：「據此數說，則西洋人即所謂波斯，天主即所謂祆神」。〔註146〕世間最遠的距離在兩顆心之間，兩種文化的交流更是何等遙遠渺茫，我們再回想一下明末清初傳教士接踵而至帶來西書七千部，譯著四百餘種，信徒、留學生數百千人，但是在乾隆朝時期，他們竟然還認為西洋人就是波斯人，他們傳的天主教就是祆教。這是令人無語的鏡像，對中國人來講，這是一個醜聞，一個恥辱：有朋自遠方來，近二百年的交流，最終我們都沒認識清楚他到底是誰，來自哪裏，又往哪裏去。我甚至懷疑只是寫作《西學凡》的作者持此看法，畢竟《四庫全書》有數百名以上的編作者。但是，若細查《四庫全書總目》所收錄的 56 條關於西學文獻記錄，我們可能無法得出樂觀的結論，因為誤解更多。

第三、愚昧自封：誤以西學源自中國

　　對於西方地理學著作則以《神異經》證之，並且認為其說竊自中國「疑其東來以後，得見中國古書，因依仿而變幻其說，不必皆有實跡。然核以諸書所記，賈舶之所傳聞，亦有歷歷不誣者。蓋雖有所粉飾，而不盡虛構。存廣異聞，固亦無不可也。」〔註147〕算學著作則用《周髀》《九章》證之，並且認為是《周髀》流入西方他們才有算學「竊疑為《周髀》遺術，流入西方。」〔註148〕在《周髀算經》提要中明確說：「西法出於《周髀》，此皆顯證。特後來測驗增修，愈推愈密耳。《明史・歷志》，謂堯時宅西居昧谷，疇人子弟散入遐方，因而傳為西學者，固有由矣。」〔註149〕而且據說康熙皇帝明確說西曆源自中國：「論者以古法今法之不同，深不知歷源，源出自中國，傳及於極西。西人守之不失，

〔註145〕　《四庫全書總目》卷 125 子部 35 雜家類存目 2：利瑪竇《二十五言》・一卷（浙江巡撫採進本）。

〔註146〕　《四庫全書總目》卷 125 子部 35 雜家類存目 2：艾儒略《西學凡》・一卷、附錄《唐大秦寺碑》・一篇（兩江總督採進本）。

〔註147〕　《四庫全書總目》卷 71 史部 27 地理類：南懷仁《坤輿圖說》・二卷（內府藏本）。

〔註148〕　《四庫全書總目》卷 106 子部 16 天文算法類：李之藻《渾蓋通憲圖說》・二卷（是書出自西洋簡平儀法）（兩江總督採進本）。

〔註149〕　《四庫全書總目》卷 106 子部 16 天文算法類：《周髀算經》・二卷、《音義》・一卷（永樂大典本）。

測量不已,歲歲增修,所以得差分之精密,非有他術也。」〔註150〕

綜上所述,我們可以看出乾隆朝的西學觀,他們首先認為西人之長在於測算、曆法,而且其算學和曆法源自中土;對於其學,論述靈魂部分,則認為竊自佛教;對於其信仰,認為他們就是波斯人,天主就是祆神,天主教就是祆教。就這三點來看,若上述分析可以接受,那麼我們可以斷定,乾隆朝根本沒有理解西學;面對傳教士,他們認為他們是波斯人;面對天主教視同於祆教;面對亞里士多德靈魂論他們認為竊自佛經;這是一個天大的誤會,而且與明末天主教三柱石所理解的西學是個徹底的不可思議的退步〔註151〕。

但是,我們也應看到:

第一、對文化他者的同質性涵攝。儘管對於西學文獻有誤讀、有蔑視也有讚揚,但是,有一點我們可以看出,四庫編纂者沒有將西學文獻作為「異質他者而拒之門外」;換句話說,四部涵蓋了所有天下學問;任何他種文明都處於「四部之學」的不同分類中。對於宗教部分,主要通過佛教祆教的視角去理解;對於其天文曆算主要從「西學中源」角度去理解,那是一種文化自信,但是,此種自信是否有依據呢?西學文獻,從內容上講是否有「四部」不能涵蓋的部分呢?

第二、對學術選擇的實用性傾向。從四庫對西學文獻的收錄、分類及評價我們可以看出,「益於王化」是首要標準,其次便是技術應用;所以,此種實用性,並不能得出技術優先的結論,技術優先的前提是王朝統治,政治優先於技術,不威脅到政治是最大的「實用」,其次,才是天文曆算地理等,後者只是政治統治的工具;再其次,對於西洋宗教等則有意打壓,這些著作被置入「雜家類」而且只是予以「存目」,評價甚低。這是發人深省的錯位,若考慮到傳教士的宗旨及其傳教策略的話。

第三、對他種文化的封閉性特質。通過明末清初西學文獻的翻譯及流傳來看,尤其是以《四庫全書總目》編纂為例,固然,對西學著作有著自覺的收錄,但是,通過上述分析,我們無法得出樂觀開放的結論;若上面分析可以接受,我們看到對西學文獻的收錄不是為了豐富自身文化,主要是處於一種實用

〔註150〕 《康熙政要》卷十八,《御製文三集》。轉引自周積明:《析〈四庫全書總目〉的西學觀》,《中州學刊》,1992年第3期,第114頁。

〔註151〕 另一個事實也需要留意上述誤解的西學觀並不否認梅文鼎等一流學者在算學、天文曆法、音樂等方面基於西學做出的發揮和拓展,有些甚至是原創性的;但是,即便是原創性的,他們的誤解依然十分嚴重不可忽視。

傾向的王朝統治，只是選取其技術，最終還是為了鞏固統治；如魯迅所說，學習西學，然後再用學來的西學繼續守舊，這在晚清民初再次上演。〔註152〕這是很值得留意的一個現象。

我們想進一步追問，原因何在？

（二）誤解產生的深層原因

值得留意的是此種誤解一直延續到了清末，甚至「捨本逐末」的西學觀到現在還潛存著，我們重視實用、重視技術，而忽略了科學學理、基礎學科研究。此種深層次原因，愚以為在於思維方式的差異〔註153〕。我們可以借用呂實強先生在《晚清中國知識分子對基督教義理的闢斥（1860～1898）》一文中提到晚清知識分子對天主、耶穌、聖母瑪利亞等等說法根本不能接受，認為「荒謬之極，數語中便自相矛盾」〔註154〕。這是很值得注意的現象，孫尚揚先生在分析明末士大夫對天主教的排斥態度時提到「明末一部分士大夫對天主教的排斥不能簡單地以仇外心理予以解釋。對人生的不同體驗和哲學思辨，對宇宙、世界和人事進行哲學思考時採用不同的思維路向，都是士大夫們反對天主教的重要原因。」〔註155〕

謝和耐教授也提到「基督教的所有組成部分，即在永恆的靈魂和注定要消失的軀體、上帝的天國與下界、永久和不變的真諦、上帝的觀念與化身的教理之間的對立，所有這一切都更容易被希臘思想的繼承人而不是被遵守完全不同的傳統的中國人所接受。很自然，中國人覺得這些觀念都非常陌生或不可

〔註152〕原話為：「維新以後，中國富強了，用這學來的新，打出外來的新，關上大門，再來守舊。」他們的稱號雖然新了，我們的意見卻照舊。因為「西哲」的本領雖然要學，「子曰詩云」也更要昌明。換幾句話，便是學了外國本領，保存中國舊習。本領要新，思想要舊。要新本領舊思想的新人物，駝了舊本領舊思想的舊人物，請他發揮多年經驗的老本領。一言以蔽之：前幾年謂之「中學為體，西學為用」，這幾年謂之「因時制宜，折衷至當。」魯迅：《隨感錄四十八》，《熱風》，《魯迅全集》第一卷，烏魯木齊：新疆人民出版社，1995年版，第288頁。
〔註153〕另可參見拙文：張永超：《中國知識論傳統缺乏之原因》，《哲學研究》2012年2期；張永超：《中國知識論傳統是「歷史缺乏」而非「現實忽略」》，《學術月刊》，2013年第5期。
〔註154〕呂實強：《近代中國知識分子反基督教問題論文集》，桂林：廣西師範大學出版社，2011年版，第47頁。
〔註155〕孫尚揚：《基督教與明末儒學》，北京：東方出版社，1994年12月版，第252頁。

思議。」〔註156〕龍華民提到「中國人從不知道與物體有別的精神物，而僅僅在不同程度上知道物質實體。」1607 年熊三拔神父提到「中國人根據他們的哲學原則而從來不知道與物質不同的精神物……因而，他們既不知道上帝、也不懂天使和靈魂。」〔註157〕後來來自英國倫敦會的傳教士也提到「中國人似乎是我所見到和瞭解到的最漠不關心、最冷淡、最無情和最不要宗教的民族。他們全身貫注於這樣的問題：我們將吃什麼？我們將喝什麼？或是我們拿什麼來蔽體？他們留心聽道，聽了以後說，很好。但只到此為止。」〔註158〕

謝和耐教授提到「歸根結蒂，中國人對基督教觀念的批評所涉及到的是自希臘人以來就在西方人思想中起鍋根本性作用的思想範疇和對立類別：存在和變化、理性和感性、精神和實體……如果這不是面對另外一類思想，那又是什麼呢？而這種思想又有它獨特的表達方式和徹底的新穎特點。對語言和思想之間關係的研究可能提供了回答的開端。」〔註159〕他在提到利瑪竇的傳教策略時提到「他理解到了首先應該讓中國人學習他們應如何推理思辨的方法，這就是說要學習他們區別本性和偶然、精神的靈魂和物質的身體、創造者和創造物、精神財富和物質財富……除此之外，又怎能使人理解基督教的真詮呢？邏輯與教理是不可分割的，而中國人則『似乎是缺乏邏輯』。傳教士們可能沒有想到，他們所認為的『中國人的無能』不僅僅是另外一種文化傳統的標誌，而且也是不同的思想類型和思維方法的標誌。他們從來沒有想到語言的差異可能會於其中起某種作用。」〔註160〕

同樣我們留意到，牟宗三先生說：「因此你要學習西方文化，要學科學、學民主政治，這就不只是聰明的問題，也不只是學的問題，而是你在這個 mentality 上要根本改變一下。因為中國以前幾千年那個 mentality，它重點都放在內容真理這個地方。而成功科學、成功民主政治的那個基本頭腦、那個基本

〔註156〕謝和耐：《中國和基督教——中國和歐洲文化之比較》，耿昇譯，上海：上海古籍出版社，1991 年 3 月版，第 4 頁。

〔註157〕謝和耐：《中國和基督教——中國和歐洲文化之比較》，耿昇譯，上海：上海古籍出版社，1991 年 3 月版，第 296～297 頁。

〔註158〕楊格非語，參見顧長聲：《從馬禮遜到司徒雷登——來華新教傳教士評傳》，上海：上海人民出版社，1985 年版，第 189 頁。

〔註159〕謝和耐：《中國和基督教——中國和歐洲文化之比較》，耿昇譯，上海：上海古籍出版社，1991 年 3 月版，第 303 頁。

〔註160〕謝和耐：《中國和基督教——中國和歐洲文化之比較》，耿昇譯，上海：上海古籍出版社，1991 年 3 月版，第 5 頁。

mentality 是個 extensional mentality。這不只是個聰明夠不夠的問題，也不只是你學不學的問題，這是 mentality 不同的問題。這個不同是文化的影響。所以一旦我們知道光是內容真理是不夠的，而要開這個外延真理，那我們必須徹底反省外延真理背後那個基本精神，這個就要慢慢來。」〔註161〕

小結：思維方式歧異與人性能力重建

總結上述，誤解的深層原因在於中西思維方式的歧異，李澤厚稱西方為兩個世界中國為「一個世界（人生）」。在二分世界與一個人生的文化世界裏，我們可以看到二者形成了不同的看待事物的方式，不同的思維模式。在仁愛為代表的儒家思想裏，即體即用，道器不離；不做感性與理性的明顯區分，更強調直覺和體悟，不重視語言、邏輯和論證，注重力行，得意忘言；在聖愛觀所影響建構下的思維模式則是二分的思維，注重分別，注重分科治學，注重懷疑、探究、推理、論證，言佔有很重要的地位；注重對問題的分析，認為塵世是變幻莫測的，因此也是短暫偶然的，靈性世界則是永恆的、至善的，因此追求對一、對永恆的理性探求和追尋。〔註162〕

我們認為，不瞭解西方則已，若有理解西方文明的必要，那麼古希臘以來的哲學，古希伯來宗教而來的基督教，這些都是必須有個深切痛徹的瞭解不可；甚至可以說不瞭解西方的基督教就無法理解西方文明。此種誤解模式延續到現代以至於今日，比如新文化運動時期諸君高舉科學民主的旗幟而對基督教大聲撻伐，實在宣布了民國思想界認知西方的限度，同時也預示了民國知識階層學習西方的破產。他們看到了西方文明的可貴與強大，認為不在堅船利炮、不在政治制度，而在文化，這是一種進步，但是對於西方文化只注重口號、只注重主義、只注重新名詞的看法則恰恰是對晚清學習西方的重蹈覆轍，中西文明之異本質在於思維方式，而他們的宗教、科學、邏輯是整個的，是同一思維模式上生長出的不同花果。若認為學習西方是必要的，那麼瞭解他們的宗教、科學、邏輯便是入手處，甚至可以說基督教是重中之重，瞭解西方社會演

〔註161〕牟宗三：《中國哲學十九講》，長春：吉林出版社集團，2010 年 10 月版，第37 頁。

〔註162〕張世英先生將此兩種思維方式稱為「主客二分」與「天人合一」，參見：張世英：《天人之際：中西哲學的困惑與選擇》（北京：人民出版社，1995）；另可參考利瑪竇當年對中西思維方式差異的認識，參見：謝和耐，《中國和基督教——中國和歐洲文化之比較》，耿升譯（上海：上海古籍出版社，1991）。

進史、科學發展史的似乎都會明白這種說法的份量。對西方基督教的探究並不是一定要做皈依和接受洗禮，而是要理解他們的運思模式，這是基於人性能力的建構。因此基於理性思維方式的塑造，不是中國的某種教派化，也不是中國的全盤西化，只是對於人性能力的完善與自覺。〔註163〕

我們應看到，「思維方式」視角，儘管對於發源於古希臘的理性傳統多有借鑒。但是，本文嘗試指出：人性是不分中西的，思想資源是公共的。我們若只繼承儒家是狹隘的，古希臘哲學、基督教經典等等都是人類思想的共有遺產，我們都當批判、繼承和共享。方法論更是普遍性的，不是「姓資姓社」的問題。若老是講「民族特色」，可能有點南轅北轍，至少不符合波普爾的「科學哲學觀點」及其第三世界理論。應該積極主動共享人類思想遺產，糾結於儒家，只是畫地為牢。

本章所集中討論的「實用理性」所建構的「一個世界」觀「開不出現代的科學與民主」問題，其深層危機在於，此種「實用理性」模式會成為一種「科學」「民主」的潛在障礙，而且其影響是籠罩性的，延續至今，李澤厚說「『晚說，少說，敢說』是文革中某高幹頗得意的經驗談。……實用理性之用於權術也。」〔註164〕李澤厚對「實用理性」是樂觀的，他說「本譯似於今日有點用處，仍然宣講實用理性。」〔註165〕但是，我認為他對「實用理性」「樂感文化」及其「一個世界」建構在「歷史上也確實造成很多惡果」〔註166〕反省不足。恰恰是這一維度，亟待留意和重估。所以本書對於李澤厚「巫史論」的「未來指向」及其「情本體」理論著墨不多，原因在此。本書只是「前傳」。沒有對於「理論淵源」及其「現實影響」的深切反省，「未來指向」便無堅實根基，

〔註163〕 關於深層原因分析參見拙文：An Exploration of the Predicaments in and Possibilities of the Integration of Chinese and Western Philosophies - Discerning Creation from Evolution in the Origin of Human Beings Based on "the Book of Genesis", UNIVERSITAS-MONTHLY REVIEW OF PHILOSOPHY AND CULTURE；張永超：《創生與化生：從起源角度探究中西文明融合的困境及其可能》，《哲學與文化月刊》，2016 年 3 期（四十三卷三期），Arts & Humanities Citation Index（A&HCI）。

〔註164〕 李澤厚：《論語今讀》，北京：生活·讀書·新知三聯書店，2004 年 3 月版，第 68～69 頁。

〔註165〕 李澤厚：《論語今讀》，北京：生活·讀書·新知三聯書店，2004 年 3 月版，第 116 頁。

〔註166〕 詳見李澤厚：《陰陽五行：中國人的宇宙觀》，《中國文化》，2015 年春季號，總第 41 期。

而且可能出現李澤厚所反覆提醒的：將「前現代偽裝成後現代」的危險。

本章結語　重新審視「結構性衝突」與「制度性危機」

　　在前面第四章我們曾引用賀麟先生對近代危機的反思：「中國近百年來的危機，根本上是一個文化的危機。文化上有失調整，就不能應付新的文化局勢。中國近代政治軍事上的國恥，也許可以說是起於鴉片戰爭，中國學術文化上的國恥，卻早在鴉片戰爭之前。儒家思想之正式被中國青年們猛烈地反對，雖說是起於新文化運動，但儒家思想的消沉、僵化、無生氣，失掉孔孟的真精神和應付新文化需要的無能，卻早腐蝕在五四運動以前。儒家思想在中國文化生活上失掉了自主權，喪失了新生命，才是中華民族的最大危機。」〔註167〕「老實說，中國百年來之受異族侵凌，國勢不振，根本原因還是由於學術文化不如人」〔註168〕。在論述「理性化」問題時，我們也論及：此種知識譜系上的低智商與現實問題上的高難度，造成的張力，在傳統社會，是依靠「一亂一治」予以化解的，朝代更迭似乎只是一種「權力遊戲」的惡性循環。但是，此種格局在遭遇另一種知識譜系之後，便顯得措手不及、脆弱不堪。所以，賀麟先生的反省，「中國文化生活上失掉了自主權」「學術文化不如人」到底癥結何在？

　　在第三章論述皇帝求雨時，曾引用黃仁宇先生的《萬曆十五年》，他對萬曆的求雨有著詳細的描述。當然他對「無關緊要年代」的「失敗總記錄」描述，看似平淡無奇，實則耐人尋味。無獨有偶，在論及西周史研究時，我們曾重點關注李峰所著《西周的滅亡》〔註169〕，這就如同黃仁宇教授說側重的「無關緊要年代」的「失敗記錄」。因為，殷周之際，處處彰顯文王、武王、周公的智謀與霸氣，這樣的一流人物當政之後，為何就慢慢「衰弱退化」了呢？這就好比秦王統一六國，那種氣場怎麼就維持了那麼幾年呢？原因何在？基於考古學史料，李峰的研究尤其是「西周國家的政治危機」〔註170〕之探析更值得留意，此種「結構性危機」是值得警惕的。若李峰的研究可以得到辯護，我們

〔註167〕 賀麟：《文化與人生》，北京：商務印書館，1988 年版，第 5 頁。

〔註168〕 賀麟：《文化與人生》，北京：商務印書館，1988 年版，第 20 頁。

〔註169〕 李峰：《西周的滅亡》，徐峰譯，湯惠生校，上海：上海古籍出版社，2007 年10 月版。本書為「早期中國研究叢書」之一。

〔註170〕 李峰：《西周的滅亡》，徐峰譯，湯惠生校，上海：上海古籍出版社，2007 年10 月版，尤其是第二章第二節「結構性衝突和政治對抗的起因」值得留意。

對傳統的行政模式、行政能力需要重估。此種蘊含的「結構性政治危機」是否為後來「朝代更迭」的前奏？我們是否沒有找到長治久安之道？李峰基於考古學所揭示的西周滅亡蘊含的「結構性危機」與黃仁宇基於文獻學揭示的萬曆失敗記錄蘊含的「制度性危機」二者有無關聯？

黃仁宇說他對昏庸的萬曆皇帝的描寫，可能會讓讀者有「認為筆者同情這為皇帝」的批評，他將「不擬多作無益的辯解。本書論述萬曆，本在於說明皇帝的職位是一種應社會需要而產生的機構。」因為「書中所敘述，不妨稱為一個大失敗的總記錄……這種情形，斷非個人的原因所得以解釋，而是當日的制度已至山窮水盡，上自天子，下至庶民，無不成為犧牲品而遭殃受禍。」〔註171〕自然，黃仁宇先生的研究不止於「十六世紀中國社會傳統的歷史背景，也就是尚未與世界潮流衝突時的側面形態。」因為，很明顯，他通過這些「失敗總記錄」在追溯跨越時代、個人的「制度性原因」，此種溯源工作與李峰基於考古學研究所論述的「結構性衝突和政治對抗」所導致的「西周的滅亡」可以相互印證，這些都「斷非個人的原因所得以解釋」。黃仁宇說「當然，問題還遠不止此，比如何以萬曆的立儲問題業已解決而爭執卻綿延不斷？何以島國日本可以侵犯中國而中國卻遠不能遠征日本？何以當日的西歐已經用火器改進戰術而中國還在修築萬里長城？何以人人都說海瑞是好官而他卻偏偏屢遭排擠？這些具體問題，無疑和上述總的癥結密不可分，然而卻各有其特殊的原因。」〔註172〕這些問題反思，很明顯是賀麟所說「中國近百年來的危機」之前奏。

賀麟對當代危機的反思與黃仁宇對於明末「制度性危機」的反思以及李峰對西周「結構性衝突」的反思，是否只是巧合？西周以來，尤其是秦漢以來，傳統的行政模式到底癥結在？制度性缺陷何在？

本章的研究，做的正是「釜底抽薪」的工作，嘗試在「實用理性」的認知模型和「樂感文化」的人性論依據方面予以批判和檢討。可以看出，在「認知模型」層面，由「知物」而「知道」，此種「君之道」恰恰缺乏認識論的「外物」研究，更多是借助於歷史經驗和種種想像來建構「禮樂秩序」，這種秩序是脆弱不堪、充滿漏洞的。

〔註171〕 黃仁宇：《萬曆十五年》（增訂本），北京：中華書局，2007年1月版，自序，第4頁。
〔註172〕 黃仁宇：《萬曆十五年》（增訂本），北京：中華書局，2007年1月版，自序，第4頁。

　　在人性論依據層面，則是「泛道德主義」氣息籠罩天下，對人、對物、對他者文明，都基於一種初級的「善—惡」「好—壞」「敵—我」模式，此種性善論難以得到辯護，由此建立的價值體系更是搖搖欲墜，詮釋力缺乏，難以自我辯護。更多是靠一種「權威主義或教條主義態度」來維持門面。這些，認知模式和人性論依據層面，或可以印證西周的「結構性衝突」和明末的「制度性危機」之深層癥結，而這也正是賀麟所反思的「中國當代危機」之深層淵源。

　　在本章最後一節，我還嘗試以慢鏡頭考察當時所依託的「實用理性」「樂感文化」所建構的知識譜系對另種文明的「剪裁」，尤其是借助方豪先生的研究，可以看出，當時的中西文化交流，尤其是受惠於傳教士的文化互傳之功，當時無論是軍事、教育、留學生排遣還是典籍互譯，都可謂異彩紛呈。但是，從結果上來看，正好印證了黃仁宇先生的「失敗總記錄」，尤其是明末清初，在那樣的交流背景下，對於他種文明的吸收、選擇，荒謬到了不可思議的地步，我們以亞里士多德著作為例，予以專題研究。至少，從「亞里士多德著作在中國遭遇事件」（或可稱為「明清之際亞里士多德在中國遭遇封殺事件」），可以看出，當時的「失敗總記錄」之深層淵源何在。賀麟說歸根結底是「學術文化不如人」，至此可見一斑。

　　還要說一點，前面黃仁宇先生追問「何以當日的西歐已經用火器改進戰術而中國還在修築萬里長城？」在「明清之際亞里士多德在中國遭遇封殺事件」前面我詳細論述了當時的中西互動，而且著重介紹了方豪的研究，在火器方面，還得感謝傳教士的努力，明末清初是有運用和仿製的，對西洋火器之引入、仿製更是不遺餘力。在明末清兵入關的戰爭中，徐光啟等更是極力主張用西洋火炮應戰，更有赴澳門招募葡兵、購買葡炮之經歷。湯若望神父更是在崇禎九年設立鑄炮廠，又和焦勖合譯《則克錄》（《火攻挈要》）。〔註173〕羅光先生對此評論道「如果當時崇禎皇帝完全採用這種計劃，流寇不能入京，清兵也不能入關。」〔註174〕殆至清初，南懷仁神父更是廣造神威大炮二百四十餘位，配布陝西、湖南、江西等省。然而到了清末反而變得一敗塗地，羅光先生評論道「在康熙時，皇帝知道西洋火炮的利害，到了兩百年後的光緒朝竟有慈禧太后和大臣深信義和團的符咒可以避炮。西洋科學繼續進步，明末清初的一

〔註173〕方豪：《方豪六十自定稿》上冊，《明清間西洋機械工程學物理學與火器入華考略》，臺北：臺灣學生書局，1969年版，第304～317頁。

〔註174〕羅光：《方豪六十自定稿的中西交通史論著》，《方豪六十自定稿》補編，臺北：臺灣學生書局，1969年版，第2867頁。

點科學知識反而被扼殺了，中國的國運怎能不墮落！」〔註175〕這些更是令人不可思議之事，明末即知道火炮的厲害，而且也多有運用，最後則被清兵摧毀；而清朝康熙時就廣造火炮，殆至清季，則反而變得懵懂愚昧。其實，羅光先生的審視反問、痛心疾首，我們在 1930 年代日軍侵華時的一敗再敗、一退再退，何嘗不是悲劇重演呢？在教育史上，我們常以「西南聯大」為榮，然而在國運史上，「西南聯大」則是一種國將不國的恥辱。據說 1894 年甲午海戰，當時實力相當，甚至說李鴻章的艦隊在某些方面略勝一籌，理論上講，還有打贏的可能性。但是，1930 年代，當時實力之懸殊，據說大家是心知肚明的……為何會這樣，清末，可謂「失敗之總記錄」；民初，又可謂「失敗之總記錄」。我們是否可以追問，這樣的「失敗總記錄」與黃仁宇先生所追問的明末「失敗總記錄」有無關聯？有何關聯？

值得留意的是，在「明清之際亞里士多德在中國遭遇封殺事件」之後，類似的悲劇再次重演〔註176〕。比如說 1915 年前後新文化運動諸君提出了種種新觀念，新名詞。那是傳統中國文人很少使用並很少討論的觀念，比如說科學、民主、人權、自由等等。但是，據說晚清文人孫寶瑄說過一句話，頗值得玩味：「以舊眼讀新書，新書皆舊；以新眼讀舊書，舊書皆新。」對於觀念也是一樣，名詞可以是新的，觀念依然可以是舊的；甚至可以說「觀念」的提法是新的，內在的理解與接受依然可以舊的。問題在於觀念革新背後有沒有支撐新觀念的一種對應思維方式，不僅僅使用新的名詞與觀念表達，而是深入理性內在，運用新觀念對應的思維方式來接受和繼續思考。這樣，新觀念才不會變成新的意識形態，才不會僵化；與此同時，舊觀念才會逐漸淡出，並且變成新觀念某部分合理論證的支撐力量。

新文化運動以其在二十世紀初特有的形態為中國思想界提供了許多新的光彩，與此同時，我們也可以看出它的限度；只是提出了新觀念，但是，沒有進一步走向思維方式的變革；這樣，慢慢新觀念都變成了舊觀念的附庸；新名詞都成了新主義，內容與思維方式都是舊的。如魯迅所說：「維新以後，中國富強了，用這學來的新，打出外來的新，關上大門，再來守舊。」他們的稱號雖然新了，我們的意見卻照舊。因為「西哲」的本領雖然要學，「子曰詩云」

〔註175〕 羅光：《方豪六十自定稿的中西交通史論著》，《方豪六十自定稿》補編，臺北：臺灣學生書局，1969 年版，第 2866 頁。
〔註176〕 參見拙文張永超：《從思維方式上探究新文化運動時期觀念革新的限度與意義——兼與明末清初西學觀念傳入比較》，《關東學刊》，2017 年第 2 期。

也更要昌明。換幾句話，便是學了外國本領，保存中國舊習。本領要新，思想要舊。要新本領舊思想的新人物，駝了舊本領舊思想的舊人物，請他發揮多年經驗的老本領。一言以蔽之：前幾年渭之「中學為體，西學為用」，這幾年謂之「因時制宜，折衷至當。」〔註177〕

　　這樣的歷史悲劇與惡性循環，是筆者反覆提及李峰「西周的滅亡」所突顯的「結構性衝突」、黃仁宇「失敗總記錄」所隱含的「制度性危機」之寓意所在，這些都「斷非個人的原因所得以解釋」。這些內在衝突和制度危機，正好照應賀麟所反思的「中國近百年來的危機」，其深層原因還在「學術文化」層面。至少，「實用理性」所依託的認知模型、「樂感文化」所憑藉的人性論依據方面，可以為「結構性衝突」和「制度性危機」提供某種詮釋和論證，而「亞里士多德著作在中國遭遇事件」則是一個很好的例證和注解。問題在於，倘若此種分析可以得到某種辯護的話，這種傳統文化心理中所隱含的「結構性衝突」和「制度性危機」是否得到自覺反省？是否經歷深層批判？還是說，經由「西周的滅亡」「明末的失敗」「當代的危機」而獲得新的附體而延續下來？我們還不遺餘力的為其借屍還魂、大呼小叫的為其復興傳統？

　　真正的擔憂在現在，我們總是帶著過去和現在，走向未來。下面我們將進一步審視一下「巫史論」的相關爭議及未來指向。對其有所辯護，但更多是一種隱憂。倘若對於過去和現在的審視不充分深入，那麼，我們只好帶著過去的幽靈和現在的病體前行；那樣，無論如何說「儒學四期之新開展」和「情本體之未來重建」，說未來如何美好，在我看來都難以得到辯護，而且也是不可思議的。因為，隱憂讓一切如夢幻泡影。

　　或許我們可以換個想法：在再次空歡喜一場之前，我們還能做些什麼？

〔註177〕　魯迅：《隨感錄四十八》，《熱風》，《魯迅全集》第一卷，烏魯木齊：新疆人民
　　　　　出版社，1995 年版，第 288 頁。

第七章　李澤厚「巫史傳統論」之論爭：辯護反省及其未來指向

問題引入　「巫史論」有幾個版本？

　　前面我們提到李澤厚本人對「巫史論」極為看重，他與陳明對談時說「巫史論」與八十年代論著相比，「比那些文章要好」「比那些重要」「怎麼樣估計我都不覺得過分」，「這十年的得意之作」〔註1〕。他甚至「認為解決了問題，自己覺得很高興」並特意以文會友：「我把這本書（《己卯五說》）寄給余英時，他回寄給我一篇英文文章，還沒有發表，很長很長，有幾百頁吧。他認為中國文化的特點也是巫，根源是巫。他在電話裏和我說，我們是不約而同。我當然非常高興。都認為中國思想是從巫術出來的。當然他是歷史學家，有很多材料。不同的地方是什麼呢？他是遵照著雅斯貝斯的 break through 就是突破的說法。所以我講，你是一步走，我是兩步走。他認為自上古到孔子，來了一個大突破。我分兩步，周公是第一步，孔子是第二步，沒有完全遵循雅斯貝斯的說法。我以為周公把巫術這一套傳統完全外在的理性化，變成一套系統，一個政治和倫理的制度；孔子和儒家再把這一套歸結為心理，孔子講仁，中庸講誠。重要的是相同的地方，就是我和余英時都認為這個巫是中國文化和中國哲學一個非常重要的問題。『巫史』這個說法很早就有了的。但是沒有人很好地

〔註1〕李澤厚、陳明：《浮生論學：李澤厚、陳明 2001 年對談錄》，北京：華夏出版社，2002 年 1 月版，第 16、224 頁。

講這個問題。」〔註2〕余英時關於中國「巫傳統」的研究，較為完整的漢語版本是《論天人之際》〔註3〕，李澤厚明確看到「他是遵照著雅斯貝斯的 break through 就是突破的說法」，關於這一點我們下面會對「巫史論」與「軸心說」做一專題比較。

一、「巫史論」的多種版本

這裡要處理的是「『巫史』這個說法很早就有了」這個問題。比如說馬克斯・韋伯在研究儒教、道教中就提出「巫術的園地」「巫文化之保留」〔註4〕等提法。儘管沒有用「巫史論」或「由巫而史」的說法，但是，在對「巫」文化的延續性上，二者可以相互印證。關於「巫史論」的明確說法，陶磊博士提到「學者早已注意到中國古代文化有從巫到史的轉換，如陳夢家先生就曾提到所謂『由巫而史，而為王者的行政官吏』的命題。楊向奎先生則認為『詩亡然後《春秋》作』，反映了從巫向史的轉變。陳來先生認為上古從巫到史的轉變，反映的是從巫術文化向祭祀文化的轉變。李澤厚先生則從思想歷程理性化的角度把握『由巫而史』。各家之論，各有其理據，本文對於從巫到史的討論，與這些論說又不相同。」〔註5〕這裡需要留意的是陶磊博士第二章的題目正是「由巫到史」。他在本書中有著許多大膽的提法。在「巫史」論述上，如他所說，他的立論視角與其他學者不同，他是從「血統、巫統之別」視角來看待這一問題。研讀全書，我們發現這本書確實是基於民族學觀點提出「巫統」「血統」之對峙看待上古信仰演進，表面上類似李澤厚說的「由巫到史」，實際上則是另一個故事。

這裡需要說明的是，關於「由巫到史」，很難說是李澤厚最早提出的，儘管我不否認李澤厚的「巫史論」有許多原創性提法。但是，正如李澤厚本人所

〔註2〕李澤厚、陳明：《浮生論學：李澤厚、陳明 2001 年對談錄》，北京：華夏出版社，2002 年 1 月版，第 14～15 頁。

〔註3〕余英時：《論天人之際：中國古代思想起源試探》，北京：中華書局，2014 年版。

〔註4〕馬克斯・韋伯對中國儒教、道教的論述中提到「巫術園地的保留」和「儒教關注的只是此世事物」詳見馬克斯・韋伯：《儒教與道教》，洪天福譯，南京：江蘇人民出版社，2003 年版，第 181、128 頁。李澤厚很明顯知道韋伯的說法並自覺做了引用，他用的是 1989 年臺北「新橋譯叢」版的《中國宗教：儒教與道教》，詳見李澤厚：《「說巫史傳統」補》，載氏著《由巫到禮 釋禮歸仁》，北京：生活・讀書・新知三聯書店，2015 年 1 月版，第 65 頁注釋②。

〔註5〕陶磊：《從巫術到數術：上古信仰的歷史嬗變》，濟南：山東人民出版社，2008 年 6 月版，第 47 頁。

說「『巫史』這個說法很早就有了」。包括「一個世界」「理性化」「樂感文化」「實用理性」等等，也都很難說是李澤厚最早提出的，比如強調儒家「是一種生活方式」「注重實用」「注重此世間」注重「樂」，這些都可以在梁漱溟、錢穆、牟宗三等文本中找出類似的表述；甚至在國外學者那裡，包括馬克斯・韋伯提出「巫文化之保留」〔註6〕、安樂哲提出「一個世界」〔註7〕、墨子刻提出「樂觀主義認識論」〔註8〕都可以找到類似表述。關於「實用理性」的看法，前面我們引用蔣夢麟、杜威、羅家倫的說法，他們已經在討論這些說法了。

　　自然，若更早追溯的話，對於中國人注重實用、注重此世等特點的描述，最早要追溯到明末清初耶穌會士的看法。前面我們引用謝和耐教授的著作時看到，龍華民神父說「中國人從不知道與物體有別的精神物，而僅僅在不同程度上知道物質實體。」1607 年熊三拔神父提到「中國人根據他們的哲學原則而從來不知道與物質不同的精神物……因而，他們既不知道上帝、也不懂天使和靈魂。」〔註9〕後來來自英國倫敦會的傳教士也提到「中國人似乎是我所見到和瞭解到的最漠不關心、最冷淡、最無情和最不要宗教的民族。他們全身貫注於這樣的問題：我們將吃什麼？我們將喝什麼？或是我們拿什麼來蔽體？他們留心聽道，聽了以後說，很好。但只到此為止。」〔註10〕這些神父的看法、

〔註6〕馬克斯・韋伯對中國儒教、道教的論述很值得留意，無論是「巫術園地的保留」還是「儒教關注的只是此世事物」，都可以看出他對中國儒道思想把握之深刻，作為一個國外學者對另種文化能有此種深度剖析，令人敬佩（自然這些看法在 1580 年代利瑪竇等傳教士都已經看到了）。韋伯說法詳見馬克斯・韋伯：《儒教與道教》，洪天福譯，南京：江蘇人民出版社，2003 年版，第 181、128 頁；李澤厚很明顯知道韋伯的說法並自覺做了引用，他用的是 1989 年臺北「新橋譯叢」版的《中國宗教：儒教與道教》，詳見李澤厚：《「說巫史傳統」補》，載氏著：《由巫到禮 釋禮歸仁》，北京：生活・讀書・新知三聯書店，2015 年 1 月版，第 65 頁注釋②。

〔註7〕李澤厚說「安樂哲（Roger T. Ames）《孫子兵法》一書也指出，不同於西方傳統的兩個世界，中國是一個世界，但沒說這是怎麼來的。」詳見：李澤厚：《由巫到禮》，載氏著：《由巫到禮 釋禮歸仁》，北京：生活・讀書・新知三聯書店，2015 年 1 月版，第 85 頁。

〔註8〕李澤厚引用了墨子刻「樂觀主義認識論」（中）與「悲觀主義認識論」（西）的說法，詳見：李澤厚：《中日文化比較試說略稿》，載氏著：《世紀新夢》，合肥：安徽文藝出版社，1998 年 10 月版，第 60 頁注釋②。

〔註9〕謝和耐：《中國和基督教——中國和歐洲文化之比較》，耿升譯，上海：上海古籍出版社，1991 年 3 月版，第 296～297 頁。

〔註10〕楊格非語，參見顧長聲：《從馬禮遜到司徒雷登——來華新教傳教士評傳》，上海：上海人民出版社，1985 年版，第 189 頁。

通信又影響了歐洲的啟蒙先驅，他們甚至將中國作為「歐洲的樣板」〔註11〕。我並不懷疑當時「歐洲的中國風」，但是，也並不想誇大「中國風」對「啟蒙運動的影響」，因為歐洲的哲學家很快看到了「中國風」的缺陷與弊端〔註12〕。

　　儘管「實用理性」「樂感文化」「一個世界」「由巫而史」都有其他學者的多種提法，但是，也沒有明確的證據支持說李澤厚是借用了現有提法。就概念獨特性上而言，「實用理性」「樂感文化」「一個世界」「由巫而史」等系列概念，更多是李澤厚基於對中國傳統思想的「直探心魂」而獨立提出的，尤其是在《論語今讀》中這一系列概念得以完整、明確表述。但是「太初有為」的說法似乎是李澤厚引自歌德。李澤厚說「是『太初有為（道）』還是『太初有言（字）』的問題，中西差異似可溯源於此。」〔註13〕「在《論語》中，孔子多次反對『佞』『巧言』，欣賞『木訥』等等，似與今日西方哲學以語言為家園、為人的根本大異其趣。也許這就是『太初有字（言）』（《聖經·約翰1.1》）與『太初有為（道）』的區別，『道』是道路。在儒學首先是行為、活動，並且是由人道而天道，前者出而後者明。歌德《浮士德》說，不是太初有字，亦非太初有力，也非太初有心，而是太初有為（act），似頗合中國哲理，即有高於和超出語言的『東西』。這東西並非『字』『心』『力』，而是人的（在浮士德也許仍是天——上帝的）『行』：實踐、行為、活動。」〔註14〕自然用語上的借用以及理論支撐上的引證，都不影響李澤厚「巫史論」的原創性地位。

　　當然「巫史論」自發表之日起，就引來多位學者的批評。下面我們擇要論述：

二、部分學者對「巫史論」的批評

　　陶磊博士《從巫術到數術：上古信仰的歷史嬗變》一書第二章專門討論

〔註11〕參見張允熠等編著：《中國：歐洲的樣板——啟蒙時期儒學西傳歐洲》，合肥：黃山書社，2010 年 7 月版。

〔註12〕參見張成權、詹向紅：《1500～1840 儒學在歐洲》，合肥：安徽大學出版社，2010 年 8 月版；尤其是第八章「儒學與歐洲『啟蒙運動』」和第九章「歐洲學者對儒學的批評和排拒」；並且我至今認為孟德斯鳩、黑格爾對中國的批評是敏銳的，正如同馬克斯·韋伯對中國的研究是深邃的一樣，甚至比羅素、杜威這些親歷中國的哲學家看法更深刻。

〔註13〕李澤厚：《論語今讀》，北京：生活·讀書·新知三聯書店，2004 年 3 月版，第 34 頁。

〔註14〕李澤厚：《論語今讀》，北京：生活·讀書·新知三聯書店，2004 年 3 月版，第 129～130 頁。

「由巫到史」，但是他很自覺的與李澤厚的「巫史論」區別開來。他說「李澤厚先生提出，中國古代存在所謂巫史傳統，筆者贊同這種提法。不過，筆者對這個概念的理解與李先生的理解完全不同。在筆者看來，巫史所代表的傳統，是一種獨立於世俗政權外，代天立言的傳統，是一種批判與監督世俗權力的傳統，是一種獨立的知識分子的傳統。從巫術到數術，信仰雖有嬗變，但這種精神傳統則是一貫的。」〔註15〕對陶磊博士此種視角，前面我也予以討論：對這種期待表示敬意，但是認為並不符合「絕地天通」後的政教關係，包括前面提到過常寶教授所說「春秋史官的話語權力」〔註16〕我認為也是有限的，無論是知識分子還是史官其話語權力都處於王權的輔助性地位。

但是，陶磊博士的批評依然值得留意。前面我們在論及陳明與李澤厚對話時，他就明確表示對「巫史論」予以批評，陳明說「在這兩天的我們的談話溝通過程中間，當你把你的這個巫史傳統的內涵做了更清楚的闡述之後，我覺得實際上我的觀點和你的觀點是應該說是互補的。這不是要去攀附你，你也知道的，我在 80 年代的時候就寫過一個文章，在 87 年的時候就寫了這樣一個文章。我的博士生導師余敦康先生，他在《中國哲學發展史》裏面寫了一個《從易經到易傳》，他比較強調易傳對易經的超越，大意是說正是因為拋棄了《易經》那個巫術的外殼而《易傳》才成為哲學，才成為中國文化中的經典，主要的意思是這樣。而我的那個文章呢，正好是相反，我指出《易傳》對《易經》有超越的一面，但也有深層勾連的一面，就是巫術型思維模式。**它作為一種形式因，在中國文化的結構中間的意義，同樣是非常地值得重視的**，尤其在全球化時代進行文化研究或交流的時候。但是為什麼我又反對你這個巫史傳統裏邊的一些提法呢？首先我從陳來那個《古代宗教與儒家倫理》那裡談起，他也是把這個巫什麼的，作為一個階段來理解定位的，然後就被超越了吧，跟余先生的觀點是差不太多的。只是他還是比較受張光直的那種影響吧，他對這一點的重視要比余老師要更多一點。應該說是跟你一樣，巫的思維形式的東西我認為是貫穿始終，通過原生性社會發展道路延續至今，是人類文化豐富性的表徵。但是我覺得中國的這個巫的東西即 shamanism，不宜像你這樣把它**抽象獨立出來強調，用它去解釋歷史上的現象、思想**，而應該是把它作為一種識知的

〔註15〕陶磊：《從巫術到數術：上古信仰的歷史嬗變》，濟南：山東人民出版社，2008年 6 月版，第 6 頁。

〔註16〕過常寶：《原史文化及文獻研究》，北京：北京大學出版社，2008 年 3 月版，第 83 頁。

背景或條件,將它納入現象和思想之中,做歷史的把握。因為巫的這種思維方式,它是一個形式因一樣的東西,它在不同的階段是與不同的質料結合在一起,像 totemism、ancestor、worship、hero、worship 等,因這結合才有意義。而你抽象獨立地強調這一點的時候就會容易導致對另一方面的遮蔽,也就不符合歷史上真實存在的景況了。總之,我認為你把它從哲學角度完全抽象出來是不可解的,很多東西是說不通的。」〔註17〕

這裡面有幾點需要留意,第一、陳明注重「易經」到「易傳」的深層勾連,也即其延續性。這一點與李澤厚的觀點確實可以說是「互補」的。第二、陳明認為陳來的觀點與余英時的觀點「差不多」,則有失公允。余先生的重點在「哲學突破」,可謂中國版的「軸心說」,陳來老師固然引用了「軸心說」,但是,其內容上則並不依賴「軸心理論框架」。下面我會專題審查「軸心說」理論框架對於中國傳統思想的張力。第三、陳明對李澤厚「巫史論」的批評,我無力回應,不是太明白他的批評旨要,對於「形式因」「抽象化」更是雲裏霧裏。余敦康先生的「夏商周三代宗教」論述,我們前面引用過,他重點突顯了三代文化演進的連續性〔註18〕,但是,其視角是從廣義的「宗教文化」視角予以討論的;內容上他與陳來、李澤厚多有重疊,但是運用的理論模型不同。余英時依據於「軸心說」,陳來則是「巫覡─祭祀─禮樂」,余敦康是廣義的「宗教文化」,李澤厚是「巫史理性化」;在分期上幾位學者也不同,余英時則集中在先秦諸子之「哲學突破」,余敦康和陳來則擴及夏商周三代文化,李澤厚的「巫史理性化」上起「舊石器時代」,下至於今日及其將來。這是很不同的。

另外,對李澤厚「巫史論」予以批評的文章,值得留意的還有:第一、張汝倫教授的《巫與哲學》。張教授對於李澤厚的「巫史論」有著細緻的研讀,當然主要是批評,比如關於「巫」的界定方面他認為李澤厚「在兩個不同意義上隨意使用『巫』這個詞。」〔註19〕包括其他批評,自有道理。但是,我們需要留意的是,《巫與哲學》的側重在於延續現代西方反思啟蒙理性的思潮,對

〔註17〕 李澤厚、陳明:《浮生論學:李澤厚、陳明 2001 年對談錄》,北京:華夏出版社,2002 年 1 月版,第 224~225 頁。

〔註18〕 余敦康:《夏商周三代宗教——中國哲學思想發生的源頭》,載《中國哲學》第二十四輯,瀋陽:遼寧教育出版社,2002 年 4 月版,第 38 頁;原文為「從宗教文化的角度看,周人的天神觀念是直接繼承了夏商二代,並且上承顓頊堯舜,從而構成了一個連續性的大系統,這種看法有大量的史實為證,是可以成立的。」

〔註19〕 張汝倫:《巫與哲學》,《復旦學報》,2016 年第 2 期,第 11 頁。

於「理性」「非理性」不做類似「巫術宗教」與「科學」的二分，強調二者的互補。這種立論思路其實是運用一種「西學觀點」來反思「另一種西學觀點」，李澤厚確實用了「理性化」等詞語，但是其「理性化」語境與西方的啟蒙理性話語是不同的。從細節上看，張汝倫對李澤厚的批評是合理的，但是從《巫與哲學》的理論框架上看，引用李澤厚的「巫史論」則是不妥當的。《巫與哲學》引用廣博，但是，給人一種「背書」「科普」之感，所說似乎都對，但是，拋開引用，似乎沒有自己的東西。這是令人失望之處。

　　第二、金春峰先生的《〈論天人之際〉與〈說巫史傳統〉述評》。他對於余英時先生的「軸心說」和李澤厚的「巫史論」予以討論、補充、批評，總計「五點評述意見」，其中第五點說「中國古代『天人』亦是『兩個世界』。」〔註20〕我們知道李澤厚以「一個世界」作為解讀中國傳統思想的核心理論，對應於西方的「兩個世界」，但是金春峰先生明確說中國古代「天人」亦是「兩個世界」，這是值得留意的。其實，前面我們在論述李零先生的研究時，他就有類似的觀點，只是他用的是「天人分裂」。前面我們評論說：他不但充分運用了原有的知識譜系，而且充分運用了考古學實物證據，然後來發展更新知識譜系，甚至更新中國原有的政教關係認知，比如他大膽的說，其實不是「天人合一」而是「天人分裂」〔註21〕，從「絕地天通」的視角立論，他的說法倒不是「譁眾取寵」，而是言之成理、持之有故。但是，「絕地天通」更多彰顯的是「政教關係」，君權壟斷神權，而非「天人關係」，從一般的「天人關係」立論，還是「天人合一」，這源自「人神不隔」，人可以通神，可以成神；神換成天命，解釋模式沒變〔註22〕。「天視天聽」「替天行道」「立心立命」「神道設教」，似乎還是「天人合一」的路數。李澤厚在《說巫史傳統補》中突顯「天

〔註20〕 金春峰：《〈論天人之際〉與〈說巫史傳統〉述評》，《湖南大學學報》，2016 年第 3 期，第 5 頁。

〔註21〕 李零：《中國方術續考》，北京：中華書局，2006 年 5 月版，新版前言，第 5 頁；與李零的側重不同，錢穆晚年則突顯了「天人合一」論說。余敦康先生關於「絕地天通」的論述值得留意，他似乎還是延續了「天人合一」的解釋。參見：余敦康：《夏商周三代宗教——中國哲學思想發生的源頭》，載《中國哲學》第二十四輯，瀋陽：遼寧教育出版社，2002 年 4 月版，第 19～21 頁；關於「絕地天通」之研究論著很多，可參考林富士《巫者的世界》第 6～8 頁的梳理。

〔註22〕 可參見：錢穆：《中國傳統思想文化對人類未來可有的貢獻》，載《中華文化的過去現在和未來——中華書局成立八十週年紀念論文集》，1992 年 4 月版，第 39～41 頁。

主與天道」的區分，頗富洞見。但是，這裡順便說一句，說我們是天人合一，說基督教世界是「天人相分」或者「兩個世界」，在我看來也是不妥當的。所以，本書嘗試將「一個世界」發展成為一個「可普化」視角。另外宋偉教授的批評文章亦可參考〔註23〕。

三、「巫史論」的三個代表性版本比較

由此我們可以看出關於「由巫到史」至少有如下版本：余英時的巫文化演進的中國版「軸心說」、陳來的「宗教理性化：巫覡文化、祭祀文化與禮樂文化」、楊向奎先生論及此是說「巫以後是史」〔註24〕、陳夢家的「由巫而史」、陶磊博士的「由巫到史」。關於「巫史」的論述肯定不限於這些，但是，就我目力所及，上述看法可分三類：

第一、以陳來先生「巫覡—祭祀—禮樂」論為代表。他的《古代宗教與倫理：儒家思想的根源》對此有著精細的研究，儘管他也引用「軸心說」，但是其不為理論所限，突顯了儒家思想的延續性及其人文轉向。這是其可貴處。但是，其具體觀點「夏以前是巫覡時代，商殷已是典型的祭祀時代，周代是禮樂時代」，並且認為「宗教的倫理化在西周初即已完成」〔註25〕則有待商榷。此種設定，在內容上與李澤厚的「巫史論」有很大差異。在《該中國哲學登場了？》對談裏涉及與陳來老師《古代宗教與倫理》的對比，李澤厚說「他覺得我跟他的那本《古代宗教與倫理》好像沒什麼區別。其實很不同。他認為巫術後來轉化為宗教了，我認為在中國，恰恰沒有；陳來講巫術只是個階段，我則認為中國的巫並沒有消失，中國始終沒有建立那種唯一人格神的崇拜，所以我講在中國『天』不是『天主』（God）而是『天道』。我認為中國的巫術，形式方面成為道教的小傳統，精神則轉化成中國獨有的禮教傳統。巫術特徵保留在

〔註23〕宋偉：《從「巫史傳統」到「儒道互補」：中國美學的深層積澱——以李澤厚「巫史傳統說」為中心》，《社會科學輯刊》，2012 年第 5 期。

〔註24〕楊向奎：《宗周社會與禮樂文明》（修訂本），北京：人民出版社，1997 年 11 月版，362～363 頁。原文為「詩與樂章之分，詩是舞曲也是史詩。原來歷史掌握在神巫手中，他們於樂舞祭祀時，以史詩作舞曲。巫以後是史，所以太史公自敍上及重黎，而孟子說『詩亡而春秋作』也正好說明了這種演變。」楊先生的說法很值得留意，他的觀點明顯是「由巫到史」的「巫史論」表述，首版序言顯示 1987.8.10 可見他提出「巫史論」是很早的。

〔註25〕陳來：《古代宗教與倫理：儒家思想的根源》，北京：生活・讀書・新知三聯書店，1996 年版，第 11、4 頁。

禮制—禮教中，沒有變為宗教。所以中國沒有產生、也較難接受基督教、伊斯蘭教等等，特別在上層社會。」〔註26〕

　　因為前面對於李澤厚「巫史論」多有論述，這裡我想提及幾篇論文作為旁證：孔祥驊的《先秦儒學起源巫史考》〔註27〕專門論及「巫到史的演進」以及儒學的「巫史起源」，隨後他又撰文《「六藝」出自巫史考——兼論孔子與〈六經〉之關係》〔註28〕進一步拓展至「六藝」的「巫史起源」。以詩經為例，有論者稱《詩經》「大多數篇章反映的是祭祀內容，與上古時代的神本文化正相適應。」〔註29〕朱熹在《詩經傳序》中說「若夫《雅》、《頌》之篇，則皆成周之世朝廷郊廟樂歌之辭。」《毛詩・序》也說「頌者，美盛德之形容，以其成功告於神明者也。」

　　由此可見「雅」「頌」諸篇均有其神聖性源頭，對於「風」，根據張岩的研究：「通過一個深入綜合性研究過程，發現在《國風》部分的多數詩篇，實際上是一些極為古老的祭祀儀式（包括圖騰祭祀以及與之有直接或間接關係的祭祀儀式）中所使用的祭祀樂歌的歌辭，亦即祭祀的禮辭。」對此他做了細緻的詩篇分析，得出結論說「《詩經》是一個人類早期社會的儀式性禮辭的博物館。」〔註30〕基於此程民生教授說「充斥於《詩經》中的祠神文化，是其基本精神，是其滿溢神彩，而且更具深邃的社會底蘊。詩言志、言情、言風俗；敬神是志，求神有情，祭祀乃風俗。詩——敬神的語言。」〔註31〕前面我們引用楊向奎的說法「巫以後是史」並且引用孟子「詩亡然後春秋作」〔註32〕，我們知道此句後有「其文則史」的說法，可見楊先生的引用可與上述學者對《詩經》的研究

〔註26〕李澤厚、劉緒源：《該中國哲學登場了？——李澤厚2010談話錄》，上海：上海譯文出版社，2011年4月版，第23頁。

〔註27〕孔祥驊：《先秦儒學起源巫史考》，《社會科學》，1991年第12期

〔註28〕孔祥驊：《「六藝」出自巫史考——兼論孔子與〈六經〉之關係》，《學術月刊》，1992年第4期。

〔註29〕程民生：《神人同居的世界——中國人與中國祠神文化》，鄭州：河南人民出版社，1993年3月版，第202頁。

〔註30〕張岩：《簡論漢代以來〈詩經〉學中的誤解》，《文藝研究》，1991年第1期；此處轉引自程民生：《神人同居的世界——中國人與中國祠神文化》，鄭州：河南人民出版社，1993年3月版，第206～207頁。

〔註31〕程民生：《神人同居的世界——中國人與中國祠神文化》，鄭州：河南人民出版社，1993年3月版，第207頁。

〔註32〕原文為：孟子曰：「王者之跡熄而詩亡，詩亡然後春秋作。晉之乘，楚之檮杌，魯之春秋，一也。其事則齊桓、晉文，其文則史。孔子曰：『其義則丘竊取之矣。』」（《孟子・離婁下》）

相互印證。另外關於「卜辭文學」與「巫史」的關係研究亦可參考〔註33〕。

關於巫術與祭祀的關係，可參考許兆昌先生的《先秦社會的巫、巫術與祭祀》，作者明確指出「先秦社會的巫術已溶入祭祀之中，因此，不應把先秦時期的巫術文化和祭祀文化看成可以截然劃分的兩個文化發展的階段。」〔註34〕我們知道陳來老師明確說「夏以前是巫覡時代，商殷已是典型的祭祀時代，周代是禮樂時代」〔註35〕，這種將「巫覡─祭祀─禮樂」明確劃歸三代的做法，很明顯是不妥當的。其實陳老師關於「巫覡」還有另一個說法「在上古的北方中國，至少從公元前 3000 年以來一直有一個占卜的傳統，這與同時代的南方中國的巫覡傳統可能有所不同。」〔註36〕此種說法是依據地域標準而非三代這一歷史標準。問題在於，夏代文獻付之闕如，為何界定說「夏以前是巫覡時代」，這是很難論證的。而且，對於史學界、文學界關於「六藝」的「巫史淵源」也很難給出圓融的解釋；另外，將巫覡、祭祀、禮樂分開處理，也很難解釋三者的「融合情況」。與陳來老師類似的觀點可參考童恩正《中國古代的巫》一文，他也提出「巫師集團隨後是祭師集團」〔註37〕。但是，對於巫覡、祭祀、禮樂之理性化進程關注不夠，這一「理性化」進程還可參考譚佳的論文〔註38〕。

第二、以余英時中國版「軸心說」為代表。他嘗試借助「軸心突破」，建構「軸心說」的中國版本，所以他認可「巫」的思想起源，但是其立論不在「延續性」而是證明中國版「哲學突破」，甚至說「肯定孔子為中國軸心突破的第一位哲人，沒有一絲一毫牽強附會的嫌疑。」〔註39〕這種說法其實是很大膽的，因為無法彌合殷周文化的延續性以及孔子所說「述而不作」的鴻溝，將「道術將為天下裂」理解為「軸心突破」，用「裂」來翻譯 break through 恰恰給人「牽強附會的嫌疑」。關於余先生的論述尤其是他依託的「軸心說」理

〔註33〕劉昕：《卜辭文學接受的巫史內核》，《魯東大學學報》，2012 年第 1 期。

〔註34〕許兆昌：《先秦社會的巫、巫術與祭祀》，《史學集刊》，1997 年第 3 期，第 5 頁。

〔註35〕陳來：《古代宗教與倫理：儒家思想的根源》，北京：生活‧讀書‧新知三聯書店，1996 年版，第 11 頁。

〔註36〕陳來：《古代宗教與倫理：儒家思想的根源》，北京：生活‧讀書‧新知三聯書店，1996 年版，第 64 頁。

〔註37〕童恩正：《中國古代的巫》，《中國社會科學》，1995 年第 5 期，第 180 頁。

〔註38〕譚佳：《先秦「巫史傳統」蠡測》，《綿陽師範學院學報》，2008 年第 12 期。

〔註39〕余英時：《論天人之際：中國古代思想起源試探》，北京：中華書局，2014 年版，第 99 頁。

論，下面我會予以專題討論。我的質疑在於「軸心說」理論框架的合法性問題，余英時費心費力給出一個中國版的「哲學突破」，在我看來，似乎有些張冠李戴。

　　第三、以李澤厚先生的「巫史傳統論」為代表。楊向奎先生的「巫以後是史」與李澤厚的觀點重疊處最多，馬克斯‧韋伯的「巫術的園地」「巫文化之保留」等說法可以與其相互印證。他與余英時的不同在於他突顯巫史傳統的延續性及其「理性化」進程，換句話說不存在那種「突破」；他與陳來的不同在於，「巫史理性化進程」跨越夏商周三代，「巫覡」不限於夏代，「宗教的倫理化」在不限於「周初」，他認為至少存在兩步，第一步外在的理性化，通過周公的「由巫到禮」進行，第二步內在的理性化，通過孔子的「釋禮歸仁」進行。與余英時、陳來先生的更關鍵不同在於「巫史論」是指向未來的，「理論溯源」只是其維度之一，而且只是處於輔助性地位，他的問題意識在於「中國向何處去」，他的未來指向在於「無上帝人間世的神聖性意義尋求」，「巫史論」探究與「情本體」重建是遙相呼應的。

　　三個版本的區別：其一、依據理論模型的不同。余英時依據於「軸心說」，陳來則是「巫覡—祭祀—禮樂」，余敦康是廣義的「宗教文化」，李澤厚是「巫史理性化」；其二、理論所涉及的分期不同。余英時則集中在先秦諸子之「哲學突破」，余敦康和陳來則擴及夏商周三代文化，李澤厚的「巫史理性化」上起「舊石器時代」，下至於今日及其將來。

　　下面第一節我嘗試集中處理「巫史論」與「軸心說」的不同。第二節重點處理「巫史論」的未來指向。首先，我們看一下「巫史論」與「軸心說」的不同，尤其是「軸心說」的理論框架合法性問題。

第一節　「巫史論」與「軸心說」之比較

引言：當以何種理論模式探究中國思想起源？

　　作為研究中國哲學史的開山之作，胡適的《中國哲學史大綱》明確講「我們現在作哲學史，只可從老子、孔子說起。」〔註40〕這固然是一種對於史料審慎的態度，然而老子、孔子思想緣何而起？尤其是孔子念茲在茲的「述而不

〔註40〕胡適：《中國哲學史大綱》，北京：北京理工大學出版社，2016 年版，第 22 頁。

作」，其「述」何自？這便很自然會溯及老子、孔子的思想起源及進一步探究中國思想的起源問題。依據審慎的「疑古」態度，春秋戰國時期之簡帛文獻、周代之金文、甲骨文以及殷商晚期豐富之甲骨文，似乎都理應納入中國思想起源探討的進程中來。對於三皇五帝之解讀限於「傳說時代」較為穩妥，但是，商代及以前之考古材料（以古城遺址、墓葬較多）昭昭揭示著先人的文明遺跡，固然限於文字材料的限制，但是推論其思想起源的久遠及其豐富是可信的。無論如何，基於豐富的考古學材料，對於老子、孔子以前的思想起源及演進問題學界理應做出對應的推進是義不容辭的責任。

近些年來學界關於中國思想起源的探討出現了幾種值得關注的理論假說，比如蘇秉琦的「滿天星斗」〔註41〕說旨在結合考古學史實提出文明起源的多元形態，徐旭生基於傳說時代的文獻提出「華夏、東夷、苗蠻」三集團說〔註42〕（傅斯年亦有「夷夏東西說」〔註43〕）；在哲學領域，值得關注的則是雅斯貝斯的「軸心期」說（由此論述前軸心時代的起源及其「突破」）〔註44〕，另外陳來提出「巫覡—祭祀—禮樂」〔註45〕來論述儒家思想的起源，而李澤厚則提出「巫史傳統論」作為探究中國傳統思想起源演進及其特質的「鑰匙」〔註46〕。對於思想起源問題，理論模式不同，便會有很大的解讀分歧，這是很值得留意的現象。比如說對於「巫」的論述，在李澤厚那裡是作為轉化承繼保存的對象，陳來只是把它放在夏以前的「巫覡時代」，而余英時則視其為「軸心突破」的對象。

上述起源論述中以「軸心時代」說影響最大，廣為國際學界接受〔註47〕，余英時的《論天人之際》便是試圖給出中國版的「軸心突破」論證，然而問題在於「軸心突破」說作為解讀中國思想起源的假說是否合理？李澤厚說「記得

〔註41〕蘇秉琦：《中國文明起源新探》，北京：人民出版社，2013 年版，第 75 頁。

〔註42〕徐旭生：《中國古史的傳說時代》，桂林：廣西師範大學出版社，2003 年版，第 45 頁。

〔註43〕傅斯年：《傅斯年說中國史》，北京：北京理工大學出版社，2016 年版，第 3 頁。

〔註44〕雅斯貝斯：《歷史的起源與目標》，魏楚雄、俞新天譯，北京：華夏出版社，1989 年版，第 8 頁。

〔註45〕陳來：《古代宗教與倫理：儒家思想的根源》，北京：生活·讀書·新知三聯書店，1996 年版，第 11 頁。

〔註46〕李澤厚：《由巫到禮 釋禮歸仁》，北京：生活·讀書·新知三聯書店，2015 年版，第 10 頁。

〔註47〕余英時：《論天人之際：中國古代思想起源試探》，北京：中華書局，2014 年版，第 2 頁。

幾年前在一次對談中，我說 Benjamin Schwartz 喜示中西之同，A. C. Graham 好揭中西之異，我傾向後者，因我覺得明其異才更識其同。我強調巫的理性化，一直不贊同說中國早已政教分離，古代巫術已進化到宗教，巫已消失，也不贊成 Max Weber 的脫魅理性化必須在近代，也不接受 Karl Jaspers 的軸心突破說。我強調認為，巫進入禮，以後由禮歸仁，其基本性格（情感性、活動性和人的主動性）仍然存在，即所謂『性存體匿』。〔註48〕本文以雅斯貝斯的「軸心說」為中心展開討論，對比視域下可以看出李澤厚「巫史傳統論」在解說中國思想起源上的合理性及其限度。

一、為何說「軸心突破」理論不適於探究中國的思想起源？

對於「軸心時代」說的接受一般以黑格爾的「西方中心論」對中國哲學的過低評價為參照〔註49〕，基於「軸心時代」理論，古代中國文明與古希臘、古印度、古以色列似乎可以平起平坐；從情感上講，中國學者對其親近可以理解，但是，就其濃厚的耶穌基督之歷史軸心而言，以「軸心理論」來解說中國思想起源毋寧是錯位的。以一種「斷章取義」的方式來論述一個「名實不符」的對象，這樣的「平起平坐」似乎顯得荒謬，論證則歸於無效。

首先，關於「軸心期」的年代判斷是模糊的。如同 Karen Armsrtong 所指出的雅斯貝斯的時間不斷被修正〔註50〕。余英時講他最早讀到「軸心突破」的論述是聞一多在寫於 1943 年的《文學的歷史動向》關於詩歌的論述，時間在「紀元前 1000 年左右」〔註51〕，而雅斯貝斯則有「公元前 500 年左右」和「公元前 800 年至 200 年」的說法，他將此簡稱為「軸心期。」〔註52〕而關於軸心

〔註48〕李澤厚：《由巫到禮》，載氏著：《由巫到禮 釋禮歸仁》，北京：生活・讀書・新知三聯書店，2015 年 1 月版，第 104 頁。

〔註49〕余英時認為此理論「徹底拋棄了黑格爾以來的西方中心論」，見氏書，第 9 頁，後面我將提出這是余先生的誤解，黑格爾與雅斯貝斯有著共同的論證旨趣，只是方式不同而已；陳來也提出雅斯貝斯「一反黑格爾論點」，見氏著《古代宗教與倫理：儒家思想的根源》，第 1 頁；同余英時一樣，他也存在對雅斯貝斯理論的不當評論。

〔註50〕阿姆斯特朗：《軸心時代》，孫豔燕、白彥兵譯，海口：海南出版社，2010 年版，前言，第 8 頁。

〔註51〕余英時：《論天人之際：中國古代思想起源試探》，北京：中華書局，2014 年版，第 12 頁。

〔註52〕雅斯貝斯：《歷史的起源與目標》，魏楚雄、俞新天譯，北京：華夏出版社，1989 年版，第 8 頁。

期事實的說法，雅斯貝斯講較早出現在 Lasaulx 在 1856 年出版的《歷史哲學新探》中，書中的時間定為則是「公元前 600 年」，在 Victor Von Strauss 於 1870 出版的著作中也有類似的時間定位〔註53〕。「軸心期」的共同看法是不同文明的獨立發生，平起平坐，這樣的「巧合」或「奇蹟」令人驚異，這構成「軸心期」理論迷人的原因之一。但問題是，此種文明的獨立起源是以現在「文明交通」的視角追溯出來的，這意味著，我們對不同文明系統的瞭解越多，便會發掘出更多更新穎的「巧合」與「奇蹟」（同時還有更多的「差異」），問題是這樣被追溯出來的「巧合」意義何在？

在雅斯貝斯著作中基於基督教背景來論證「所有人都與亞當相聯，都源於上帝之手」「人類具有唯一的共同起源和共同目標」〔註54〕自然可以理解，但是，借助此種理論來說明中國的文明起源適足於造成誤會而對中國思想起源更加隔膜。比如「軸心期」時間，我們以最寬泛的公元前 1000 年為準還是無法涵蓋中國思想起源「殷周之際」的演進，陳來指出「漢唐一千年間以『周孔』並稱，完全是自然歷史過程的真實體現。」〔註55〕而「軸心期」則無法涵蓋周公對禮樂的「損益」之功。

其次、「突破」「超越說」不適於解讀中國周秦之際的思想演進。是「軸心突破」還是「述而不作」？余英時準確指出雅斯貝斯「軸心時代」理論的要旨是「軸心突破」，其核心則是「超越」世界的出現〔註56〕，這在基督教背景下，提出「此世」「彼世」或者「世俗」與「超越」由此形成「兩個世界」則是可以理解的，以此來解釋中國思想，無論是軸心前還是「軸心期」，用「超越理論」、「兩個世界」來解說先秦諸子正可謂「南轅北轍」。孔子的立場「克己復禮」「吾其為東周乎」更多是一種「承繼」而非突破〔註57〕，道家對於禮樂傳統有著激烈的反省，但是以「方內」「方外」作為「兩個世界」的判斷則是錯

〔註53〕雅斯貝斯：《歷史的起源與目標》，魏楚雄、俞新天譯，北京：華夏出版社，1989年版，第 15～16 頁。

〔註54〕雅斯貝斯：《歷史的起源與目標》，魏楚雄、俞新天譯，北京：華夏出版社，1989年版，第 6 頁。

〔註55〕陳來：《古代宗教與倫理：儒家思想的根源》，北京：生活・讀書・新知三聯書店，1996 年版，第 4 頁。

〔註56〕余英時：《論天人之際：中國古代思想起源試探》，北京：中華書局，2014 年版，第 35 頁。

〔註57〕唐文明教授甚至評論余先生視「巫文化」與「禮樂文化」相表裏是「最大的敗筆」，參見唐文明：《比較的陷阱與軟性暴力──〈論天人之際〉讀後》，《天府新論》，2016 年第 3 期，第 157 頁。

誤的〔註58〕，老莊的「道」具有某種超越性，但是，道在「螻蟻」之說以及「進技於道」的說法，似乎正說明的「道」的此世間性或者以「道」觀此世間的獨特性，李澤厚講這是一種「超脫」而非「超越」更為合理〔註59〕。陳來在論及中國的「軸心期」時反覆提及其「連續性」，而且明確提出「在中國的這一過程裏，更多的似乎是認識到神與神性的侷限性，而更多地趨向此世和『人間性』，對於它來說，與其說是『超越』的突破，毋寧說是『人文的』轉向。」〔註60〕這種說法比余英時突顯中國思想之「超越」「兩個世界」更為合理，其實余先生也反覆提到其師錢穆先生的「徹悟」「天人合一」問題，這個命題固然有著豐富而又開放的解釋，但是，似乎與「兩個世界」理論還是格格不入。

　　再次，「軸心期」理論的基督教中心論不適於解讀中國周秦思想特質。「軸心期」理論為中國學界接受的一個參照點是黑格爾的歷史哲學（如上引陳來、余英時著作），更大的背景則是晚清以來中西再次遭遇以來中國文化一而再再而三遭受弱勢反省與「重估」的文化心理，因此類似「西方的沒落」以及「多元文化觀」對於此種心境的學者均具有某種情感上的親近，雅斯貝斯的說法更為直接：「中國和印度居有與西方平起平坐的地位，不僅因為它們存活了下來，而且因為它們實現了突破。」〔註61〕然而值得留意的是，雅斯貝斯在「緒論」中說「我的綱要以一條信念為基礎：人類具有唯一的共同起源和共同目標。」「我們可能在哲學反思中努力接近起源和目標。」

　　而此種「起源和目標」的說法是以耶穌基督為軸心的「所有人都與亞當相聯，都源於上帝之手，並依上帝之想像而被創造出來。」〔註62〕余英時、陳來

〔註58〕余英時：《論天人之際：中國古代思想起源試探》，北京：中華書局，2014 年版，第 106 頁。

〔註59〕李澤厚：《由巫到禮 釋禮歸仁》，北京：生活・讀書・新知三聯書店，2015 年版，第 100、104、126 頁。

〔註60〕陳來：《古代宗教與倫理：儒家思想的根源》，北京：生活・讀書・新知三聯書店，1996 年版，第 4 頁；陳來的一些論斷獨到而深刻，對西學理論多有引述，但能不為其役，通過比較更能彰顯中國思想之獨特是敏銳的；但是他對於「巫覡—祭祀—禮樂」三階段來論述夏以前、殷商及周代顯得獨斷對於以「巫覡時代」來界定夏以前更缺乏論證，對於殷周之思想損益以「祭祀—禮樂」也難以呈現，這是筆者難以接受的，原文只是一個提法，並無進一步論證，也為作為該書重點，這是需要說明的。

〔註61〕雅斯貝斯：《歷史的起源與目標》，魏楚雄、俞新天譯，北京：華夏出版社，1989 年版，第 64 頁。

〔註62〕雅斯貝斯：《歷史的起源與目標》，魏楚雄、俞新天譯，北京：華夏出版社，1989 年版，第 6 頁。

等都提到了雅斯貝斯與黑格爾的不同，雅斯貝斯確實對黑格爾所說「全部歷史都來自耶穌基督，走向耶穌基督。」表示不滿，但是其不滿不在於突破「西方中心論」或者「耶穌基督中心論」，他說「這一普遍歷史觀的毛病在於，它只能為虔誠的基督徒所承認。」〔註63〕換句話說，黑格爾耶穌基督中心論的論證是不周延的，只能為基督徒所接受，雅斯貝斯則試圖通過歷史事實來證明這個論斷「假若存在這種世界歷史軸心的話，它就必須在經驗上得到發現，也必須是包括基督徒在內的所有人都能接受的那種事實。」〔註64〕

由此展開了「軸心期」事實的說明，不同地域共存「軸心期文明」的事實恰恰證明了雅斯貝斯所說的「世界歷史軸心」：有著共同的起源與目標，而這個「世界歷史軸心」可以明確的說就是「耶穌基督軸心」，「它是融為一體的起源與目標，是超然的上帝。」〔註65〕由此來看，雅斯貝斯與黑格爾有著共享的宗教背景與思想資源，二者只是用不同的方式、表述語言論述著共同的信仰。考慮到這一點，我們再看雅斯貝斯所說的「歷史事實」，尤其是關於中國周秦之際的「事實」，發現他的引述有著選擇性的誤解，余英時敏銳的看到，他們關於中國的論述只是點到為止「對於中國和印度則稍隔一層，而尤以中國為更隔。」〔註66〕這種說法是公允的，但是余英時的努力試圖給出一個中國版的「軸心時代」論證則突顯了此理論模式的「更隔」〔註67〕，周秦之際更多是「天命信仰的沒落」，「敬德保民」「民為神主」「敬鬼神而遠之」〔註68〕成為一種顯揚的思潮，這種「歷史事實」無論如何也難以作為「耶穌基督」這一「世界歷史軸心」的論述做見證。

相比之下，李澤厚先生基於本土材料而提出的「巫史傳統論」對於中國思

〔註63〕雅斯貝斯：《歷史的起源與目標》，魏楚雄、俞新天譯，北京：華夏出版社，1989年版，第7頁。

〔註64〕雅斯貝斯：《歷史的起源與目標》，魏楚雄、俞新天譯，北京：華夏出版社，1989年版，第7頁。

〔註65〕雅斯貝斯：《歷史的起源與目標》，魏楚雄、俞新天譯，北京：華夏出版社，1989年版，第304頁。

〔註66〕余英時：《論天人之際：中國古代思想起源試探》，北京：中華書局，2014年版，第15、51頁。

〔註67〕對余作之批評可參見唐文明：《比較的陷阱與軟性暴力——〈論天人之際〉讀後》，《天府新論》，2016年第3期，第160頁。

〔註68〕關於這些主題的精彩論述除了參考上引陳來《古代宗教與倫理》外，他此書的「姊妹篇」《古代思想文化的世界：春秋時代的宗教、倫理與社會思想》，北京：生活·讀書·新知三聯書店，2002年版，同樣很值得參看。

想起源倒不失為一個值得重視的理論假說。

二、李澤厚「巫史傳統論」對於探究中國思想起源的合理性辯護

　　首先，基於文化人類學對於「巫」作為文明起源的承接。馬林諾夫斯基對巫術和宗教的總結可以有助於我們理解「巫」作為文明起源的共同含義，他說：「近代人類學更有一項不容我們懷疑的成就，就是已經認識出來：巫術與宗教不僅是教義或哲學，不僅是思想方面的一塊知識，乃是一種特殊行為狀態，一種以理性、情感、意志等為基礎的實用態度；巫術與宗教既是行為狀態，又是信仰系統；既是社會現象，又是個人經驗。」〔註69〕弗雷澤也說：「他們不僅是內外科醫生的直接前輩，也是自然科學各個分支的科學家和發明家的直接前輩。正是他們開始了那在以後時代由其後繼者們創造出如此輝煌而有益的成果的工作。如果說這個工作的開端是可憐的軟弱的，那麼這一點應歸咎於那個通往知識之路的無可避免的艱難，而不應歸咎於自然力或人們有意的自我欺騙。」〔註70〕李澤厚的研究則嘗試在此文化人類學關於「巫」的探討基礎上，結合中國的考古學史料及其思想特質，論述由共同的「巫」文化如何走向了不同於西方注重思辨與信仰「兩個世界」區分而注重實用理性以及「宗教政治倫理三合一」這一「一個世界」的思想形態。對應於「軸心期」理論，李澤厚充分考慮到了周公「制禮作樂」以及千年間「周孔」並稱的本土事實，其理論維護了周秦之際思想的延續性。對「巫」文化現象的論證他甚至提前到了舊石器時代的「歌舞、儀式、祭祀活動」〔註71〕，固然進一步論證還有待更多考古學材料的發掘，但是，此種論述思路，至少對於中國思想起源與演進而言，更為妥帖，而不必以某種「軸心」為預設。

　　其次，由共同的「巫」文化起源而提出中西文明之不同演進路向。李澤厚認為「西方由『巫』脫魅而走向科學（認知，由巫術中的技藝發展而來）與宗教（情感，由巫術中的情感轉化而來）的分途。中國則由『巫』而『史』，而直接過渡到『禮』（人文）『仁』（人性）的理性化塑建。」〔註72〕「由巫而史」

〔註69〕馬林諾夫斯基：《巫術科學宗教與神話》，李安宅譯，北京：中國民間文藝出版社，1986 年版，第 9 頁。

〔註70〕弗雷澤：《金枝》，徐育新、汪培基、張澤石譯，北京：中國民間文藝出版社，1987 年版，第 95 頁。

〔註71〕李澤厚：《由巫到禮 釋禮歸仁》，北京：生活・讀書・新知三聯書店，2015 年版，第 39 頁。

〔註72〕李澤厚：《己卯五說》北京：中國電影出版社，1999 年版，第 43 頁。

這一結果的出現又是經過早期的「巫君合一」、卜、天文、曆法、戰爭以及周公的制禮作樂和孔子的以仁釋禮的過程而完成的。由早期「巫」的神秘與非理性而經歷卜筮由動而靜，由狂熱的舞蹈而轉化為對具體符號的冷靜推算和思考，以及對天文、曆法的準確把握，再加之戰爭的嚴格歷練，最後由周公外在的禮制化和孔子內在心理的敬畏化而完成了對「巫」的理性化、歷史化改造，從而形成了中國的巫史傳統。從文化比較學角度講，西方以科學、宗教顯著於世，中國則雖無興盛的全民性宗教信仰亦無發達的科學仍能綿綿於今，我們也許會問中國為何沒有出現全民性的宗教信仰？李澤厚認為這與「巫」的被保存和改造有關，也即與巫術信仰沒有被統一的人格神信仰（如西方那樣）取代而是被理性化的保存下來有關；至於中國世俗家庭君君、臣臣、父父、子子等「禮數」的神聖性，李澤厚認為這也與「巫」的神聖性和當時人們心理的敬畏觀念有關〔註73〕，因為後世的禮、仁正來自「巫」的禮儀和神聖。

基於上述，我們看到，「巫史傳統論」對於中國思想起源的解釋是獨特的。李澤厚在《說巫史傳統》一文中說「我以前曾提出『實用理性』、『樂感文化』、『情感本體』、『儒道互補』、『儒法互用』、『一個世界』等等來說中國文化思想，今天則擬用『巫史傳統』一詞統攝之，因為上述我以之來描述中國文化特徵的概念，其根源在此處。」〔註74〕就李澤厚對中國思想的研究框架來講，「巫史傳統」是其種種論述的「根源」；就中國思想起源來講，「巫史傳統」可謂起源理論的一把新「鑰匙」。用「一個世界」來解釋儒家的「人間性」、以「超脫」而非「超越」來解釋老莊之「道」的獨特性，與「軸心期」理論的強調「突破」「超越」更為合理。與此同時，在人神關係上，「巫史傳統」理論更能彰顯「重人輕神」「天人合一」的思想特質，此種解說也更忠實於周秦思想形態而避免為「世界歷史軸心」提供的生硬論證。

三、李澤厚「巫史傳統」說的理論限度及其反省

與此同時，我們也要看到「巫史傳統論」的假說性質及其限度。它有著豐富的解釋力，與「軸心突破」理論相比也具有本土貼近性，但是，其限度依然值得留意。

〔註73〕 李澤厚：《由巫到禮　釋禮歸仁》，北京：生活·讀書·新知三聯書店，2015年版，第26頁。
〔註74〕 李澤厚：《由巫到禮　釋禮歸仁》，北京：生活·讀書·新知三聯書店，2015年版，第3頁。

　　第一、「巫」文化作為人類文明的共同前提，只是文化人類學的一個假說。固然有很多民俗學證據以及部分考古學材料，但是，依然只是一個假說。尤其是人類學研究借助豐富的民族學材料來立論，由此來作為中國思想起源的預設是脆弱的，還有太多複雜而未知的現象無法得到解釋。固然，有考古學的輔助，但是，「遺跡」——推測——「思想」之間的鴻溝依然無法忽視，這是思想史探討尤其是文字出現前思想史探討的「軟肋」。

　　第二、「由巫到史」的理性化進程論證上的困難。固然以殷周之際的甲骨文、金文為豐富材料，但是還要考慮到卜辭的比重問題，確實發現了很多甲骨卜辭。但是，這些卜辭在殷商晚期的思想世界處於何種位置有何比重難以確解，因此，很容易走向「過度詮釋」的危險，出土材料是「鐵證」但是並不是思想世界材料的全部「鐵證」，這是「二重證據」法的限度，由此論述「巫君合一」及說堯舜至湯武周公都是「大巫」其有效性是值得商榷的〔註75〕。

　　第三、「巫史傳統論」中「一個世界」的說法確實能夠基於「巫」作為溝通「天人」或「人神」之靈媒而引出「天人合一」「實用理性」甚至「政治宗教倫理三合一」的論述，但是，我們也要留意周秦之際信仰層面的複雜性。余英時及新儒家所提「內向超越」及儒家的宗教性依然值得重視〔註76〕，比如祖先崇拜問題，天命信仰問題，概括的說當時對於天神、地祇、人鬼〔註77〕以及物魅的複雜信仰固然區別於基督教的「世俗」與「天國」之二分，但是，用「一個世界」似乎還是對其精神世界尤其是信仰形態的複雜性關注不夠，人神關係用「一個世界」理論難以圓融說明，儘管「一個世界」對於中國周秦之際思想特質的解說是深刻的。但是，很不嚴謹。

　　但是，李澤厚「巫史論」的獨特性在於，他不僅僅是用來「詮釋過去」，

〔註75〕 李澤厚：《由巫到禮 釋禮歸仁》，北京：生活‧讀書‧新知三聯書店，2015 年版，第 87 頁；這裡還包括李澤厚引以為據的張光直關於「王為首巫」的論述以及更早陳夢家被廣為引用的王為「群巫首」的論述，這裡涉及政治—宗教的複雜關係，審慎的論述政治統領宗教（廣義上的含巫術信仰），陳夢家的說法較為公允，這可以從「絕地天通」中得到旁證，進一步說「王為首巫」，則是困難的，尤其是論述湯文武周公都是「大巫」，史料闕如，難以證成。

〔註76〕 余英時：《論天人之際：中國古代思想起源試探》，北京：中華書局，2014 年版，第 137 頁。

〔註77〕 可參見張踐：《中國古代政教關係史》，北京：中國社會科學出版社，2012 年版，第 149 頁之論述，另可參見：牟鍾鑒、張踐：《中國宗教通史》，北京：社會科學文獻出版社，2000 年版，第二章「三代及春秋戰國時期的宗教」部分。

關鍵在於其理論是「指向未來」的。此種項度使李澤厚的「巫史論」與余英時、陳來、楊向奎、余敦康等學者的「由巫而史」論述明顯區別開來。下面我就考察一下「巫史論」的未來指向。

第二節 「巫史論」之未來指向：儒學出路與意義重建

一、儒學的深層結構及其挑戰與回應

前面我們提到，李澤厚對於儒學的研究，在 90 年代的研究側重與 80 年代的《中國古代思想史論》相比側重點已經有所不同。除卻《論語今讀》，研究性的論文總計四篇，分別為 1996 年 1 月的《為儒學的未來把脈》、1996 年 2 月的《何謂「現代新儒學」》、1996 年 7 月的《初擬儒學深層結構說》和 1999 年 12 月的《說儒學四期》。前兩篇一者為馬來西亞演講、一者為鄭家棟先生專著序文。我們將以後兩篇為例予以討論。

（一）儒學的雙層結構

在《初擬儒學深層結構說》李澤厚提到一個值得留意的說法，他說「孔門學說和自秦漢以來的儒家政教體系、典章制度、倫理綱常、生活秩序、意識形態等等。」只是「儒學的『表層』結構。」而「所謂『深層』結構，則是『百姓日用而不知』的生活態度、思想定勢、情感取向；它們並不純是理性的，而毋寧是一種包含著情緒、欲望卻與理性相交繞糾纏的複合物，基本上是以情—理為主幹的感性形態的個體心理結構。」〔註 78〕這個說法若與葛兆光先生的「一般知識、思想與信仰世界的歷史」對比一下是有趣的，二者似乎在論旨上有異曲同工之妙，但是在具體內容上，二者卻有很大的不同。都在探尋發掘歷史「真實」而避免做帝王譜、糖葫蘆式的思想史，葛兆光先生的廣徵博覽及其文獻駕馭令人敬重，然而這樣寫出來的歷史難免有「歷史清單」之嫌〔註 79〕；

〔註 78〕 李澤厚：《初擬儒學深層結構說》，載氏著：《世紀新夢》，合肥：安徽文藝出版社，1998 年 10 月版，第 116 頁。

〔註 79〕 這是陸丁的說法，詳見李澤厚：《偉大的真理就是簡單的——與北大學生對談》，載氏著：《李澤厚對話集》（九十年代），北京：中華書局，2014 年 8 月版，第 270 頁「陸丁注」；這篇對談涉及到李澤厚對葛兆光思想史的評價很有趣，因為有個插曲，趙汀陽對李說葛的《中國思想史》涉及到相關思想史書目都提了唯獨沒有提李澤厚，李澤厚說「不提就不提嘛，這個都無所謂。」（268頁）並且多次說葛的寫法「這種思想史是好的，應該寫的，但是不能代替那種

而李澤厚的做法反而關注的恰恰是傳唱至今深入人倫日用的材料，因此才不是「無意義的清單」而是「有生命的心理」，正是此種有生命的「文化—心理」在李澤厚看來才是儒家流傳至今的「深層結構」，其特點便是前面所反覆提到的「樂感文化」和「實用理性」，李澤厚說「將這兩點歸結起來，就是我近來常講的『一個世界（人生）』的觀念。這就是儒學以及中國文化（包括道、法、陰陽等等）所積澱而成的情理深層結構的主要特徵，即不管意識到或沒意識到，自覺或非自覺，這種『一個世界』觀始終是作為基礎的結構性的存在。」〔註80〕自然關於「一個世界」的來由，前面我們分析過了，李澤厚將其溯源至理性化的「巫術傳統」，關鍵在於由此而來的「文化心理」結構使儒學成為華夏文化的主流「不但在『大傳統』，而且也在『小傳統』中，儒學都佔據統領地位。」〔註81〕

（二）儒學雙層結構的挑戰及其回應

而此種大小傳統、表層深層結構，在近代遇到了「嚴重挑戰」，「由於西方文化本身是與日常生活方式的改變（科技、現代工商業、小家庭、獨立的個體等等）具體聯結在一起，不但原有的儒學表層結構、綱常倫理、道德觀念沒法

精英思想史。」（270 頁）從公開論著可以看到李對於不同寫法的「理性評價」與「寬容以待」；陸丁的說法也很有意思，他提到對有些人來說是「無意義的清單」並且說「清單有清單的意義。」儘管評價視角不同，但是葛兆光先生的書依然很值得讀，是好書，而且很多可以作為李澤厚思想架構的旁證。再補充一點，葛的書儘管在羅列現有思想史時沒有提李澤厚，但是他對李澤厚先生是有引用的，儘管一處頁碼錯了；在涉及理學「特徵」和周敦頤地位的時候，他引用了李澤厚的《宋明理學片論》，詳見：葛兆光：《中國思想史》（三卷本），第 2 版，上海：復旦大學出版社，2013 年 6 月版，「導論」第 137 頁注釋②、第二卷第 163 頁注釋①。第一處引用頁碼有誤，他引用李澤厚 1985 年版的《中國古代思想史論》，「536 頁」明顯錯誤，因為這本書總計 326 頁；我核對了一下其引用出處在李澤厚：《宋明理學片論》，載氏著：《中國古代思想史論》，北京：人民出版社，1986 年 3 月第 1 版，第 222 頁注釋①；不過儘管李澤厚對於別人是否提他「無所謂」，趙汀陽的說法也有依據，葛在「導論」第 5～6 頁確實羅列了多種版本的「思想史」，比如侯外廬、錢穆、楊榮國、韋政通、何兆武等等都提到了，甚至連常乃德的《中國思想小史》（1930）也涉獵了，唯獨沒有提到李澤厚的三本思想史論，原因何在？似乎是有意迴避？這是值得留意的現象。

〔註80〕李澤厚：《初擬儒學深層結構說》，載氏著：《世紀新夢》，合肥：安徽文藝出版社，1998 年 10 月版，第 117 頁。

〔註81〕李澤厚：《初擬儒學深層結構說》，載氏著：《世紀新夢》，合肥：安徽文藝出版社，1998 年 10 月版，第 121 頁。

適應，而且嚴重侵蝕、瓦解著人們心中原有的深層結構。」李澤厚此種說法是深刻的，看到了西方文化對中國的衝擊不僅在於「器物、制度、文化」等關鍵是在於此種「生活範式」而來的「心理」結構衝擊。他說「它們所否定的不只是表層結構的儒家學說，不止是那些倫常政教體制，而更是積澱在深層結構中以『儒』為主的『一個世界』觀的華夏傳統。用一句時髦的話，這是對中國『民族性』『國民性』的挑戰。」〔註82〕正是在這樣的挑戰下，李澤厚自覺擔負起了「儒家新開展」的任務，他說「從而，以『一個世界』的根基，以『樂感文化』『實用理性』為特色的華夏文化心理結構，那種種重感性存在、重人際關係、重整體秩序等情感取向、思維定勢，在今後是將走向逐漸泯滅、廢棄還是將保存和開展呢？這便是問題所在。」〔註83〕這裡我們可以看出李澤厚對於「儒家新開展」的自覺以及他問題意識重心的某種變化。從側重上講，同是探尋「文化—心理」結構，在 80 年代側重其作為「現代化障礙」的角色；而在此語境下，他則嘗試發揮其「儒學深層結構中可以繼承和發揚的」因素，比如「為國為民、積極入世的情理結構。」〔註84〕。這一思路可追溯至 1985 年 5 月在復旦大學的演講〔註85〕，根據演講稿整理成《試探中國的智慧》其中稱「中國傳統思想和心理結構往何處去？是保存還是捨棄？什麼才是未來的道路？」「關於中國社會和中國文化出路的爭論，從清末到今天已經延續了一百年」「中國現代化的進程既要求根本改變政治文化的傳統面貌，又仍然需要保存傳統中有生命力的合理東西。沒有後者，前者不可能成功；沒有前者，後者即成為枷鎖。」〔註86〕這種穩妥的立場自然能體現「實用理性」的神髓，既要發展現代化，又要保存傳統「文化—心理」的合理處，因此李澤厚提出「西體中用」，試圖將「中國社會和中國文化」的出路問題合併起來解決。

〔註82〕李澤厚：《初擬儒學深層結構說》，載氏著：《世紀新夢》，合肥：安徽文藝出版社，1998 年 10 月版，第 122 頁。

〔註83〕李澤厚：《初擬儒學深層結構說》，載氏著：《世紀新夢》，合肥：安徽文藝出版社，1998 年 10 月版，第 122 頁。

〔註84〕李澤厚：《初擬儒學深層結構說》，載氏著：《世紀新夢》，合肥：安徽文藝出版社，1998 年 10 月版，第 123 頁。

〔註85〕李澤厚：《思想史雜談》，載氏著《走我自己的路》，北京：生活・讀書・新知三聯書店，1986 年 12 月版，第 204～222 頁，原載《復旦學報》1985 年第 5 期。

〔註86〕李澤厚：《試探中國的智慧》，載氏著：《中國古代思想史論》，北京：人民出版社，1986 年 3 月第 1 版，第 317 頁，據文末 322 頁顯示為「演講記錄整理」，但是與復旦演講《思想史雜談》內容不同，或是在復旦演講基礎上修訂整理二成，此篇更有條理，更完善豐富。

（三）回應思路所蘊含的理論張力及其化解

　　然而這裡則蘊含著某種張力，若回到李澤厚的問題意識，他最先要反省的恰恰是這種淹沒個體、注重世俗的情理結構，而在這裡卻成了他要「繼承和發揚」的內容；此種由批判的對象如何變為繼承的內容是很值得留意理論張力。關鍵在於，李澤厚明確意識到了這一點，他舉例說胡適、魯迅雖激烈反儒然而其立身處世恰恰反應了儒學之深層作用，並且暴露了此一心理的優長和缺點：「其優長方面即以『一個世界』為根基，雖高喊個體的自由與獨立，實際卻仍然愛國愛家、為國為民；弱點方面即雖高喊理性精神、科學態度，卻仍然是『激情有餘，理性不足』，傳統的情理結構並未改變或分化。」〔註87〕由此可以看出，李澤厚對傳統情理結構與現代理性態度之間的張力是充分自覺的，因此他一方面反省傳統提倡現代化的理性精神，另一方面又繼承發揚傳統情理結構之優長，這二者是否會構成李澤厚理論框架內的某種自洽性衝突？

　　李澤厚對這種理論張力之化解也是自覺的，他儘管繼承發揚「這種為國為民、積極入世的情理結構，但只能納入我所謂的『宗教性道德』（『私德』）之中，以引領個體的行為活動；而必須與共同遵循的『社會性道德』（『公德』）相區別。後者是以現代理性精神、個人契約原則為基礎的。這就是說，要注意區分理性與情感、公共道德與個人修養，雖照顧情理交融的傳統，但決不使其淹沒一切，泛濫無歸。與此同時，讓現代生活的理性體系和價值規範作為風俗習慣在日常生活中逐漸沉積，以改變原有積澱，為轉換性地創造新時代的深層結構而努力。這也就是我所主張的『自由主義』：以宣傳現代觀念為張本，以建立未來的人性為鵠的，通過教育，來逐漸既保存又改換傳統的情理深層。這也就是轉換性的創造。」〔註88〕

　　這裡我們可以看出，李澤厚對問題的把握是敏銳的，包括他很清醒的意識到為儒學的現代挑戰予以化解引發的與現代化進程的理論張力。他對此理論張力的圓融方案在於「兩德論」，這樣確實是他90年代以後至今都在發揮的主題，無論是「宗教性道德—社會性道德」或是「公德—私德」，其實都不是在討論倫理學問題，其意旨還是第一章討論的「中國道路」問題，這裡蘊含了對傳統的反省、弘揚以及處理傳統情理結構與現代理性精神的次序配置。

〔註87〕 李澤厚：《初擬儒學深層結構說》，載氏著：《世紀新夢》，合肥：安徽文藝出版社，1998年10月版，第123頁。
〔註88〕 李澤厚：《初擬儒學深層結構說》，載氏著：《世紀新夢》，合肥：安徽文藝出版社，1998年10月版，第123頁。

然而，問題在於這裡似乎傳統的因素更重一些，似乎不是遵循「倫理政治宗教」三分的思路，而是新的「三合一」，這與現代「理性精神」是相悖的，至少是很難自洽的；另外一個問題是，李澤厚嘗試「要注意區分理性與情感、公共道德與個人修養」，然而其理論方案恰恰還是「情理交融」的，而「公共道德」與「個人修養」又恰恰是分不開的。李澤厚很清醒的看到了問題，但是他的化解方案，並不圓融，有待商榷。

這裡的癥結在於，中國近現代命運與儒家的現代危機固然相互蘊含，但是，其問題指向則是相反的，中國近現代命運的出路尋求恰恰是要批評反省儒家，因此造成了儒家的現代危機與困境；而為儒家的現代危機尋找出路，則是要化解儒家自身危機，重建儒家情理結構，而這在前一語境裏又恰恰是「反思對象」和「現代化障礙」，李澤厚從事的正是兩方面的工作。任何單方面講都有合理性，但同時做兩方面的工作，則是一個悖論，而嘗試用「兩德論」化解這個悖論是無力的，至少在次序上我們看到李澤厚明確提到以儒家立場融會康德和馬克思，他明確說「人類學歷史本體論以孔夫子為主，吸收和消化 Kant 與 Marx。」〔註89〕由此可見這是儒家的「情理結構」優先，這樣，李澤厚由作為儒家立場的批評反省者變身為儒家立場的代言人。這一點很值得留意，第一章我們提到《中國古代思想史論》出版時青年學生的誤解認為李澤厚「背叛自己」，他也專門發了「澄清公告」；然而在 90 年代，我們卻明顯發現其立場側重是轉向了儒家，不能說他「背叛自己」，但是，已經明顯不同於 80 年代的反省批判立場。

二、對新儒家的批評及其「儒學四期說」之提出

（一）對新儒家之批評

上述思路在《說儒學四期》進一步拓展強化。就主題上講「儒學四期」明顯針對牟宗三、杜維明的「儒學三期說」理論，對牟宗三的批評可追溯至《中國古代思想史論》中「宋明理學片論」的「片論補」，隨後在 1986 年 1 月《關於儒家與「現代新儒家」》、1986 年 3 月《略論現代新儒家》有進一步發揮；這一批評思路在 1996 年 1 月的《為儒學的未來把脈》、1996 年 2 月的《何謂「現代新儒學」》、1996 年 7 月的《初擬儒學深層結構說》均有進一步闡述。

〔註89〕李澤厚：《為什麼說孔夫子加 Kant》，載氏著：《由巫到禮　釋禮歸仁》，北京：生活・讀書・新知三聯書店，2015 年 1 月版，第 238 頁。

然而對於新儒家的系統批評則要首推 1999 年 12 月的《說儒學四期》一文，這篇文章層次分明、條理井然，而且步步深入。尤其是他對新儒家「三期說」的「六大問題」之批評基本上涵蓋了他與新儒家本質性分歧，對於新儒家的反省無論是表層論說、深層理論困境還是實踐悖論，都一針見血、發人深省。然而，接續此種批評思路他嘗試開出「儒學四期」在理論自洽性方面，仍然延續了 1996 年 7 月的《初擬儒學深層結構說》中的問題，其實儒家與現代之張力問題李澤厚在 1986 年 3 月《略論現代新儒家》一文已經明確提到了，儘管當時是針對新儒家的「道德主義」，他說「這種儒家傳統的道德主義與現代西方的科學、民主以及個體主義究竟有何關聯，它應如何對待它們，現代新儒家未能做出深刻的交代。這種道德至上的倫理主義如不改弦更張，只在原地踏步，看來是已到窮途了。」〔註 90〕問題在於李澤厚的「兩德論」是否是一種「改弦更張」？是否能對「現代西方的科學、民主以及個體主義」做出深刻的交代？這是很值得進一步討論的問題。

（二）對儒學出路問題的自覺探尋

　　然而，我們不得不承認，李澤厚對此問題有明確而清醒的認識，其回應也是自覺的，他說「我以為，必須面對當代現實問題的挑戰，這才是儒學發展的真正動力。儒學及其傳統所面臨的當代挑戰來自內外兩方面，而都與現代化有關。今天，中國正處在現代化的加速過程中，如何與之相適應，成了儒學面對的最大課題。」〔註 91〕而且他對儒學與現代化的「完全背離和衝突」也完全瞭解，他說「現代化使個人主義（個人的權利、利益、特性，個人的獨立、自由、平等）與傳統儒學（人的存在及本質在五倫關係之中）成了兩套非常矛盾和衝突的話語。現代化的政治、經濟體制、觀念和方式，如社會契約、人權宣言等等，與傳統儒學扞格難通，鑿枘不入。」〔註 92〕應當說此種分析是深刻而清醒的，進一步對於儒學出路他也是自覺的：「對待所謂『內聖外王之學』的儒學教義，究竟如何才能真正檢點家藏，重釋傳統，發掘資源，拭舊如新，以對應挑戰，既保持重視心性道德的『內聖』精神，又同時『開出』現代化所必須的

〔註 90〕李澤厚：《略論現代新儒家》，載氏著：《中國現代思想史論》，北京：生活・讀書・新知三聯書店，2008 年 6 月版，第 331 頁。

〔註 91〕李澤厚：《說儒學四期》，載氏著：《己卯五說》，北京：中國電影出版社，1999 年 12 月版，第 13～14 頁。

〔註 92〕李澤厚：《說儒學四期》，載氏著：《己卯五說》，北京：中國電影出版社，1999 年 12 月版，第 14～15 頁。

自由、民主的中國式的『外王』功業呢？」〔註93〕此種語調很類似「新儒家」「返本開新」「內聖開外王」的說法，這在80年代恰恰是李澤厚批評的對象，認為「老內聖是開不出新外王」的。

如果說上述的個人主義與傳統儒學的扞格難通是儒學在「外王」方面的危機，那麼在「內聖」方面的危機更嚴重，不僅「有基督教神學、有弗洛伊德（Freud）、有現代各派哲學倫理學。但當前最主要的挑戰顯然來自後現代主義。因為後現代主義在今天及明天的中國，頗有廣泛流行的可能。」〔註94〕這樣儒學危機表現在「內聖」與「外王」兩個方面，這與1996年7月的《初擬儒學深層結構說》所提到的「表層」「深層」雙向危機思路是一致的，只是用語側重不同。李澤厚說「『外王』（政治哲學）上自由、民主的美雨歐風，『內聖』（宗教學、美學）上的『後現代』同樣的美雨歐風，既然都隨著現代化如此洶湧而來，傳統儒學究竟能有何憑藉或依據，來加以會通融合？」〔註95〕應當說李對儒學的雙向危機的把握是清醒而深刻的，包括對儒學「內聖外王之學」的理解也確實比港臺新儒家更公允，所以他對新儒家的批評往往能一針見血，他甚至說「如果傳統真的死了，今日靠幾位知識分子在書齋裏高抬聖賢學說，恐怕是無濟於事，救不活的。」這是很有意思的說法。

（三）「儒學四期說」之新開展

李澤厚所倡導的「『四期說』以為，正因為傳統還活著，還活在尚未完全進入現代化的中國億萬老百姓的心裏，發掘、認識這種經千年積澱的深層文化心理，將其明確化、意識化，並提升到理論高度予以重釋資源，彌補欠缺，也許，這才是吸取、同化上述歐風美雨進行『轉化性創造』的基礎。也許，只有這樣才能從內外兩方面開出中國自己的現代化？」〔註96〕這裡我們可以明確發現，80年代的李澤厚也重視儒家「活的傳統」，正是延續至今的傳統「文化—心理」結構才反覆以革命話語盛裝前行，所以需要不斷予以反省，以此為中

〔註93〕李澤厚：《說儒學四期》，載氏著：《己卯五說》，北京：中國電影出版社，1999年12月版，第15頁。

〔註94〕李澤厚：《說儒學四期》，載氏著：《己卯五說》，北京：中國電影出版社，1999年12月版，第15頁。

〔註95〕李澤厚：《說儒學四期》，載氏著：《己卯五說》，北京：中國電影出版社，1999年12月版，第18頁。

〔註96〕李澤厚：《說儒學四期》，載氏著：《己卯五說》，北京：中國電影出版社，1999年12月版，第19頁。

國現代化破除障礙開闢道路；然而，在 90 年代末的語境裏，則是要發揮此種文化心理同化西方，因此「開出中國自己的現代化」。這兩者固然同是在堅持「既現代又中國」的現代化道路，但是，在立場上，尤其是在對待傳統的立場上，發生了明確的轉移，由批判而代言，由側重其「現代化障礙」而變為「同化歐風美雨的基礎」。

　　李澤厚多次表示自己是承繼了傳統之「神」〔註97〕，在 1996 年 2 月與梁燕城的對談時稱「我認為自己是非常具體地繼承了中國哲學。」〔註98〕問題在於如此具體的繼承了傳統之神，是否會為其所同化而偏離了 80 年代的問題意識？如果回憶一下李澤厚的如下說法發人深省：「儒家的厲害在於，它不一定特別聲明反對什麼，而是不聲不響地把自己的基本東西放進去，把別的東西同化掉。」〔註99〕然而李澤厚與此同時也正在做這種「同化」（《說儒學四期》第三個標題正是「同化」）的工作，而且「同化」對象蘊含了「馬克思主義、自由主義、存在主義以及後現代」由此而接續「禮樂論」「天人論」「心性論」而開出第四期儒學「人類學歷史本體論」，「『儒學四期說』將以工具本體（科技—社會發展的『外王』）和心理本體（文化心理結構的『內聖』）為根本基礎，重視個體生存的獨特性、闡釋自由直觀（『以美啟真』）、自由意志（『以美儲善』），和自由享受（實現個體自然潛能），重新建構『內聖外王之道』，以充滿情感的『天地國親師』的宗教性道德，範導（而不規定）自由主義理性原則的社會性道德，來承續中國『實用理性』、『樂感文化』、『一個世界』、『度的藝術』的悠長傳統。」〔註100〕

　　這裡可以看出理論上的自信與美好願景，然而問題在於前面李澤厚所看到的儒學與現代化的「完全背離和衝突」，「現代化使個人主義（個人的權利、利益、特性，個人的獨立、自由、平等）與傳統儒學（人的存在及本質在五倫關係之中）成了兩套非常矛盾和衝突的話語。現代化的政治、經濟體制、觀念

〔註97〕　參見 2005 年 9 月 11 日與陳明對談「繼承傳統的『神』而非『形』」，詳見楊斌編著：《李澤厚學術年譜》，上海：復旦大學出版社，2016 年 4 月版，第 228 頁。

〔註98〕　李澤厚：《哲學是一種視角選擇——與梁燕城的對談》，載氏著：《李澤厚對話集》（九十年代），北京：中華書局，2014 年 8 月版，第 40 頁。

〔註99〕　李澤厚：《世紀之交的中西文化和藝術——在〈文藝研究〉座談會上的對話》，載氏著：《李澤厚對話集》（九十年代），北京：中華書局，2014 年 8 月版，第 288 頁。

〔註100〕　李澤厚：《說儒學四期》，載氏著：《己卯五說》，北京：中國電影出版社，1999 年 12 月版，第 31 頁。

和方式，如社會契約、人權宣言等等，與傳統儒學扞格難通，鑿枘不入。」〔註101〕「兩套非常矛盾和衝突的話語」此種困境如何化解？儒學與現代化的「扞格難通、鑿枘不入」這個鴻溝如何跨越？然後才能實現這種美好願景？

　　儘管李澤厚再次提出要以「工具本體（科技—社會發展的『外王』）」為「根本基礎」，這符合我們在第一章梳理李澤厚「本體一元雙向展開」的分析，但是，這裡他將「工具本體」與「心理本體」共同作為「根本基礎」確實很容易引起誤解，而且就「歷史學人類本體論」之基本範疇與理論特質來看，其焦點不在「工具本體」而在「心理本體」，這一點在李澤厚那裡也是明確的，他說「社會心理、精神意識從來就有其相對獨立性質，在今日特別是在未來世界，它們將躍居人類本體之首位。這即是說，工藝（科技—社會結構的工具本體）雖然從人類歷史長河上產生和決定了人們的文化—心理結構，但以此為歷史背景的後者，欲將日益取代前者，而成為人類發展和關注的中心。」〔註102〕這一思路在 1991 年寫定的《哲學探尋錄》裏已見端倪「從而『心理本體』將取代『工具本體，成為注意的焦點』」〔註103〕如同前面分析，儘管有此焦點轉移，然而結合中國實際，就「既中國又現代」的中國道路探尋這一問題意識而言，李澤厚更看重的是第一步：發展工具本體而實現現代科技—社會發展的「外王」層面，因此對傳統有著清醒的自我意識，反省其對現代化進程的障礙，盡快實現中國的現代化進程。

　　但是，在理論框架內，1991 年以後，很明顯他更看重文化心理結構的「內聖」層面並且認為其將「將躍居人類本體之首位」，這一理論立場是對李澤厚前一問題意識的悖離。而且，應當說偏離中國實際已經很遠了。儘管 1990 年代以後，李澤厚依然不斷「呼籲理性」、反覆警醒「封建主義」、「前現代與後現代合流」、要繼續繼承五四的「科學與民主」精神，此種倡議延伸至今，其提倡是真誠的，如同前面徐友漁所說不斷「為國人敲響了警鐘」〔註104〕，這令人感動；但是就「人類學歷史本體論」而言突顯的恰恰是「心理本體」「情感本體」「樂

〔註101〕 李澤厚：《說儒學四期》，載氏著：《己卯五說》，北京：中國電影出版社，1999年 12 月版，第 14～15 頁。

〔註102〕 李澤厚：《「六經注我」和「我注六經」——與呼延華的對談》，載氏著：《李澤厚對話集》（九十年代），北京：中華書局，2014 年 8 月版，第 296 頁，原載《芙蓉》雜誌 2000 年第 2 期。

〔註103〕 李澤厚：《哲學探尋錄》，載氏著：《李澤厚哲學文存》（下），合肥：安徽文藝出版社，1999 年版，第 503 頁。

〔註104〕 杜維明等：《李澤厚與 80 年代中國思想界》，載於趙士林主編：《李澤厚思想評析》，上海：上海譯文出版社，2012 年版，第 211 頁。

感文化」「實用理性」這一建基於「巫史論」的「一個世界」理論。這個理論來自中國，但是，卻卻脫離了中國實際，相對於中國現實而言，是超前的。儘管李澤厚所說，在中國時空體中，「前現代、現代與後現代共存」，但是，就問題之輕重緩急而言，我們的困境不是現代化過剩後的後現代迷失，恰恰是救亡壓倒啟蒙後的現代化進程不足，李澤厚在 80 年代的說法依然令人印象深刻，多來點卡爾・波普爾而非海德格爾、「老井」時代玩荒誕是奢侈的〔註 105〕。

三、基於「巫史論」而自覺「後現代」意義重建

問題在於，李澤厚為何在 90 年代之後如此注重「意義」「心理」「情感」的自覺建構？為何突顯「人類學歷史本體論」中的「情本體」？這是值得探討的問題，從他在 1991 年寫定的《哲學探尋錄》可以看出，他以「人活著」為出發點日益凸顯「活的意義」問題，這或許與他對 80 年代末的悲劇體驗、反省有關；另外，下面的分析我們將會看到，這也與他的國外生活經歷、國際交流觀感而引發的現代化弊病、後現代危機有關。他對所處的時空體有著敏銳的把握，如果說 80 年代李澤厚主要針對中國實際的現代化問題的話，那麼 90 年代以後，他則真實體驗了什麼叫現代化弊病？什麼叫後現代的荒誕？與此同時他還不忘故國情懷的前現代癥結。他的問題意識進一步拓展，由中國而世界；其問題域日益豐富，由現代而後現代。所以，90 年代以後，李澤厚的理論框架展現了三個維度的抗爭，分別針對「前現代」因此呼籲「理性、科學、民主」，「現代弊病」因此呼籲「理性解毒」，「後現代迷失」因此呼籲「意義和信仰重建」。然而三者又有重疊的可能，比如「前現代與後現代合流」的危險。下面我們將以「後現代問題」為例予以探討。

（一）李澤厚對「理性」的堅守

80 年代的思想界，非理性、解構、對現代的批判反省等等理論都曾流行，1987 年 1 月在《文藝報》記者於建問李澤厚「就西方說，非理性主義是否已經取代了理性主義呢？」李澤厚明確說「沒有，在西方占主導地位的還是理性主義。不僅現代的科學技術的發達靠理性，而且在社會科學中也仍然是理性主

〔註 105〕詳見李澤厚：《把文學比擬於地球，我很難理解——再答〈文藝報〉記者於建問》載氏著：《李澤厚對話集》（八十年代），北京：中華書局，2014 年 8 月版，第 123、124 頁；原載《文藝報》1988 年 4 月 9 日。這一主題在《李澤厚對話集》（二十一世紀）中反覆出現。

義占上風，『非理性』只是作為對理性過分發展的『解毒』、補充為人文特徵。『非理性』占主導地位，即使在西方也是很危險的。……不管西方、中國，理性還是最重要的。」〔註106〕此種對理性的堅守，應當說是清醒的。此種立場可以與沈清松教授的研究相互參證，沈清松教授對現代性的特質界定為「主體性」「表象文化」「理性化」「宰制性」〔註107〕面對這一現代性現象，可貴的是，沈清松教授並沒有像有些西方學者那樣批判現代性走向後現代，沒有批判主體性而解構主體，而是努力評判保存現代性的優點並試圖克服其缺點。他說「畢竟主體的發現與挺立仍是近代哲學與近現代世界最大的遺產，也因此我認為主體仍不可失。」〔註108〕對於其弊病，他提嘗試出「多元他者」、「可普性」「外推理論」等等予以完善和推進〔註109〕。

這裡我們可以看出與李澤厚一樣，沈清松先生也嘗試提出「中華現代性」〔註110〕問題，這種思路正是李澤厚在80、90年代所反覆呼籲的要建立「既現代又中國」的現代性；然而其創建路徑很不一樣，沈先生對「現代性」的界定細緻而富有深度，對於「中華現代性」的重建上他接續的是「百年來中國哲學的探索」之路，並進一步發掘傳統資源而提出「多元他者」、「整全理性」、「外推理論」等予以完善西方現代化過程產生的弊病，他說「百年來的中國哲學思潮，正是探尋中華現代性的崎嶇而漸露光明之路。然而，在新的脈絡下，中華

〔註106〕 李澤厚：《中國現在更需要理性——答〈文藝報〉記者於建問》，載氏著：《李澤厚對話集》（八十年代），北京：中華書局，2014 年 8 月版，第 62 頁；原載《文藝報》1987 年 1 月 3 日。

〔註107〕 沈清松：《探索與展望：從西方現代性到中華現代性》，《南國學術》，2014 年第 1 期，第 105～107 頁。

〔註108〕 沈清松：《探索與展望：從西方現代性到中華現代性》，《南國學術》，2014 年第 1 期，第 112 頁。

〔註109〕 沈清松：《從利瑪竇到海德格：跨文化脈絡下的中西哲學互動》，臺北：臺灣商務印書館，2014 年 9 月版，劉千美導讀。

〔註110〕 一本沈先生主編的會議論文集（會議名稱：「中華現代性：檢討與展望」）值得留意：沈清松主編：《中華現代性的探索：檢討與展望》，臺北市：政大出版社，2013 年 12 月版；本書分四編總計十六篇論文，加上沈先生的導論總計 17 篇，集中圍繞中國現代性問題予以討論，涉及「從現代化到現代性：大陸與臺灣經驗」「從中國傳統資源省思中華現代性」「從西方哲學省思中華現代性的可能性」「信息、環保、宗教、電影中的中華現代性省思」，主題都很誘人；很感謝沈先生的贈書。涉及到中國現代性問題還有一本書值得留意：趙汀陽主編：《現代性與中國》，廣州：廣東教育出版社，2000 年 4 月版；本書收錄論文 11 篇，分屬「社會觀念與制度」「知識生產」「文化批評」主題上不如沈清松主編的書集中，但是趙汀陽的前言：《從中國經驗到中國理念》很有啟發性。

現代性應強調開放的主體性，透過相互外推，與多元他者達至相互豐富之境；華人應能安置表象，甚至創新擬象，但仍不忘懷與生活世界的關係；中國人心目中的理性，是顧及整體、情理兼顧的『講理』精神，而不是狹隘制物的『理性』精神。華人世界勢將形塑新的『理性的希望』。」〔註111〕這裡可以看出兩代哲人對「中國現代性」探討的自覺，包括沈清松的用語「形塑」「情理兼顧」等都與李澤厚有很大的相似性。然而就理論資源來講，二者的思路是不同的，李澤厚的思路是承繼基於「巫史論」的「一個世界」「實用理性」「樂感文化」等理論因此突顯「情本體」；而沈清松的思路則基於天主教立場更多是對列維納斯、德勒茲、德里達、泰勒、利科等哲學理論的進一步創發和借鑒〔註112〕，包括對「建構實在論」的發揮，從其「多元他者」、「整全理性」、「外推理論」等說法大約可以看出其理論來源。

　　然而，若對比一下 80 年代中國思想界的其他狀況，我們會發現一個值得留意的現象，在中國急需現代化理論的時候，很多中青年學者則大規模引進了「反現代化理論」，在查建英對甘陽訪談時提到當時情形，甘陽先生直言不諱的說「從席勒到趙越勝讀的這個馬爾庫塞的東西當然都是批判資本主義的。所以進入西學以後呢，自然我們考慮問題比較複雜，就是說，一般人用西學的東西批判中國的東西，但是我們所讀的這個西學實際上都是批判西方現代性的東西，是批判西方工業文明的東西，整個浪漫派運動是對工業文明的一個反動。那麼海德格爾一直到德里達，都是一條線過來的。我們最關心的、最感興趣的是這一套東西。這也是為什麼九十年代不少人回顧檢查八十年代時批判我們編委會的工作。我覺得他們說的倒也沒錯，我們所引進的東西都不是現代化的東西。」〔註113〕甘陽還提到當時很多人「跟著這個」，至於原因他說「我覺得這個當然是有社會時髦的原因。但是因為這批西方人雖然是反西方的哲學，但對很多中國人來講，不就是反嘛，那還是迎合他反的情緒。」〔註114〕

〔註111〕 沈清松：《探索與展望：從西方現代性到中華現代性》，《南國學術》，2014 年第 1 期，第 114 頁。

〔註112〕 沈清松：《探索與展望：從西方現代性到中華現代性》，《南國學術》，2014 年第 1 期，第 112 頁。

〔註113〕 查建英主編：《八十年代：訪談錄》，北京：生活‧讀書‧新知三聯書店，2006 年 5 月版，第 199 頁；另載甘陽：《古今中西之爭》，北京：生活‧讀書‧新知三聯書店，2006 年 12 月版，附錄：《與查建英談八十年代》，第 181 頁。

〔註114〕 查建英主編：《八十年代：訪談錄》，北京：生活‧讀書‧新知三聯書店，2006 年 5 月版，第 199～200 頁。

這是很值得留意的一個現象，用批評現代化的理論來反傳統並嘗試為現代化開闢道路，這是一個陰差陽錯的學界現象。

正是在這一點，李澤厚的思考是可貴的，他說「這些看來十分激進的文章卻恰恰掩蓋了當前最主要的問題。……目前阻礙改革的，主要是封建官僚主義。這是很具體的，表現在社會生活和政治經濟體制的各個方面。」〔註115〕在 2001 年 1 月發表《現代性與後現代性》對談時，李澤厚談及類似主題時再次說明「後現代是在西方現代性充分發展之時和之後的產物。在中國，現代化剛剛起步，許多地區許多方面都還處在前現代的狀態境地中，啟蒙理性（工具理性）、資本社會都還不是過多而是不足。在這種情況下，全面搬入從審美現代性到後現代的對抗、造反、『解讀』、解構，到底有何意義、用途和價值？」〔註116〕這一立場是他對 80 年代的接續和堅守：「當今中國面臨的最迫切、最根本的問題，是怎樣走向現代化，所以首先應該解決的，是怎樣吸收消化外來文化，如果一定要講中西，那麼應該是『西體中用』。」〔註117〕

（二）李澤厚對「後現代」的理解及其意義重建

李澤厚之所以沒有加入「後現代」的大合唱，這與他對「後現代」的理解有關，他固然看到「後現代」對「現代」的「解毒」一面，但是「理性」仍是主流和現代化的積極成果，「非理性」只是裝飾和補充。而對於「後現代」態度他是不以為然的，對於「後現代狀況」造成的支離破碎和意義迷失在他看來正是需要補救的。他說「現在很多人在談『後現代』——postmodern，但是，我覺得那不是『後現代』，那種『玩笑的』、『不負責任』、『沒有歷史感的』態度，我給他們一個名稱叫——extremely modern（極端現代）。我想，『後現代』如果是一種對『現代』的反省，它應該是帶領人回到自然吧。」〔註118〕而且他在與王德勝對談時提到，後現代是對現代的「反對」和「消解」，然而就資

〔註115〕李澤厚：《中國現在更需要理性——答〈文藝報〉記者於建問》，載氏著：《李澤厚對話集》（八十年代），北京：中華書局，2014 年 8 月版，第 61 頁。

〔註116〕李澤厚：《現代性與後現代性——與周憲、吳炫、爾健的筆談對話》，載氏著：《李澤厚對話集》（二十一世紀 一），北京：中華書局，2014 年版，第 14 頁。

〔註117〕李澤厚：《「西體中用」簡釋》，載氏著《走我自己的路》，北京：生活・讀書・新知三聯書店，1986 年 12 月版，第 231 頁。

〔註118〕李澤厚：《關於〈美的歷程〉對談錄》，載氏著：《李澤厚對話集》（八十年代），北京：中華書局，2014 年 8 月版，第 120～121 頁；原載臺灣《中國時報》1988 年 3 月 25 日，原題為《海峽兩岸面對面》。

本主義整個歷程來看則是把反思批判現代的東西變成大眾生活的「裝飾品」，理性依然是主流，資本主義依然強勁運行，「這就是資本主義的厲害之處，它把一種反抗它的東西消融了，變成鞏固這個社會的東西，變成一種廣告、裝飾、娛樂，變成大家都可享用、擁有的東西。」〔註 119〕

　　而對於後現代「解構」尤其是「上帝死後」的意義迷失問題，李澤厚則自覺予以重建：「讓哲學主題回到世間人際情感中來吧，讓哲學形式回到日常生活中來吧。以眷戀、珍惜、感傷、了悟來替代那空洞而不可解決的『畏』和『煩』，來替代由它而激發的後現代的『碎片』、『當下』。不是一切已成碎片只有當下真實，不是不可言說的存在神秘，不是絕對律令的上帝，而是人類自身實存與宇宙協同共在，才是根本所在。」〔註 120〕「在這條道路上，『活』和『活的意義』都是人建立起來的。」〔註 121〕這一意義重建思路至少在 1991 年寫定的《哲學探尋錄》中已突顯出來。

　　然而這裡蘊含的問題也很明顯，因為對於李澤厚所關注的第一步工作，反省批評儒家「文化─心理」結構而為中國現代化道路掃清障礙，他似乎沒有給出更多說明便直接進入了第二步「心理本體」意義重建來回應後現代的危機。從理論上來講，這一建構具有世界意義，因為其針對的問題是世界性的，甚至在現代化發達的西方地區更明顯；然而，對於中國語境而言，這一重建思路則是對「中國近現代命運」問題意識的偏離，儘管李澤厚明確說他是「看到後現代的問題來進入現代」也反覆提倡「兩德論」之分別，但是，就其理論側重上，我們看到他還是過早地將「心理」「情感」「意義」等置於「人類本體之首位」，並過早地取代「工具本體」而「成為人類發展和關注的中心。」〔註 122〕這讓我們看到前面查建英訪談甘陽時說的話「人家認為你應該引進的是現代化這個東西了，結果你給中國引進反現代化的東西了。」〔註 123〕李澤厚的不

〔註 119〕 李澤厚：《宗教性道德與社會性道德──與王德勝對談》，載氏著：《李澤厚對話集》（九十年代），北京：中華書局，2014 年 8 月版，第 99 頁。

〔註 120〕 李澤厚、劉緒源：《該中國哲學登場了？──李澤厚 2010 談話錄》，上海：上海譯文出版社，2011 年 4 月第 1 版，第 5 頁。

〔註 121〕 李澤厚：《李澤厚哲學文存》（上下編），合肥：安徽文藝出版社，1999 年 1 月第 1 版，第 502 頁。

〔註 122〕 李澤厚：《「六經注我」和「我注六經」──與呼延華的對談》，載氏著：《李澤厚對話集》（九十年代），北京：中華書局，2014 年 8 月版，第 296 頁，原載《芙蓉》雜誌 2000 年第 2 期。

〔註 123〕 查建英主編：《八十年代：訪談錄》，北京：生活·讀書·新知三聯書店，2006 年 5 月版，第 199 頁。

同在於他不是引進西方的後現代思想資源，而是發掘中國前現代的「情本體」等理論資源來回應後現代問題而重建意義。

（三）「情感本體」如何接續「後現代」重建意義？

在 1991 年寫定的《哲學探尋錄》裏，李澤厚就明確提出將「情感本體」與「後現代」接頭。他與王德勝對談時說「我最近寫了一篇《哲學探尋錄》，近兩萬字，《明報月刊》將從今年 7 月連載四期。在這篇文章的最後部分，我將過去提到的『情感本體』稍微展開了一下，說它一方面是中國傳統的延伸，另一方面似乎又可以與『後現代』接頭。」「我從事的美學實際是哲學美學，包括我所搞的藝術史，如《美的歷程》，也是想趨向這個積澱的『情感本體』。我所謂的『塑造心靈』、『心理結構方程式』等等，都是如此。現在我只是把它再提高一步，並與『後現代』接上頭而已。」〔註124〕前面我們提到過李澤厚反覆提醒要區分「前現代、現代與後現代」，但是在 1991 年之後，他自覺的發掘中國傳統中的「前現代」情理結構來回應「後現代」問題，這是個很值得留意的現象。

在 1995 年 3 月 22 日與清華學生對談時他說「我對中國哲學的前景，不僅從中國角度來看，更要從世界角度來看。」〔註125〕確實從世界角度來看，中國哲學的世界意義日益凸顯，但是對於「中國角度」的問題是否無意間是一種忽視和遮蔽呢。李澤厚說「我的哲學構想，和國內的思潮，好像沒有太大的關係；但和世界的思潮有關係。沒有海德格爾，沒有現在這種世界性的難題，也不會有情本體。就是我前面說過的，人類走到這地步了，個人也走到這地步了，人不能不把握自己的命運了。人的孤單、無聊，人生的荒誕、異化，都達到空前的程度，在這樣的時候，面對種種後現代思潮，我提出情本體，也可以說是世界性問題使然吧……這是一種世界的視角，人類的視角，不是一個民族的視角，不只是中國視角。但又是以中國的傳統為基礎來看世界。所以我說過，是『人類視角，中國眼光』。」〔註126〕如果說 80 年代李澤厚的理論建構與中國問題意識是密切相連的，因此在對「非理性」「後現代」問題上他更清晰，

〔註124〕 李澤厚：《美學——中國人最高的境界——與王德勝對談（續）》，載氏著：《李澤厚對話集》（九十年代），北京：中華書局，2014 年 8 月版，第 111、114 頁，原載《文藝研究》1994 年第 6 期。

〔註125〕 李澤厚：《如何活：度與情》，載氏著：《李澤厚對話集》（九十年代），北京：中華書局，2014 年 8 月版，第 184 頁。

〔註126〕 李澤厚、劉緒源：《該中國哲學登場了？——李澤厚 2010 談話錄》，上海：上海譯文出版社，2011 年 4 月第 1 版，第 79～80 頁。

與甘陽他們迎合那種「反」情緒似乎更切合實際；那麼，90 年代之後，李澤厚的理論建構則不限於中國，若從中國時空體的具體情境來說，他的人類學歷史本體論與中國實際是有間隙的，世界意義大於中國意義。

　　這構成了李澤厚 90 年代後理論建構與家國情懷方面的張力，一方面他日益凸顯其人類學本體論的世界意義，另一方面他又無法迴避故土情懷；一方面高揚「情本體」是對全球化同質化後「精神文化的多元性」〔註127〕之回應重建，另一方面又說「我現在不願大講『情本體』，哲學上提出這個觀念是必要的，落實到眼下的現實，真沒到時候。」〔註128〕之所以有這些表述上的差異，正在於李澤厚問題視角側重點的不同，基於世界視角，他日益凸顯傳統文化「情理結構」的對於後現代問題的合理性及其世界意義；然而，基於中國視角，他不得不反省同一「情理結構」對於現代化道路的障礙因素；他試圖融合二者，「看到後現代的問題來進入現代」，但是，儘管「前現代、現代、後現代」在中國情境中共享同一時空，但是，李澤厚在 80 年代反覆提醒區分三者還是有必要的，畢竟「前現代」與「後現代」看似「貌合」但是若跨過「現代化進程」，二者間有難以跨越的「鴻溝」，更多只是「貌合神離」而已。

四、「巫史論」的未來指向所彰顯的問題意識張力

（一）李澤厚儒學研究的問題意識轉向

　　如同前面分析，我們看到，李澤厚對儒學的研究經歷了一個有趣的轉向，他由反省批評儒家所造成的「文化心理」結構對「現代化的障礙」進一步主動探尋儒學危機的可能性出路，具體來說，李澤厚由為中國尋路批評儒家，進一步在反省儒家基礎上而嘗試探尋儒學現代危機後的可能性出路，並以此與新儒家「心性理論」「儒學三期說」區分開來。

　　如同上節所述，其「巫史論」提出是對傳統「文化—心理」結構探尋的「更進一步」；而傳統「文化—心理」結構如同第一章所揭示的主要是儒家所形成的「文化心理」，比如《孔子再評價》等文，這固然是李澤厚「儒學研究」的起點，但是，很明顯他對於傳統「文化—心理」結構的探尋是基於一種「清醒

〔註127〕李澤厚：《世紀之交的中西文化和藝術——在〈文藝研究〉座談會上的對話》，載氏著：《李澤厚對話集》（九十年代），北京：中華書局，2014 年 8 月版，第 273 頁。

〔註128〕李澤厚、劉緒源：《該中國哲學登場了？——李澤厚 2010 談話錄》，上海：上海譯文出版社，2011 年 4 月版，第 114 頁。

自我意識」的反省層面，所以研究孔子他會引用李大釗對孔子的批評，並明確提出其作為「現代化障礙」「嚴重缺陷」一面，而且，毋寧說主要是反省儒家的「缺陷」面；甚至研究墨子也是同樣的思路，所以他會追溯到章太炎所說的「民粹主義」源頭；可以說，近現代中國的命運問題是李澤厚研究古代的主要原因，而且其側重在對傳統尤其是儒家所塑造的文化心理之「批判」「反思」。

而且他極力撇清與「新儒家」的關係，發布「澄清公告」，聲明自己研究傳統但不是「『新儒家』的同道」〔註129〕，自己的研究在於反省傳統之文化心理結構特點，進而獲得「清醒的自我意識」而非歌頌傳統。這在《關於儒家與「現代新儒家」》以及《中國古代思想史論》「後記」中都有著明確的論述。他針對的問題是中國近現代命運及其出路，研究儒家是為了探尋「既現代又中國」的「新路」，因此對儒家的研究側重其批評維度。包括對「宋明理學」的研究也遵循同一思路，所以他會謹慎的提出宋明理學與劉少奇《論共產黨員的修養》「它們在建立主體意志和倫理責任感的形式上，難道沒有任何共同的東西嗎？難道真正沒有民族傳統方面的繼承因素嗎？」〔註130〕儘管這裡李澤厚用反問的語氣，但他的思路其實正是在探討近現代中國命運悲劇的「傳統因素」，包括對「太平天國」「辛亥革命」尤其是1950年代以後歷史進程的反省他都發現種種「新名號」「改頭換面」後盛裝前行。因此，他嘗試追根溯源，通過反省傳統「文化—心理」結構而為中國現代化開闢道路。

（二）李澤厚問題意識側重點轉向之緣由

李澤厚在90年代以後問題意識側重點的變化，影響性因素至少有三方面：第一、看到後現代的問題來進入現代，因此他由現代的工具本體日益突顯後現代的心理本體。他說「看到後現代的問題來進入現代，這是我從80年代（如《中國古代思想史論·後記》）到90年代（如《世紀新夢》、《己卯五說》）所一直關心的問題。」〔註131〕第二、對人生意義問題的悲劇體驗與深度反思。李澤厚在1992年春寫到「脫身到如此優美寧靜的氛圍中，怎能不使人更為傷

〔註129〕 李澤厚：《關於儒家與「現代新儒家」》，載氏著《走我自己的路》，北京：生活·讀書·新知三聯書店，1986年12月版，第223頁。

〔註130〕 李澤厚：《宋明理學片論》，載氏著：《中國古代思想史論》，北京：人民出版社，1986年3月第1版，第256頁，該文原載《中國社會科學》1982年第1期；收入該書時，李澤厚加上了「《片論》補」其中涉及到對牟宗三的批評。

〔註131〕 李澤厚：《現代性與後現代性——與周憲、吳炫、爾健的筆談對話》，載氏著：《李澤厚對話集》（二十一世紀 一），北京：中華書局，2014年版，第14頁。

感，更想起那些一去不再復回的悲慘的盛夏的生命？……學費竟如此高昂，這
未免太殘酷了。你能感受（不只是認識）這歷史的殘酷嗎？」〔註132〕我在第
一章寫到，儘管李澤厚不願寫傅偉勳邀約的「自傳」，因為回憶使人痛苦，他
不願二次品味痛苦；但實際上，以其思想上的敏銳與感受上的敏感，他一直在
體驗此種悲劇性的「痛苦」。在1996年11月寫到「不時回憶起五六十年代的
各種情景：遙遠得恍如隔世，卻又仍然那麼真實。……『聲名再大，一萬年也
如灰燼』（見臺灣版《李澤厚論著集》總序）。人生意義並不在『不朽』。那麼，
生活價值和人生意義究竟何在呢？人活著是為了什麼呢？這不是值得我去細
細思索、咀嚼的嗎？我沿溪行，忘路之遠近。」〔註133〕

　　第三、如前面所提到的自覺為儒家的現代危機尋求出路，發掘「情本體」
「樂感文化」「一個世界」這些建基於「巫史傳統」的思想特質而嘗試開出「儒
學四期」這一新的「內聖外王之學」，李澤厚稱這是第二次文藝復興，回歸古
典儒家。從形式上看，這一思路與新儒家「返本開新」類似，但對應的問題則
不同，因為新儒家面臨的問題是從傳統「內聖」開出「科學、民主」這一「外
王」之學，這屬於李澤厚80年代問題意識所側重的現代化進路；然而，李澤
厚在90年代對儒家現代出路的探尋回應的問題則側重在「後現代狀況」所產
生的疏離感、意義迷失問題。這也是為何李澤厚日益凸顯「人類學歷史本體
論」中「心理本體」「情本體」等因素的原因所在。新儒家的「返本開新」更
多是針對中國現代化出路的理論方案，李澤厚的「新內聖外王之學」則更多針
對後現代的意義重建問題，前者焦點在中國，後者則由中國而世界。

　　所以，如前所述，李澤厚的「巫史論」尤其是在其拓展方面，我們可以看
出「巫史論」不僅僅是個「理論溯源」工作，與考古學、思想史領域的「思想
起源」理論不同，李澤厚的「巫史論」關鍵在於指向未來，回應後現代。因為
前面提到外國學生的疑問可凝練為這樣的問題：「無上帝的人間世何以可
能？」他們的反問預示著回答：那是不可能的，至少是不可思議的。然而，在
李澤厚看來，他的疑問在於這一切是可能的，而且就是綿延兩千多年的事實，
問題關鍵在於「是怎麼可能的？」另外，無論是尼采對「上帝死了」的宣判還

〔註132〕李澤厚：《晚風（外一章）》，載氏著：《世紀新夢》，合肥：安徽文藝出版社，
　　　　1998年10月版，第51頁。
〔註133〕李澤厚：《堅持與發展——跋〈李澤厚學術文化隨筆〉》，載氏著：《世紀新夢》，
　　　　合肥：安徽文藝出版社，1998年10月版，第146頁。

是「奧斯維辛悲劇」引發「上帝在哪兒」的疑問,「無上帝的人間世」可能將成為未來人類所共同面臨的困境之一,或者說在部分後現代狀況中已突顯了此種「意義迷失」和種種「荒謬感」。

因此李澤厚對「無上帝的人間世何以可能」問題的回答,不僅蘊含了對傳統思想演進的歷史詮釋,更為關鍵的是,他將此種詮釋引向了對後現代的「自覺回應」上。李澤厚說「我講上帝不是死在尼采的筆下,上帝是死在奧斯維辛,死在集中營裏面。這也是我相信我的情感本體論、或者儒學的東西,能夠在某方面取勝的原因。」〔註134〕很明顯「無上帝的人間世何以可能」在傳統情理結構中可以找到豐厚的理論支持。同時對「情本體」的發揚也涉及到基於儒學應對基督教文化的挑戰,李澤厚在與中山大學教師對談時說「我認為中國人接受上帝很難,希望另找一條路。我很注意中國站在現代應看到後現代的問題,減少不必要的損害。所以我最後一節提出建立情感本體,想用『天地國親師』代替劉小楓那個『上帝』。」〔註135〕如果說尼采所說「上帝死了」或者奧斯維辛之後「無上帝的人間世」有某種合理性,那麼李澤厚的「巫史論」其未來指向則具有普世價值,也是上面我們說其具有世界性意義之所在,因為其關注的問題具有普世性。

本章結語 「巫史論」未來指向所蘊含的理論張力

李澤厚稱「儒家的厲害在於,它不一定特別聲明反對什麼,而是不聲不響地把自己的基本東西放進去,把別的東西同化掉。」〔註136〕這是值得留意的說法,在論及「後現代」對「現代」商業化時,李澤厚表達了類似的洞見:「這就是資本主義的厲害之處,它把一種反抗它的東西消融了,變成鞏固這個社會的東西,變成一種廣告、裝飾、娛樂,變成大家都可享用、擁有的東西。」〔註137〕

〔註134〕 李澤厚:《如何活:度與情》,載氏著:《李澤厚對話集》(九十年代),北京:中華書局,2014年8月版,第186～187頁。

〔註135〕 李澤厚:《與中山大學教師們的對談》,載氏著:《世紀新夢》,合肥:安徽文藝出版社,1998年10月版,第358～359頁。

〔註136〕 李澤厚:《世紀之交的中西文化和藝術──在〈文藝研究〉座談會上的對話》,載氏著:《李澤厚對話集》(九十年代),北京:中華書局,2014年8月版,第288頁。

〔註137〕 李澤厚:《宗教性道德與社會性道德──與王德勝對談》,載氏著:《李澤厚對話集》(九十年代),北京:中華書局,2014年8月版,第99頁。

對於儒家傳統我們也當有此種警醒，儘管李澤厚多次表示中國更需要的是理性、現代化，多來點卡爾‧波普爾而非海德格爾、「老井」時代玩荒誕是奢侈的〔註138〕，對於「情本體」的未來指向也極為慎重；但是，在形式上，我們可以明顯的看到90年代以後他日益凸顯儒家的積極意義及其對後現代問題回應的普世價值。而這一點，很明顯將會被他多次批評的「國學派」奉為知音而大肆宣揚，因為，儘管他對於「國學派」之讀經、復古真誠的批評；但是，在對儒學的理論建構、價值弘揚上，他甚至把儒家的地位置於「國學派」難以企及的位置。

　　然而，這裡隱含的問題是，「中國近現代命運」與「儒學危機」似乎是一體兩面，二者有著千絲萬縷的聯繫；若認可中國近現代命運及其悲劇有著深沉的傳統「文化—心理」淵源，那麼中國近現代命運與儒學的近現代危機恰恰是重合的。但是其問題指向則是相反的。所以，儘管為中國尋路很自然的蘊含了儒學未來出路問題，但是二者之間存在不容忽視的張力。90年代以後，我們發現李澤厚很自覺的承擔起了「為儒學未來把脈」的任務，並進一步與「新儒家」區別開來。這具體表現在1996年1月的《為儒學的未來把脈》、1996年2月的《何謂「現代新儒學」》、1996年7月的《初擬儒學深層結構說》〔註139〕，這幾篇的集大成表現在1999年《己卯五說》的《說儒學四期》一篇。這裡我們可以看出，李澤厚由批評儒家塑造的「文化—心理」對中國現代化的障礙而進一步為儒家的「雙向危機」（表層和深層）探尋出路，這是一個值得留意的轉向，而且如同上面分析，沿著「儒學四期新開展」的思路，李澤厚愈發凸顯了「儒家文化—心理」特質在未來的積極作用及其普世意義。這是很值得留意的側重點轉移。李澤厚由批評反省儒家深層結構，進一步化解儒家危機，並通過「轉化性創造」而發揮其世界性意義，終於成為儒家的現代「代言人」之一，儘管與港臺新儒家、大陸新儒家思路不同，但是殊途同歸、異曲同工，這是一個值得深思的問題。這或許才是真正值得留意的「儒家之厲害處」：由反省批評而終於為其代言。此種類似

〔註138〕 詳見李澤厚：《中國現在更需要理性——答〈文藝報〉記者於建問》、《把文學比擬於地球，我很難理解——再答〈文藝報〉記者於建問》載氏著：《李澤厚對話集》（八十年代），北京：中華書局，2014年8月版，第59、61、123、124頁；原載《文藝報》1987年1月3日、1988年4月9日。這一主題在《李澤厚對話集》（二十一世紀）中反覆出現。

〔註139〕 詳細演講、寫作時間可參考楊斌編著：《李澤厚學術年譜》，上海：復旦大學出版社，2016年4月版，第177～180頁；這三篇全部收入《世紀新夢》，詳見：李澤厚：《世紀新夢》，合肥：安徽文藝出版社，1998年10月版，第128、109、112頁。

擔憂在 20 世紀 80 年代就出現了，前引楊煦生教授 2011 年發言時稱「1985 年是一個界點。《孔子再評價》是一個標誌性的成果……我說我感覺你現在正為你的學說的世界意義在犧牲它的現實意義，他表示，我們將來看。」〔註140〕

　　不過，我們還是要區分開他與「新儒家」「國學派」，因為李澤厚對儒學價值世界性意義的發揮正是基於他對儒家批評反省的基礎上，此種可能性的「人類貢獻」，只是李澤厚問題意識的「未來指向」維度。依照其理論次序而言，依然是反省批評而現代化在先，這是第一步的工作；然後才是對於後現代危機的補救而發揮儒家「情本體」之價值，這是第二步的工作。問題的複雜性在於，在中國這一「時空體」中「前現代、現代、後現代」紛然雜陳、時空共享，因此李澤厚的理論方案常會引起錯位式的誤解；其實，現實問題本來就是渾然一潭的，條理分類只是人為的梳理添加。若依照李澤厚的問題語境，其理論方案是條理井然、各有所指的。這也正是他一方面念茲在茲於呼籲理性、現代化建構，另一方面又反覆論說「情本體」、「心理培育」，如同前面分析，這不是他理論自洽性缺陷，而是問題複雜性使然。所以，本書的研究，只是「巫史論」的前傳，側重其「理論溯源」維度。至於「巫史論」的後傳，其未來指向及其情本體重建，則需要另書專論。然而，我們需要留意的是對「巫史論」自身的反省，這第一步工作，不可以草率跨過。正如同我們在第六章結尾時所說：真正的擔憂在現在，我們總是帶著過去和現在，走向未來。

　　倘若對於過去和現在的審視不充分深入，那麼，我們只好帶著過去的幽靈和現在的病體前行；那樣，無論如何說「儒學四期之新開展」和「情本體之未來重建」，說未來如何美好，在我看來都難以得到辯護，而且也是不可思議的。因為，隱憂讓一切如夢幻泡影。這也是本書側重「巫史論」之反省批評的緣由所在。

〔註140〕趙士林主編：《李澤厚思想評析》，上海：上海譯文出版社，2012 年版，第 226 頁；此處文字在楊斌編著：《李澤厚學術年譜》，上海：復旦大學出版社，2016 年 4 月版，第 93 頁下注有引用。

本書結語　關於李澤厚研究的幾點檢討及其後續研究可能

一、關於李澤厚研究的幾點檢討

（一）對「巫史論」問題意識之自覺繼承

儘管本書對李澤厚的種種提法有所批評，因為本書側重問題探究和理論審視。但是，在大的問題意識上，對李澤厚的研究思路，無論是「回顧：思想溯源、直探心魂」還是「展望：指向未來　意義重建」，本書都自覺繼承並嘗試給出某種辯護和論證。

傳統文化心理的探究工作有待深化。固然在細節或觀點表述上，李澤厚的說法有待重估和商榷，但是，他在上世紀八十年代就嘗試做「直探心魂」的工作，這依然是值得留意的。到九十年代，他又嘗試探究「儒學的深層結構」並對《論語》做精深之注解剖析，這一點是值得繼承的。此種「文化心理」之「心魂」追蹤既不同於港臺新儒家的「心性儒學宣揚」也不同於大陸新儒家的「政治儒學倡導」和「國學復興宣傳」，而且「孔子再評價」也不限於對當時思潮的「撥亂反正」。李澤厚的思路是「文化心理溯源」是「指向未來的」。

「既中國又現代」道路的韌性追求。「古今中西之辯」近百年來成為中國學人揮之不去的問題陰影，其內在思路正是「既要融入世界又不能迷失自我」，李澤厚提出「既現代又中國」是對晚清以來思想界主流的自覺繼承，這正是馮契先生所反覆提及的「中國向何處去」問題，近現代學人的一大特點是，不側重於學究式的學理研究，用功於學問實際在於為中國尋路，學者的家

國情懷優先於純粹的學理探求，甚至據馮友蘭先生的回憶，當時他與金岳霖先生所寫《新理學》《論道》這樣「不著邊際」的論著，內裏還是民族憂患的心聲表達。此種功過暫且不論，卻深沉反映了現代學人的傳統士林精神。李澤厚的特點是，嘗試在釐清「前現代、現代、後現代」紛然雜陳同居的語境下「為中國尋路」，並且明確提出此種「中國道路」的世界意義。儘管李澤厚對其弟子趙汀陽的「天下理論」研究有不同看法，但是縱觀李澤厚的問題指向，尤其是他晚年的理論旨趣，可以看出其家國情懷和天下意識是相互蘊含的。這是我所理解的「既現代又中國」道路的深意所在。

若上述理解可以得到辯護的話，這兩點思路本書是自覺繼承的。當然在具體問題上，本書對李澤厚的表述提出了某種反省和商榷意見。

（二）「巫史論」理論模型的嘗試拓展

第一、材料運用和論證方法上的檢討。儘管對於「巫史論」，李澤厚用了不少工夫搜集資料，至少從「說巫史傳統論」及其「補篇」的大量注釋可以給我們這種印象。但是，或許主要是涉及文獻材料眾多的原因，反覆研讀「巫史論」文本，感覺還是文獻依據過少或者選擇性詮釋明顯，涉及的問題眾多，洞見儼然，但是跨度太大。原來我打算對於《說巫史傳統論》一文做個「句讀」式的工作，後來本書稿內容容量已經有些超編，主要觀點也都寫在正文中了，所以不再附錄。儘管就我的研究體會，關於巫史論的「材料運用」和「論證展開」確實很有難度，比如文獻不足徵，再比如文史哲研究文獻龐大；但是，李澤厚的文本，還是以「洞見迭出」見長，當然這也是他自覺維護的「提綱式寫作」風格，尤其是，或許我們應重點發揮、拓展此種「提綱」的啟發性和問題開創性。本書是一種嘗試，但是，很明顯，還很不夠。

第二、具體觀點上的檢討。對於「巫史論」的核心問題域尚有種種不足。其一、關於「巫」、「史」之界定，儘管李澤厚有種種說明，但是，還是不太嚴格，這一點張汝倫教授的批評是對的。但是，本書對此推進不大，很難給出一個嚴格的定義。其二、「理性化」問題。這也是趙汀陽老師反覆提到的研究重點，但是，本書感覺還是有待深化。其三、「一個世界」、「實用理性」與「樂感文化」，這是「巫史論」所建構「文化心理結構」的典型特質，李澤厚是在對比意義上將其定位為中國「心魂」的特質。但是，隨著我的研究發現，若考慮到「一個世界」「實用理性」「樂感文化」的具體內容，發現，很多是文化共性因素，僅將其限定為中國特質，感覺是不妥當的。比如說「一個世界」和

「兩個世界」的對舉，儘管對於中西這樣的劃分有其合理性，但是，隨著研究展開，我深切感受到用「一個世界」界定中國不太圓融，用「兩個世界」界定西方也與我對《聖經》的研讀與理解不自洽。而且，若回到李澤厚哲學的起點「活著」，這是共性的起點，不能單獨歸為中西或哪一方的。所以，我嘗試將「一個世界」說法發展為「一個世界」模型，在此模型下，討論「人神關係」是有差異的。

　　另外，對於「中西」這些「宏大字眼」本書，也儘量避免使用，感覺那似乎只是一種「晚清模糊術語後遺症」，是極為不嚴謹的，「西方」是什麼？我感覺是說不清道不明的，似乎更多是來路不明的想像。更關鍵的問題在於，許多人類公有的思想資源、精神遺產，原來我們都貼上了來路不明的「西方」或「資本主義」標籤，這在我看來是思想界的恥辱，將本來極為豐富的傳統資源大部分都將其打上封條說成是「西方」的，然後再「引進」「拿來」，似無必要。其實，從思想的可普性角度去看，所有的經典、精神遺產、思想資源都是人類公有的，是我們共同的傳統；若此點可以得到辯護，那麼，我們說《論語》《孟子》《道德經》《莊子》劃歸中國似乎也是不妥當的，《論語》和《聖經》等經典都是大家的，是人類智慧殿堂的共同精神遺產。問題倒不在於公產之歸屬，而在於不同時空語境學者的創造性詮釋，或者用李澤厚的話說「轉換性創造」。精神遺產是共同的，許多問題也是共同的，但是，出路，卻是多元的。

二、後續研究的幾點可能性展開與深化

（一）「理性化」問題

　　第一、關於「理性化」的問題還可以深入討論。「實用理性」的說法，在我看來也是各個民族文化所共享的，沒有此種「操作性實用」，無法生活。但是，此種「實用理性」與「實踐理性」有何關係，從內容上看，很難等同；另外，亞里士多德所說的「思辨理性」與其又有何種關係？儘管本書對於李澤厚所說的「歷史建理性」尤其是「經驗變先驗」問題有所檢討，但是，感覺這一問題還值得後續研究。若不認可「先驗」是個來路不明的假定，那麼李澤厚的「經驗變先驗」就有某種合理性。但是如何個「變法」，依然有待深究。

　　第二、情理結構問題，也值得留意。任何理性運用，似乎都是「情理交融」式的。但是，其具體融合及其展開、運行，都很難模型重建。問題在於，若認可情理交融，而在討論問題時僅僅顧及「理性」問題，很明顯是不妥當的。在

此基礎上，認知模型之深化，本書之討論還可以繼續有所推進。尤其是「陰陽五行與認知模型」我感覺很值得做專題研究。

（二）「巫史論」的未來指向問題

第一、「巫史論」未來指向與情本體重建。本書反覆指出「巫史論」不僅僅在於解釋過去，關鍵在於重建未來。但是，如何重建？固然本書對於李澤厚的「儒學四期」說有所討論，並且對於他批評「儒學三期說」有所辯護。但是，未來指向維度的重點是「情本體」。這是本書沒有重點討論的，因為這涉及 21 世紀後李澤厚的晚期理論體系的重心，有學者稱為李澤厚晚年體系的理論「基石」，是有見諦的。但是，如何重建？確實需要專題研究。李澤厚的其他提法，比如「西體中用」「轉換性創造」等等都可與此相互印證，但是，具體展開上，仍有待深究。筆者感覺，似乎應接續前輩學者諸如賀麟「新開展」思路、牟總三等「返本開新」思路、馮友蘭「新理學」思路等等共同展開，同時對於臺灣的「新士林哲學」，也當予以重視，他們所做的工作之一正是接續利瑪竇以來的「融會中西」，從廣義上講，對於不同文化的融會與創造性詮釋，他們才是前輩，而且更有經驗。但是，大陸學界對其瞭解極為有限。我可以舉個例子，比如《中國哲學史》，我們會提馮友蘭的七卷本，也會提勞思光的三卷本，甚至唐君毅的論著學界也多有關注，但是，對於羅光先生的七卷九冊《中國哲學思想史》則瞭解甚少〔註1〕，而他的寫作背景正是在對胡適、馮友蘭哲學史反

〔註1〕 可參見高秀昌：《羅光先生〈中國哲學思想史〉的特色與意義》，《哲學與文化》，2015 年第 7 期，第 144 頁；據高老師考證本書出版歷程如下：羅光先生曾經在羅馬傳信大學留學並講授中國哲學思想史，那時候，他就寫成了《中國哲學大綱》這部書。由此開始，羅先生不管是身居海外還是定居臺灣，他總是致思不斷、教書不斷、著述不斷。也就在步入花甲之年時，在他研究和講授中國哲學近四十年後，由於對中國哲學思想的系統和特點有了比較深入而全面的認識和系統而整體的把握，他就在友人的催促下和啟發下，自覺地潛心研究並撰寫多卷本《中國哲學思想史》。羅光先生所寫成的這七部九冊書的具體出版情況是：《中國哲學思想史·先秦篇》寫成於 1975 年 3 月 30 日，並於本年由先知出版社出版；《中國哲學思想史·兩漢南北朝篇》於 1976 年 11 月開始撰寫，於 1978 年 11 月由學生書局出版；《中國哲學思想史·魏晉隋唐佛學篇》（上冊）和《中國哲學思想史·魏晉隋唐佛學篇》（下冊），1980 年 1 月由學生書局出版；《中國哲學思想史·宋代篇》（上冊）和《中國哲學思想史·宋代篇》（下冊）寫成於 1976 年 11 月 2 日，1980 年 1 月由學生書局出版；《中國哲學思想史·元明篇》，於 1981 年由學生書局出版；《中國哲學思想史·清代篇》，於 1982 年由學生書局出版；《中國哲學思想史·民國篇》寫成於 1984 年 12 月 1 日，並於 1986 年 5 月出版。

覆研讀基礎上對其「以西釋中」模式的反省與改進，而且羅先生的中國哲學研究專著還有多部。

　　第二、「情本體」與「美育代宗教」問題。在「巫史論」「未來指向」維度，李澤厚明顯針對尼采的問題「上帝死了」嘗試有所重建，試圖在「世俗世界重建神聖意義」，因此他對於「巫史論」所建構的「倫理政治宗教三合一」的「神聖意義」甚為看重。比如說，對於禮樂秩序，在他看來，不僅是一種人倫規約，更有其「神聖意義」維度；另外，他認為傳統中國社會就是世俗社會蘊含神聖意義的典型，生活一直就是這麼過的，所以他對「沒有上帝，中國傳統何以綿延至今」問題很看重，這構成了他未來重建的問題預設、思想資源和歷史案例。由此，他嘗試建立「無上帝人間世的神聖意義」，這是個偉大的創舉，所以他自覺繼承蔡元培先生的「美育代宗教」思路；但是，其兩個預設是有問題的。其一、「上帝死了」的問題如何評估？固然有後現代的意義迷失問題、「沒有靈魂的現代人」問題，但是，從大的格局來看，世界人口絕大多數還是有信仰維持。哲學家不能忽視此種大眾信仰的實際而誇大尼采的說法。其二、中國傳統的信仰問題。若說沒有嚴格意義上的「耶和華信仰」是可以的（這也涉及對「上帝」「天主」的理解，比如利瑪竇說「吾言天主即華言上帝」情形便不同）。但是，若從廣義信仰角度考慮，楊慶堃教授的「彌漫性宗教信仰」模型更適於解讀中國傳統社會的信仰狀況。所以，感覺李澤厚的第二個前提也很難得到辯護。其三、「美育」是很重要，但是能否將其與「宗教」放到「替代性」的地位，是值得懷疑的。所以，關於「巫史論」的未來指向，似乎可以有更開放的想法，比如說利瑪竇以來的宗教「入鄉隨俗」問題，至少不能無視中國本土民眾的信仰實踐。否則，此種「未來重建」只是書齋裏的。而且，與李澤厚的哲學體系中的「命運主題預設」不自洽，他的理論起點便是「人活著」，但是，基於「吃飯哲學」慢慢應走向「信仰重建」，僅僅「心理重建」是不夠的，而且「情本體」重建若無「信仰」依託，總覺是「懸空」的，尤其是當「血緣」根基在現代社會逐漸淡化的時候，新的同一性維持依據何在？這是我所憂慮並且難以自解的問題，或許，後續是值得研究的。

　　本書做了初步檢討，心中困惑的問題不限於上述幾點，此不贅論；另外，其中蘊含的種種不足，自己沒有看到的估計還有很多。

　　敬請學界諸君批評指正。

「巫史論」研究主要參引文獻及其說明

壹、本書各章主要參引文獻依據說明

一、以問題為中心的文獻索引方案說明

1. 真實原則：以實際引用版本為準。

2. 主題原則：不以拼音字母、中英文以及典籍—論著為序；嘗試以問題中心分類。

3. 精簡原則：擇要列舉，以觀點之切實影響、直接相關為據，以出現先後為序。

4. 分置原則：李澤厚論著單列，便於其他研究者後續研究參考。

   備註：無論是研究文獻還是李澤厚論著索引尚不完備，此為初稿，僅以本書主題為中心展開。此文獻索引資源共享，歡迎提出修正建議，會繼續修訂完善。

二、本書各章主要參引文獻舉要

（一）第一章關於李澤厚「問題意識」主題之主要參引文獻

1. 陳來：《現代中國哲學的追尋：新理學與新心學》增訂版，北京：生活·讀書·新知三聯書店，2010 年版。

2. 陳獨秀：《吾人最後之覺悟》，《陳獨秀著作選》第一卷，上海：上海人民出版社，1984 年 9 月版。

3. 梁漱溟：《東西文化及其哲學》（修訂版），北京：商務印書館，1999 年 7 月版。

4. 梁啟超：《梁啟超史學論著四種》，長沙：嶽麓書社，1985 年 9 月版。

5. 賀麟：《文化與人生》，北京：商務印書館，1988 年版。

6. 蔡元培：《對於送舊迎新二圖之感想》，《蔡元培全集》，浙江教育出版社，1997 年，第二卷。

7. 牟宗三：《中國哲學的特質》，長春：吉林出版集團有限公司，2010 年版。

8. 牟宗三：《中國哲學十九講》，長春：吉林出版社集團，2010 年 10 月版。

9. 鄭家棟：《當代新儒家論衡》，臺北：桂冠圖書公司，1995 年版。

（二）第二章關於李澤厚「巫史論提出」主題之主要參引文獻

1. 葛兆光：《中國思想史》（三卷本），第 2 版，上海：復旦大學出版社，2013 年 6 月版。

2. 馬克斯·韋伯：《儒教與道教》，洪天福譯，南京：江蘇人民出版社，2003 年版。

3. 赫伯特·芬格萊特：《孔子：即凡而聖》，彭國翔、張華譯，南京：江蘇人民出版社，2002 年 9 月初版。

4. 楊向奎：《宗周社會與禮樂文明》（修訂本），北京：人民出版社，1997 年 11 月版。

5. 袁珂：《古神話選釋》，北京：人民文學出版社，1982 年版。

6. 謝選駿：《空寂的神殿》，成都：四川人民出版社，1987 年版。

7. 過常寶：《楚辭與原始宗教》，北京：東方出版社，1997 年 6 月版。

8. 過常寶：《原史文化及文獻研究》，北京：北京大學出版社，2008 年 3 月版。

9. 弗雷澤：《金枝》，徐育新、汪培基、張澤石譯，北京：中國民間文藝出版社，1987 年 6 月版。

10. 程民生：《神人同居的世界——中國人與中國祠神文化》，鄭州：河南人民出版社，1993 年 3 月版。

11. 徐復觀：《中國人性論史》，上海：華東師範大學出版社，2005 年 8 月版。

12. 董叢林：《龍與上帝：基督教與中國傳統文化》，桂林：廣西師範大學出版社，2007 年 2 月版。

13. 利瑪竇、金尼閣：《利瑪竇中國箚記》，何高濟、王遵仲、李申譯，何兆武校，北京：中華書局，1983 年版。

（三）第三章關於「巫史論」方法論反省及界定之主要參引文獻

1. 胡適：《中國哲學史大綱》，北京：北京理工大學出版社，2016 年版。

2. 陳平原：《「新文化」的崛起於流播》，北京：北京大學出版社，2015 年 4 月版。

3. 魯迅：《隨感錄四十八》，《熱風》，《魯迅全集》第一卷，烏魯木齊：新疆人民出版社，1995 年版，第 288 頁。

4. 劉笑敢：《詮釋與定向──中國哲學研究方法之探討》，北京：商務印書館，2009 年 3 月版劉笑敢：《關於考據方法的問題──〈莊子哲學及其演變〉再版引論》，《湖北社會科學》2010 年第 3 期。

5. 張汝倫：《邯鄲學步，失其故步──也談中國哲學研究中的「反向格義」問題》，《南京大學學報》2007 年第 4 期。

6. 李連江：《不發表，就出局》，北京：中國政法大學出版社，2016 年 9 月版。

7. 李零：《中國方術正考》，北京：中華書局，2006 年 5 月版。

8. 李零：《中國方術續考》，北京：中華書局，2006 年 5 月版（《先秦兩漢文字史料中的「巫」》）。

9. 郭靜云：《夏商周：從神話到史實》，上海：上海古籍出版社，2013 年 11 月版。

10. 郭靜云：《天神與天地之道：巫覡信仰與傳統思想淵源》（全二冊），上海：上海古籍出版社，2016 年 4 月版。

11. 楊向奎：《宗周社會與禮樂文明》（修訂本），北京：人民出版社，1997 年 11 月第 2 版。

12. 張光直：《仰韶文化的巫覡資料》，載氏著：《中國考古學論文集》，北京：生活・讀書・新知三聯書店，2013 年 3 月第一版。

13. 張光直：《濮陽三蹻與中國古代美術上的人獸母題》，載氏著：《中國青銅時代》，北京：生活・讀書・新知三聯書店，2013 年 3 月第一版。

14. 趙容俊：《殷商甲骨卜辭所見之巫術》（增訂本），北京：中華書局，2011 年 9 月版。

15. 李濟：《中國文明的開始》，南京：江蘇教育出版社，2005 年 8 月版。

16. 李濟：《安陽》，北京：商務印書館，2011 年 12 月版。

17. 陳夢家：《殷虛卜辭綜述》，北京：中華書局，1988 年 1 月版。

18. 胡厚宣：《甲骨學商史論叢初集》（外一種）上下，石家莊：河北教育出版社，2002 年 11 月版。

19. 郭沫若：《中國古代社會研究》（外二種）上下，石家莊：河北教育出版社，2000 年 12 月版。

20. 裘錫圭：《文字學概論》（修訂本），北京：商務印書館，2013 年 7 月版。

21. 林澐：《古文字學簡論》，北京：中華書局，2012 年 4 月版。

22. 張汝倫：《巫與哲學》，《復旦學報》，2016 年第 2 期。

23. 余敦康：《夏商周三代宗教——中國哲學思想發生的源頭》，載《中國哲學》第二十四輯，瀋陽：遼寧教育出版社，2002 年 4 月版。

24. 錢穆：《中國傳統思想文化對人類未來可有的貢獻》，載《中華文化的過去現在和未來——中華書局成立八十週年紀念論文集》，1992 年 4 月版。

25. 馮時：《中國天文考古學》，北京：中國社會科學出版社，2010 年 11 月版。

26. 黃一農：《星占・事應與偽造天象——以「熒惑守心」為例》，《自然科學史研究》，1991 年第 2 期。

27. 江曉原：《天學真原》，瀋陽：遼寧教育出版社，1991 年版。

28. 江曉原：《星占學與傳統文化》，上海：上海古籍出版社，1992 年版。

29. 江曉原、方益昉：《科學中的政治》，北京：商務印書館，2016 年 1 月版。

30. 宋會群：《中國術數文化史》，開封：河南大學出版社，1999 年版。

31. 羅泰：《宗子維城：從考古材料的角度看公元前 1000 至前 250 年的中國社會》，吳長青等譯，上海：上海古籍出版社，2017 年 6 月版。

32. 劉源：《商周祭祖禮研究》，北京：商務印書館，2004 年 10 月版。

33. 吳十洲：《兩周禮器制度研究》，北京：商務印書館，2016 年 4 月版。

34. 朴載福：《先秦卜法研究》，上海：上海古籍出版社，2011 年 12 月版。

35. 劉玉建：《中國古代龜卜文化》，桂林：廣西師範大學出版社，1992 年 4 月版。

36. 艾蘭：《龜之謎：商代神話、祭祀、藝術和宇宙觀研究》（增訂版），汪濤譯，北京：商務印書館，2010 年 12 月版。

37. 文鏞盛：《中國古代社會的巫覡》，北京：華文出版社，1999 年 7 月版。

38. 林富士：《漢代的巫者》，臺北：稻香出版社，民國 88 年 1 月再版。

39. 林富士：《巫者的世界》，廣州：廣東人民出版社，2016 年 11 月版。

40. 瞿兌之：《釋巫》，《燕京學報》，1930 年第 7 期。

41. 饒宗頤：《歷史家對薩滿主義重新作反思與檢討——「巫」的新認識》，載《中華文化的過去現在和未來——中華書局成立八十週年紀念論文集》，

1992 年 4 月版。

42. 張光直:《美術、神話與祭祀》,瀋陽:遼寧教育出版社,1988 年版。

43. 陳來:《古代宗教與倫理:儒家思想的根源》,北京:生活・讀書・新知三聯書店,1996 年 3 月版。

44. 陳來:《古代思想文化的世界:春秋時代的宗教、倫理與社會思想》,北京:生活・讀書・新知三聯書店,2002 年 12 月版。

45. 梅維恒:《古漢語巫、古波斯語 Magus 和英語 Magician》,載夏含夷編:《遠古的時習:〈古代中國〉精選集》,上海:上海古籍出版社,2008 年 4 月版。

46. 陶磊:《從巫術到數術:上古信仰的歷史嬗變》,濟南:山東人民出版社,2008 年 6 月版。

47. 楊慶堃:《中國社會中的宗教》,范麗珠譯,成都:四川人民出版社,2016 年 10 月版。

48. 牟鍾鑒、張踐:《中國宗教通史》(上下冊),北京:社會科學文獻出版社,2000 年版。

49. 張踐:《中國古代政教關係史》(上下冊),北京:中國社會科學出版社,2012 年 11 月版。

50. 蒲慕州:《追尋一己之福:中國古代的信仰世界》(「允晨叢刊 60」),臺北:允晨文化實業有限公司,民 84 年版。

51. 孔飛力:《叫魂:1768 年中國妖術大恐慌》,陳兼、劉昶譯,上海:上海三聯書店,1999 年 1 月版。

52. 田海:《講故事:中國歷史上的巫術和替罪》,趙凌雲等譯,上海:中西書局,2017 年 4 月版。

53. 李小紅:《個案研究:巫女媽祖及其信仰在宋代的嬗變》,載氏著:《宋代社會中的巫覡研究》,北京:光明日報出版社,2010 年 3 月版。

54. 黃仁宇:《萬曆十五年》(增訂本),北京:中華書局,2007 年 1 月版。

55. 高國藩編著:《中國巫術史》,上海:上海三聯書店,1999 年版。

56. 胡新生:《中國古代巫術》,濟南:山東人民出版社,1999 年 8 月版。

57. 宋兆麟:《巫與巫術》,成都:四川民族出版社,1989 年 5 月版。

58. 梁釗韜:《中國古代巫術:宗教的起源與發展》,廣州:中山大學出版社,1989 年版。

59. 詹鄞鑫：《心智的誤區：巫術與中國巫術文化》，上海：上海教育出版社，2001 年版。

60. 高羅佩：《中國古代房內考——中國古代的性與社會》，李零等譯，北京：商務印書館，2007 年 1 月版。

61. 馬克夢：《吝嗇鬼、潑婦、一夫多妻者》，王維東、楊彩霞譯，北京：人民文學出版社，2001 年版。

62. 讓‧塞爾維耶：《巫術》，北京：商務印書館，1998 年版。

63. 基思‧托馬斯：《巫術的衰落》，上海：上海人民出版社，1992 年版。

64. 王國維：《釋「史」》，載氏著：《王國維文選》，徐洪興編，上海：上海遠東出版社，2011 年 5 月版。

65. 過常寶：《原史文化及文獻研究》，北京：北京大學出版社，2008 年 3 月版。

66. 過常寶：《制禮作樂與西周文獻的生成》，北京：中國社會科學出版社，2015 年 4 月版。

67. 葛兆光：《中國思想史》（三卷本），第 2 版，上海：復旦大學出版社，2013 年 6 月版。

68. 王國維：《殷周制度論》，載氏著：《王國維文選》，徐洪興編，上海：上海遠東出版社，2011 年 5 月版。

69. 陳夢家：《殷周制度論的批判》，載《殷虛卜辭綜述》，北京：中華書局，1988 年 1 月版。

70. 余敦康：《夏商周三代宗教——中國哲學思想發生的源頭》，載《中國哲學》第二十四輯，瀋陽：遼寧教育出版社，2002 年 4 月版。

71. 顧頡剛：《古史辨》第二卷，上海，上海古籍出版社，1982 年版。

72. 楊向奎：《宗周社會與禮樂文明》（修訂本），北京：人民出版社，1997 年 11 月第 2 版。

73. 許倬雲：《西周史》（二版增補本），北京：生活‧讀書‧新知三聯書店，2012 年 1 月版。

74. 楊寬：《西周史》（上下冊），上海：上海人民出版社，2016 年 7 月版。

75. 李峰：《西周的滅亡》，徐峰譯，湯惠生校，上海：上海古籍出版社，2007 年 10 月版。本書為「早期中國研究叢書」之一。

76. 列維‧布留爾：《原始思維》，丁由譯，北京：商務印書館，1981 年 1 月版。

77. 艾蘭、汪濤、范毓周主編：《中國古代思維模式與陰陽五行說探源》，南京：江蘇古籍出版社，1998 年 6 月版。

78. 李鏡池：《周易探源》，北京：中華書局，1978 年版。

79. 馬林諾夫斯基：《巫術科學宗教與神話》，李安宅譯，北京：中國民間文藝出版社，1986 年版。

80. 弗雷澤：《金枝：巫術與宗教之研究》，徐育新、汪培基、張澤石譯，北京：中國民間文藝出版社，1987 年版。

81. 夏淥：《卜辭中的天、神、命》，載吳銳編《古史考·神守社稷守卷》，海口：海南出版社，2003 年版。

82. 晁福林：《論殷代神權》，載吳銳編《古史考·神守社稷守卷》，海口：海南出版社，2003 年版。

83. 高明：《從甲骨文中所見王與帝的實質看商代社會》，載吳銳編《古史考·神守社稷守卷》，海口：海南出版社，2003 年版。

（四）第四章關於「理性化」問題之主要參引文獻

1. 饒宗頤：《歷史家對薩滿主義重新作反思與檢討──「巫」的新認識》，載《中華文化的過去現在和未來──中華書局成立八十週年紀念論文集》，1992 年 4 月版。

2. 李零：《先秦兩漢文字史料中的「巫」》（上、下），載氏著：《中國方術續考》，北京：中華書局，2006 年 5 月版。

3. 康德：《純粹理性批判》，鄧曉芒譯，楊祖陶校，北京：人民出版社，2004 年 2 月第 1 版。

4. 錢穆：《中國文化史導論》，北京：商務印書館，1994 年版。

5. 謝選駿：《空寂的神殿》，成都：四川人民出版社，1987 年版。

6. 胡厚宣，胡振宇：《殷商史》，上海：上海人民出版社，2003 年版。

7. 胡厚宣：《殷卜辭中的上帝和王帝》，《古史考·神守社稷守卷》，海口：海南出版社，2003 年版。

8. 郭沫若：《中國古代社會研究·青銅時代·十批判書》，石家莊：河北教育出版社，2000 年版。

9. 陳夢家：《殷周制度論的批判》，載《殷虛卜辭綜述》，北京：中華書局，1988 年版。

10. 朴載福：《先秦卜法研究》，上海：上海古籍出版社，2011 年 12 月版。

11. 趙容俊:《殷商甲骨卜辭所見之巫術》(增訂本),北京:中華書局,2011
年 9 月版。

12. 林富士:《漢代的巫者》,臺北:稻香出版社,民國 88 年 1 月版。

13. 劉玉建:《中國古代龜卜文化》,桂林:廣西師範大學出版社,1992 年 4
月版。

14. 王宇信、王紹東:《殷墟甲骨文》(「中國古文字導讀」叢書之一),北京:
文物出版社,2016 年 4 月版。

15. 馬如森:《商周銘文選注譯》,上海:上海大學出版社,2013 年版。

16. 陶磊:《從巫術到數術:上古信仰的歷史嬗變》,濟南:山東人民出版社,
2008 年 6 月版。

17. 饒宗頤:《歷史家對薩滿主義重新作反思與檢討──「巫」的新認識》,載
《中華文化的過去現在和未來──中華書局成立八十週年紀念論文集》,
1992 年 4 月版。

18. 陳來:《古代宗教與倫理:儒家思想的根源》,北京:生活・讀書・新知三
聯書店,1996 年 3 月版。

19. 郭靜云:《天神與天地之道:巫覡信仰與傳統思想淵源》(全二冊),上海:
上海古籍出版社,2016 年 4 月版。

20. 楊慶堃:《中國社會中的宗教》,范麗珠譯,成都:四川人民出版社,2016
年 10 月版。

21. 李鏡池:《周易探源》,北京:中華書局,1978 年 3 月第 1 版。

22. 汪德邁:《中國思想的兩種理性:占卜與表意》,金絲燕譯,北京:北京大
學出版社,2017 年 1 月版。

23. 張汝倫:《巫與哲學》,《復旦學報》,2016 年第 2 期。

24.《馬太福音》第 9 章第 13 節引用何 6:6。

25.《左傳》,郭丹等譯注,北京:中華書局,2012 年 10 月版。

26.《四庫全書總目》(主要引用了涉及「術數類文獻」的提要、按語)。

27. 張永超:《以中釋西何以可能?──〈四庫全書總目〉對西學文獻的分類
問題探微》,《四庫學》,第一輯,陳曉華主編,北京:社會科學文獻出版
社,2017 年 12 月版。

28. 張永超:《論〈四庫全書總目〉對西學的誤讀及成因──以耶穌會士譯亞
里士多德著作為例》,《中國四庫學》,第一輯,北京:中華書局,2018 年

1 月版。

29. 張永超:《從思維方式上探究新文化運動時期觀念革新的限度與意義——兼與明末清初西學觀念傳入比較》,《關東學刊》,2017 年第 2 期。

30. 廖名春:《試論孔子易學觀的轉變》,《孔子研究》,1995 年第 4 期。

31. 林忠軍:《從帛書〈易傳〉看孔子易學解釋及其轉向》,《北京大學學報》,2007 年第 3 期。

32. 張克賓:《由占筮到德義的創造性詮釋——帛書〈要〉篇「夫子老而好〈易〉章發微」》,《社會科學戰線》,2008 年第 3 期。

33. 李學勤:《周易溯源》,成都:巴蜀書社,2005 年版,「孔子論《易》部分」。

34. 廖名春:《周易經傳十五講》,北京:北京大學出版社,2012 年版。

35. 宋會群:《中國術數文化史》,開封:河南大學出版社,1999 年版。

36. 蔡智力:《不使異學淆正經——從〈四庫全書總目〉對易學圖書之部次看清代易學潮流》,載於鄧洪波主編:《中國四庫學》第一輯,北京:中華書局,2018 年版。

37. 劉樂賢:《簡帛數術文獻談論》,武漢:湖北教育出版社,2002 年版。

38. 賀麟:《文化與人生》,北京:商務印書館,1988 年版。

(五)第五章關於「一個世界」問題之主要參引文獻

1. 波普爾:《論客觀精神理論》,載氏著:《科學知識進化論:波普爾科學哲學選集》,紀樹立編譯,北京:生活・讀書・新知三聯書店,1987 年 11 月版。

2. 波普爾:《沒有認識主體的認識論》,載氏著:《科學知識進化論:波普爾科學哲學選集》,紀樹立編譯,北京:生活・讀書・新知三聯書店,1987 年 11 月版。

3. 姚新中:《儒教與基督教:仁與愛的比較研究》,趙豔霞譯,北京:中國社會科學出版社,2002 年 1 月版。

4. 陳來:《古代宗教與倫理:儒家思想的根源》,北京:生活・讀書・新知三聯書店,1996 年 3 月版。

5. 王國維:《書辜氏湯生英譯〈中庸〉後》,載氏著:《王國維文選》,徐洪興編,上海:上海遠東出版社,2011 年 5 月版。

6. 劉笑敢:《詮釋與定向——中國哲學研究方法之探討》,北京:商務印書館,2009 年 3 月版。

7. 馮友蘭:《中國哲學史》上冊,上海:華東師範大學出版社,2011 年 7 月版。

8. 熊十力:《十力語要》,上海:上海書店出版社,2007 年 8 月第 1 版。

9. 俞宣孟,《本體論研究》,上海:上海人民出版社,1999 年版。

10. 宋繼傑主編:《BEING 與西方哲學傳統》,保定:河北大學出版社 2002 年 10 月第 1 版。

11. 聖經版本:《聖經》,中國基督教三自愛國運動委員會、中國基督教協會出版發行,2009 年版;香港聖經公會和合版,1999 年;思高聖經學會譯本,1991 年香港 20 版;New International version, Zonderevan Bible Publishers, 1984。

12. 楊慧林:《罪惡與救贖:基督教文化精神論》,北京:東方出版社,1995 年版。

13. 袁珂:《古神話選釋》,北京:人民文學出版社,1982 年版。

14. 徐旭生:《中國古史的傳說時代》,桂林:廣西師範大學出版社,2003 年版。

15. 張世英:《天人之際:中西哲學的困惑與選擇》,北京:人民出版社,1995 年版。

16. 蒙培元:《中國哲學主體思維》,北京:人民出版社,1993 年 8 月版。

17. 高晨陽:《中國傳統思維方式研究》,北京:科學出版社,2012 年 1 月版。

18. 劉長林:《中國系統思維》,北京:中國社會科學出版社,1990 年 7 月版。

19. 楊天宏:《基督教與民國知識分子:1922～1927 年中國非基督教運動研究》,北京:人民出版社,2005 年 7 月版。

20. 馮友蘭:《中國現代哲學史》,廣州:廣東人民出版社,1999 年版。

21. 賀麟:《文化與人生》,北京:商務印書館,1988 年版。

22. 張東蓀:《知識與文化》,長沙:嶽麓書社,2011 年版。

23. 荊門博物館編:《郭店楚墓竹簡》,北京:文物出版社,1998 年 5 月版。

24. 丁四新:《論郭店楚簡「情」的內涵》,丁四新主編:《楚地簡帛思想研究(二)》,武漢:湖北教育出版社,2005 年 4 月版。

25. 陳鼓應:《太一生水與性自命出發微》,陳鼓應主編:《道家文化研究》第 17 輯,北京:生活‧讀書‧新知三聯書店,1999 年 8 月版。

26. 韓東育:《性自命出與法家的「人情論」》,《史學集刊》,2002 年第 2 期。

27. 郭齊勇：《郭店儒家簡與孟子心性論》，《武漢大學學報（哲社版）》，1999 年第 5 期。

28. 陳來：《郭店楚簡之性自命出篇初探》，《孔子研究》，1998 年第 3 期。

29. 傅偉勳：《死亡的尊嚴與生命的尊嚴——從臨終精神醫學到現代生死學》，臺北：正中書局，1993 年版。

30. 段德智：《死亡哲學》，武漢：湖北人民出版社，1991 年版。

31. 鄭曉江：《生命與死亡——中國生死智慧》，北京：北京大學出版社，2011 年 2 月版。

32. 鄭曉江：《中國生死智慧》，南昌：江西人民出版社，2013 年 5 月版。

33. 鄭曉江：《生命教育演講錄》，南昌：江西人民出版社，2008 年 12 月版。

34. 邱仁宗：《生命倫理學》，北京：中國人民大學出版社，2009 年版。

35. 張永超：《20 年來兩岸學界關於「生死問題」的不同進路及其比較》，《福建江夏學院學報》，2015 年第 4 期。

36. 張永超：《創生與化生：從起源角度探究中西文明融合的困境及其可能》，《哲學與文化月刊》，2016 年第 3 期。

37. 胡宜安：《現代生死學導論》，廣州：廣東高等教育出版社，2009 年版。

38. 康韻梅：《中國古代死亡觀之探究》，臺灣大學中國文學研究所博士論文，1992 年度。

39. 陳寅恪：《審查報告三》，載於馮友蘭：《中國哲學史》下冊，上海：華東師範大學出版社，2011 年 7 月版。

40. 胡適：《不朽——我的宗教》，文載歐陽哲生編：《容忍比自由更重要：胡適與他的論敵》，北京：時事出版社，1999 年版。

41. 余紀元：《德性之鏡：孔子與亞里士多德的倫理學》，林航譯，北京：中國人大出版社，2009 年版。

42. 余紀元：《亞里士多德倫理學》，北京：中國人民大學出版社，2011 年版。

（六）第六章關於「實用理性和樂感文化」之主要參引文獻

1. 陳方正：《繼承與叛逆：現代科學為何出現於西方》，北京：生活・讀書・新知三聯書店，2011 年 10 月版（尤其是余英時先生的序言和「導論」部分「中國科學落後原因的討論」「李約瑟的影響與批判」等章節）。

2. 范岱年：《關於中國近代科學落後原因的討論》，載於劉鈍、王揚宗編選：《中國科學與科學革命——李約瑟難題及其相關問題研究論著選》，瀋

陽：遼寧教育出版社，2002 年 4 月版。

3. 陳來編：《馮友蘭選集》，長春：吉林人民出版社，2005 年 5 月第 1 版。

4. 劉培育選編：《金岳霖學術論文選》，北京：中國社會科學出版社，1990 年 12 月第 1 版。

5. 張東蓀：《知識與文化》，上海：商務印書館，中華民國三十五年十二月再版。

6. 郭廣：《近代科學為什麼沒有在中國產生？──論張東蓀對「李約瑟難題」的求解》，《武漢科技大學學報（社會科學版）》，2010 第 1 期；馬秋麗：《張東蓀李約瑟難題的解答》，《青海社會科學》，2007 年第 6 期。

7. 熊十力：《十力語要》，上海：上海書店出版社，2007 年 8 月第 1 版。

8. 梁漱溟：《中國文化要義》，上海：學林出版社，2000 年版。

9. 胡適：《中國哲學裏的科學精神與方法，姜義華主編：《胡適學術文集·中國哲學史》，北京：中華書局，1998 年版。

10. 方朝暉：《從 Ontology 看中學與西學的不可比性》，《復旦學報》哲學社會科學版，2001 年第 2 期。

11. 張永超：《中國知識論傳統缺乏之原因》，《哲學研究》，2012 年第 2 期。

12. 張永超：《中國知識論傳統是「歷史缺乏」而非「現實忽略」──對陸建猷教授批評之回應》，《學術月刊》，2013 年第 5 期。

13. 陸建猷：《中國知識論傳統是「歷史缺乏」還是「現實忽略」？──兼與張永超博士商榷》，《學術月刊》，2013 年第 5 期。

14. 張耀南：《張東蓀知識論研究》，臺北：洪業文化事業有限公司，1995 年版，湯一介序。

15. 尼古拉斯·布寧、余紀元：《西方哲學英漢對照辭典》，北京：人民出版社，2001 年 2 月版。

16. 胡軍：《知識論》，北京：北京大學出版社，2006 年 1 月版。

17. 金岳霖：《知識論》，北京：中國人民大學出版社，2010 年 4 月版。

18. Louis P. Pojman, *What Can We Know?* Wadsworth Publishing Company, 1995.

19. Dan O'brien, *An Introduction to the Theory of Knowledge*, Polity Press, 2006.

20. Roderick M. Chisholm, *Theory of Knowledge*, 1989 by Prentice-Hall, Inc.

21. 成中英：《中國哲學中的知識論》（上、下），《安徽師範大學學報》，2000 年第 4 期、2001 年第 2 期。

22. 余紀元：《德性之鏡：孔子與亞里士多德的倫理學》，林航譯，北京：中國人大出版社，2009 年版。

23. 朱子：《四書章句集注・大學章句》，北京：中華書局，2011 年版。

24. 李玉剛：《中國上古時期的「生子不舉」》，《古代文明》，2011 年第 3 期。

25. 王子今：《秦漢「生子不舉」現象和棄嬰故事》，《史學月刊》，2007 年第 8 期。

26. 傅佩榮：《人性向善論的理據與效應》，載沈清松主編：《中國人的價值觀：人文學觀點》，北京：中國人民大學出版社，2012 年版。

27. 王世魏：《學界對〈論語〉「如其仁」的誤讀》，《湖北工程學院學報》，2015 年第 1 期。

28. 利瑪竇：《天主實義今注》，梅謙立注，譚傑校勘，北京：商務印書館，2014 年版。

29. 秦典華譯《論靈魂》，載苗力田主編《亞里士多德全集》第三卷，北京：中國人民大學出版社，1992 年版。

30. 余紀元：《亞里士多德倫理學》，北京：中國人民大學出版社，2011 年版。

31. 陳來：《精神素質與有序行為》，載於陳來：《北京國學大學》，北京：北京大學出版社，2012 年版。

32. 蔣夢麟：《西潮・新潮》，長沙：嶽麓書社，2000 年 9 月第 1 版。

33. 羅志希：《科學與玄學》，北京：商務印書館，1999 年 12 月第 1 版。

34. 鄧曉芒：《哲學史方法論十四講》，重慶：重慶大學出版社，2008 年 3 月第 1 版。

35. 張永超：《仁愛與聖愛——儒家與基督教愛觀之比較研究》，新北：輔大書坊，2015 年 9 月版。

36. 陳垣著、陳智超編：《陳垣四庫學論著》，北京：商務印書館，2012 年版。

37. 方豪：《方豪六十自定稿》上冊，《拉丁文傳入中國考》，臺北：臺灣學生書局，1969 年版。

38. 霍有光：《從〈四庫全書總目提要〉看乾隆時期官方對西方科學技術的態度》，《自然辯證法通訊》，1997 年第 5 期。

39. 陳占山：《四庫全書載錄傳教士撰譯著作述論》，《文獻》，1998 年第 2 期。

40. 郝君媛：《四庫全書之西學文獻著錄研究》，蘭州大學研究生學位論文，2014 年 5 月。

41. 羅光：《方豪六十自定稿的中西交通史論著》，《方豪六十自定稿》補編，
臺北：臺灣學生書局，1969 年版。

42. 沈清松：《從利瑪竇到海德格：跨文化脈絡下的中西哲學互動》，臺北：商
務印書館，2014 年 9 月版。

43. 包遵信：《「墨辯」的沉淪和「名理探」的翻譯》，《讀書》，1986 年第 1
期。

44. Joachim Kurtzz. The Discovery of Chinese Logic. (Modern Chinese
Philosophy, ISSN1875-9386; v.1). ISBN9789004173385. Koninklijke Brill
NV, Leiden, The Netherlands. 2011.

45. 王建魯：《〈名理探〉比較研究──中西邏輯思想的首次大碰撞》，西南大
學博士學位論文，2010 年。

46. 周積明：《析〈四庫全書總目〉的西學觀》，《中州學刊》，1992 年第 3 期。

47. 呂實強：《近代中國知識分子反基督教問題論文集》，桂林：廣西師範大
學出版社，2011 年版。

48. 孫尚揚：《基督教與明末儒學》，北京：東方出版社，1994 年 12 月版。

49. 謝和耐：《中國和基督教──中國和歐洲文化之比較》，耿升譯，上海：上
海古籍出版社，1991 年 3 月版。

50. 李峰：《西周的滅亡》，徐峰譯，湯惠生校，上海：上海古籍出版社，2007
年 10 月版。

51. 黃仁宇：《萬曆十五年》（增訂本），北京：中華書局，2007 年 1 月版。

52. 方豪：《方豪六十自定稿》上冊，《明清間西洋機械工程學物理學與火器
入華考略》，臺北：臺灣學生書局，1969 年版。

53. 張永超：《從思維方式上探究新文化運動時期觀念革新的限度與意義──
兼與明末清初西學觀念傳入比較》，《關東學刊》，2017 年第 2 期。

（七）第七章關於「巫史論」版本爭議與未來指向之主要參引文獻

1. 余英時：《論天人之際：中國古代思想起源試探》，北京：中華書局，2014
年版。

2. 馬克斯·韋伯：《儒教與道教》，洪天福譯，南京：江蘇人民出版社，2003
年版。

3. 陶磊：《從巫術到數術：上古信仰的歷史嬗變》，濟南：山東人民出版社，
2008 年 6 月版。

4. 謝和耐：《中國和基督教──中國和歐洲文化之比較》，耿升譯，上海：上海古籍出版社，1991 年 3 月版。

5. 顧長聲：《從馬禮遜到司徒雷登──來華新教傳教士評傳》，上海：上海人民出版社，1985 年版。

6. 張允熠等編著：《中國：歐洲的樣板──啟蒙時期儒學西傳歐洲》，合肥：黃山書社，2010 年 7 月版。

7. 張成權、詹向紅：《1500～1840 儒學在歐洲》，合肥：安徽大學出版社，2010 年 8 月版。

8. 陶磊：《從巫術到數術：上古信仰的歷史嬗變》，濟南：山東人民出版社，2008 年 6 月版。

9. 過常寶：《原史文化及文獻研究》，北京：北京大學出版社，2008 年 3 月版。

10. 余敦康：《夏商周三代宗教──中國哲學思想發生的源頭》，載《中國哲學》第二十四輯，瀋陽：遼寧教育出版社，2002 年 4 月版。

11. 張汝倫：《巫與哲學》，《復旦學報》，2016 年第 2 期。

12. 金春峰：《〈論天人之際〉與〈說巫史傳統〉述評》，《湖南大學學報》，2016 年第 3 期。

13. 宋偉：《從「巫史傳統」到「儒道互補」：中國美學的深層積澱──以李澤厚「巫史傳統說」為中心》，《社會科學輯刊》，2012 年第 5 期。

14. 楊向奎：《宗周社會與禮樂文明》（修訂本），北京：人民出版社，1997 年 11 月。

15. 陳來：《古代宗教與倫理：儒家思想的根源》，北京：生活‧讀書‧新知三聯書店，1996 年版。

16. 孔祥驊：《先秦儒學起源巫史考》，《社會科學》，1991 年第 12 期。

17. 孔祥驊：《「六藝」出自巫史考──兼論孔子與〈六經〉之關係》，《學術月刊》，1992 年第 4 期。

18. 程民生：《神人同居的世界──中國人與中國祠神文化》，鄭州：河南人民出版社，1993 年 3 月版。

19. 程民生：《神人同居的世界──中國人與中國祠神文化》，鄭州：河南人民出版社，1993 年 3 月版。

20. 劉昕：《卜辭文學接受的巫史內核》，《魯東大學學報》，2012 年第 1 期。

21. 許兆昌：《先秦社會的巫、巫術與祭祀》，《史學集刊》，1997 年第 3 期。

22. 童恩正：《中國古代的巫》，《中國社會科學》，1995 年第 5 期。

23. 譚佳：《先秦「巫史傳統」蠡測》，《綿陽師範學院學報》，2008 年第 12 期。

24. 蘇秉琦：《中國文明起源新探》，北京：人民出版社，2013 年版。

25. 徐旭生：《中國古史的傳說時代》，桂林：廣西師範大學出版社，2003 年版。

26. 雅斯貝斯：《歷史的起源與目標》，魏楚雄、俞新天譯，北京：華夏出版社，1989 年版。

27. 阿姆斯特朗：《軸心時代》，孫豔燕、白彥兵譯，海口：海南出版社，2010 年版。

28. 唐文明：《比較的陷阱與軟性暴力——〈論天人之際〉讀後》，《天府新論》，2016 年第 3 期。

29. 沈清松主編：《中華現代性的探索：檢討與展望》，臺北市：政大出版社，2013 年 12 月版。

30. 趙汀陽主編：《現代性與中國》，廣州：廣東教育出版社，2000 年 4 月版。

31. 沈清松：《探索與展望：從西方現代性到中華現代性》，《南國學術》，2014 年第 1 期。

32. 查建英主編：《八十年代：訪談錄》，北京：生活·讀書·新知三聯書店，2006 年 5 月版。

33. 甘陽：《古今中西之爭》，北京：生活·讀書·新知三聯書店，2006 年 12 月版。

34. 高秀昌：《羅光先生〈中國哲學思想史〉的特色與意義》，《哲學與文化》，2015 年第 7 期。

貳、「巫史論」主題及其李澤厚後續研究的文獻說明

一、關於李澤厚本人論著的說明

（一）論著結集系列

第一、2008 年三聯版的「李澤厚集」

按語：這是目前最為系統、權威、實用的李澤厚論著系列。分類模式基本延續 1994 年「李澤厚十年集」的「美學」「哲學」「思想史」「雜著」四分法。與 2014 年中華書局版的「李澤厚對話集」系列配套實用，相得益彰。

第二、1994 年安徽文藝版「李澤厚十年集」

按語：李澤厚：《李澤厚十年集》，合肥：安徽文藝出版社，1994 年 1 月版（首頁出版說明：《李澤厚十年集》分四卷六冊，第一卷為美學卷，收入《美的歷程》《華夏美學》《美學四講》；第二卷為哲學卷，收入《批判哲學的批判》和《我的哲學提綱》，第三卷為思想史論卷，收入《中國古代思想史論》《中國近代思想史論》《中國現代思想史論》各一冊，第四卷為論學、治學卷，以《走我自己的路》的原著為主，補收入了作者隨後若干篇新作。）

第三、1996 年臺灣三民書局版「李澤厚論著集」

按語：臺灣三民書局版是在民 85（1996）年出版，題名「李澤厚論著集」，分哲學、思想史、美學、雜著四部分，總計十冊，很明顯比「十年集」更全，但是四卷劃分與「十年集」無異，美學三書單行本成冊，還加上了《美學論集》（修訂版），《走我自己的路》為修訂版很厚，李還為四部分單獨寫了序言。大約正是這一時期李澤厚將這些書版權賣給了三民書局，所以才會有後來的一些版權爭議以及三聯版的「授權」字樣。我手邊 1996 三民版《我的哲學提綱》繁體版印象是 2005 年前後從趙士林老師處借來複印的，關於李澤厚研究，趙老師幫我很多，在此特致謝忱。感興趣者「十年集」和「論著集」書影在 2008 年三聯版《中國現代思想史論》前內封三有圖片，可觀摩欣賞（前封二為與梁漱溟合影、《中國現代思想史論》初版書影），1994 年安徽文藝版的「十年集」、1996 年臺灣三民版的「論著集」與 2008 年三聯版的「李澤厚集」，可以發現「十年集」之後李澤厚的推進是明顯的，三個結集之比較很值得留意。

備註：這裡的「論著集系列」不包括《門外集》《美學論集》等論文集，包括兩卷本的《李澤厚哲學文存》也放在下面單行本裏面了，此處凸顯所有主要論著的系列呈現。

（二）對話集系列

1. 李澤厚：《李澤厚對話集》，北京：中華書局，2014 年 8 月版。

    按語：這一系列是李澤厚對話集最為系統的結集，包含「八十年代」、「九十年代」、「二十一世紀」（一和二）、「浮生論學」、「與劉再復對談」、「哲學登場」，很值得收藏的系列，不求全責備的話，這一系列算是很好的結集。雖然刪減不少，但是還是保留了很多精彩篇章，尤其是一些不易見到的單行本，都有收錄，對研究者還是很方便的；只是個別內容，嚴謹起見，還是以單行本為準。

2. 李澤厚、劉再復：《告別革命：回望二十世紀中國》（「李澤厚劉再復對話錄」），香港天地圖書有限公司 1997 年版。

    按語：這本書是中華書局版「對話集系列」刪減最多的，李澤厚說原因「你懂的」。或許李澤厚和劉再復對談的說法有待商榷，但是此對談還是發人深省的，尤其是透露出李澤厚和劉再復深沉的「家國情懷」，是令人感動的。

包括李澤厚對於「馬克思主義在中國」的研究，在我看來，都是令人敬重的學者「責任」體現。（另，在 2018 中國人大陸寬寬《李澤厚倫理思想研究》博論中提到此版本為 2004 年，不知是否再版；我手邊版本為初版、複印本）。

3. 李澤厚等編著：《自然說話》，長沙：湖南美術出版社，2002 年 12 月版。

> 按語：這本對話集很少有人提到或引用，但是，對於「巫史論」研究而言，1998 年關於「巫史論」的對話算是比較早的。

4. 李澤厚、陳明：《浮生論學：李澤厚、陳明 2001 年對談錄》，北京：華夏出版社，2002 年 1 月版。

> 按語：這本對話集依然值得留意，儘管引起了一些爭議，但是，對於「巫史論」談了很多。

5. 李澤厚、劉緒源：《該中國哲學登場了？——李澤厚 2010 談話錄》，上海：上海譯文出版社，2011 年 4 月版。

6. 李澤厚、劉緒源：《中國哲學如何登場？；李澤厚 2011 年談話錄》，上海：上海譯文出版社，2012 年 6 月版。

> 按語：這兩本對話集，尤其是第一本，讀起來很有味道。發人深省。關於李澤厚「夫子自道」的文章還有「哲學自傳」後改題為《課虛無以責有》，載氏著：《實用理性與樂感文化》，北京：生活・讀書・新知三聯書店，2005 年 1 月版，第 370～371 頁；此文原載《讀書》2003 年第 7 期；這篇夫子自道很值得留意，有李先生的自覺總結，是理解李先生思路的關鍵篇章。

（三）單行本系列

1. 李澤厚：《陰陽五行：中國人的宇宙觀》，《中國文化》，2015 年春季號（這篇值得留意）。

2. 李澤厚：《由巫到禮 釋禮歸仁》，北京：生活・讀書・新知三聯書店，2015 年 1 月版。

> 按語：關於「巫史論」此書為比較集中的權威文本，「說巫史傳統論」及其「補篇」等皆有收錄。我引用依據主要參照本書。據《書屋》20190206 刊載鄧德隆《中國山水畫的未來指向——李澤厚〈由巫到禮 釋禮歸仁〉英文版序》可推知本書出了英文版，未見到具體版本，也未查到相關信息，暫不評論。

3. 李澤厚：《李澤厚散文集》，馬群林選編，北京：世界圖書出版公司，2018 年 5 月版。

> 按語：這本書嚴格說不是李先生的著作單行本，類似於選編，這個工作楊春時教授就做過，楊斌老師也編過兩本。但是，這本散文集還是收錄一些值得留意的篇章。論著集和對話集系列沒收錄，其他單行本也不易查到的。所

以，列入本目錄。

備註：另外一些單行本比如《馬克思主義在中國》（1988 三聯版）、《倫理學綱要》（2010 人民日報版）、《倫理學綱要續篇》（2017 三聯版）、《回應桑德爾及其他》（2014 三聯版）、《什麼是道德？》（2015 華東師大版）、《人類學歷史本體論》（2008 天津社科版）、《哲學綱要》（2015 中華書局版），或已經納入論著集系列，或與「巫史論」相關度少，暫不詳列。李澤厚論著單行本眾多，上面一般以初版為準。

二、關於李澤厚研究論著的說明

（一）研究專著與博士論文系列

1. 王生平：《李澤厚美學思想研究》，瀋陽：遼寧人民出版社，1987 年版。

   按語：書末附錄「李澤厚小傳」及年譜簡編，這是最早的李澤厚研究著作。

2. 劉曉波：《選擇的批判——與李澤厚對話》，上海：上海人民出版社，1988 年 1 月版。

   按語：這是本有趣的書，雖然是與李澤厚對話，但是李澤厚的原話基本不引用，他要「與我在整體上所理解的李澤厚進行對話」；介於此書學界頗不易見，本書目錄為：自序，引子：反傳統與中國知識分子；上篇（感性·個人·我的選擇）一、「積澱」的突破，二、個體主體性的重建，三「民本思想」與「孔顏人格」的批判；下篇「天人合一」——奴役極境，一、美在衝突，二、「天人合一」批判。由此目錄，其書內容可見一斑，你或許不贊同作者的觀點，但是，若研究八十年代的思想處境以及深入理解李澤厚，此書值得一看。

3. 張偉棟：《李澤厚與現代文學史的重寫》，南昌：江西人民出版社，2012 年 5 月版。

4. 趙士林：《李澤厚美學》，北京：北京大學出版社，2012 年 6 月版。

5. 宋妍：《李澤厚美學思想與中國三次美學論爭》，廈門：廈門大學出版社，2015 年版。

   按語：這是作者的博論出版，她碩士論文也是關於李澤厚的美學思想研究。

6. Flora Liuying Wei 魏柳英（2022）Zehou Li and the Aesthetics of Educational Maturity: A Transcultural Reading. Routledge.

   按語：這是作者的博論出版，魏柳英博士對李澤厚的美育思想研究頗多，對於李澤厚的國外研究文獻亦多有搜集。

7. 陸寬寬：《李澤厚倫理思想研究》，中國人民大學博士論文 2018。

8. 李娜：《「心理本體」與李澤厚中後期思想的發展》，遼寧大學博士論文 2016。

9. 王耕：《李澤厚歷史本體論研究》，河北大學博士論文 2015。

10. 趙景陽：《中國道路的探尋與個體自由的確證》，蘇州大學博士論文 2015。

11. 牟方磊：《李澤厚「情本體論」研究》，湖南師範大學博士論文 2013。

12. 羅紱文：《李澤厚「情本體」思想研究》，西南大學博士論文 2011。

13. 劉廣新：《李澤厚美學思想述評》，浙江大學博士論文 2006。

> 備註：關於李澤厚研究的碩士論文更多，上僅以博論為例。估計還會有遺漏，上海師大樊志輝教授的博士生正在做李澤厚「情本體」研究，尚未定稿，暫不列入；另外，參加 24 屆世哲會時羅亞娜教授說研究李澤厚的英文專著（關於倫理學思想）已成書待出，尚未見到書稿，暫無法列入；她所在院系有幾位老師都有關於李澤厚的論文，2017 年新加坡國際中哲會時他們有李澤厚專題圓桌論壇。

（二）年譜與電子資源

1. 楊斌編著：《李澤厚學術年譜》，上海：復旦大學出版社，2016 年 4 月版（修訂版內容更詳細參楊斌：《思路：李澤厚學術年譜》，桂林：廣西師範大學出版社，2021 年版）。

> 按語：這是目前最為權威的李澤厚年譜，雖然還有個別遺漏，但是最全的；而且摘要精當。劉再復對其讚不絕口稱其為「豐功偉績」，參見劉再復：《推薦楊斌的〈李澤厚學術年譜〉》（《東吳學術》2016 年第 5 期；另作者也在《中華讀書報》20160622 發文推薦）。這本年譜確實很不錯，李澤厚先生也表示認可（據劉再覆文）。

2. 時勝勳：《李澤厚評傳》，合肥：黃山書社，2016 年版。

> 按語：側重美學文藝評論，王岳川先生主編的「評傳系列」。

3. 關於李澤厚的世界影響

> 按語：2007 年由 Constantin V. Boundas 主編的《哥倫比亞 20 世紀哲學指南》（Columbia Companion to Twentieth——Century Philosophy）和 2010 年《諾頓理論和批評選集》（Norton Anthology of Theory and Criticism）第二版出版，李澤厚先生都名列其中。可參考賈晉華：《〈哥倫比亞二十世紀哲學指南〉中的李澤厚》，《東吳學術》2013 年第 6 期；賈晉華：《走進世界的李澤厚》，《讀書》，2010 年第 11 期；關於李澤厚著作的英譯在《李澤厚學術年譜》中有散見提及，有待系統整理。歐美大學也有圍繞李澤厚的專題會議，這些都有待於系統整理，上面安樂哲和賈晉華主編的《李澤厚和儒學哲學》就是關於李先生學術思想研討會的中譯本，其他未出論文集及中譯本的還有一些。國內關於李先生的研討會也有幾次，比如 2011 年北大高研院舉辦的那次，但都沒有出版會議論文集；趙老師主編出版的兩本只是關於李澤厚的論文選集，只可惜沒有後續出版。尤其是「世界影響」這一維度，很值得考慮，李澤厚多次提及「中國道路」的世界意義，他的「情本體」建構也可謂源自中國，世界共享。

4. 君木的李澤厚先生的博客（http://blog.sina.com.cn/38ha11）

按語：這是目前我見到最為權威的關於李澤厚先生的博客，材料極為豐富圖文
並茂。

（三）李澤厚研究論著索引

1. 高明：《2000年以來中國大陸李澤厚思想研究論著索引》

按語：載於趙士林主編：《李澤厚思想評析》，上海：上海譯文出版社，2012年
版，附錄。這是2000年～2011年（含2012年部分成果）關於李澤厚研
究最為詳實系統的索引整理，涵蓋了專著、學位論文（碩博）和期刊論
文。遺憾在於，只有這12年的，自然也有不少遺漏；但是，相比較，這
是比較權威的這一階段的索引目錄，比許多博士論文的文獻索引都認真。

2. 錢善剛等博士論文的參考文獻

按語：上述10部博士論文，後面都有參引文獻，關於李澤厚的論著索引課參考；
但是，都不太全。比如我手邊最新的陸寬寬博士的論文，可能他只是側重
自己的論文主題「倫理學部分」，對李澤厚的論著及其研究論著的搜集很
有限，更沒有做出類似於「李澤厚論著索引年表」之類，自覺整理的，還
是高明的「論著索引」。

3. 楊斌編著：《李澤厚學術年譜》，上海：復旦大學出版社，2016年4月版
（楊斌：《思路：李澤厚學術年譜》，桂林：廣西師範大學出版社，2021
年版）。

按語：這本年譜嚴格來說不是論著索引，但是，搜錄是最全的；沒有列表的明晰
性，但是摘要精當，是用功之作；按年譜體例查詢，是目前最全的。儘管
還有個別遺漏，但就我的研讀比較，這本年譜是權威版本，很值得信賴引
用的。不過後續感覺還是要做個更詳實、搜羅齊全的「李澤厚論著年表索
引」出來。便於後續研究。

後記　遺忘・致敬・感謝

一、遺忘

差點忘了，本書是我用功最多也持續最長的一部書稿。

2004 年 9 月，我由本科母校河南師範大學保送至中央民族大學哲學系師從趙士林教授攻讀中國哲學專業碩士研究生。此前對於李澤厚研讀只限於「思想史論」，評價上受限於當時中哲老師的說法，李澤厚對傳統思想「略有拔高」。2005 年開始大量研讀李先生論著，尤其是側重美學方面論著，當時因為一些情感上的困擾，對美學尤其感興趣，去民大附近的國家圖書館從《門外集》開始逐本研讀做筆記。隨後讀到《說巫史傳統論》頗覺震撼，因此選題時與導師商議做李先生「巫史論」研究，導師深表同意，並提到李先生對此理論非常重視。在此期間，李先生回國之際，趙老師帶領眾弟子特意拜會聚餐，因此與李先生有兩面之緣。然而，思想上交流不多；只記得自己將研究李先生論美的論文打印稿給他。

2007 年 6 月，論文答辯順利通過。2007 年 3 月參加北大博士生考試，復試時提交的研究報告是關於李澤厚研究的，印象中復試組老師並不欣賞。當年考博，也報考了人大，因選擇北大，所以自動退出人大；同時也申請了香港中文大學，當時牟鍾鑒先生和趙汀陽先生寫的推薦信，最終或因自己實力有限，沒有通過初審，其中提交的論文便是碩士論文一部分涉及「祖先崇拜成因考」主題，或許香港中文大學認為不太哲學。

2007 年 9 月～2011 年 7 月在北大攻讀中國哲學專業博士學位，集中研讀中國近現代時段的哲學論著，由於課程關係也研讀古典，比如張祥龍老師課堂

作業自己在處理諸子評價問題和郭店竹簡中的「情」；陳來老師課堂，他帶著大家讀《朱子語類》卷六等等。對於李澤厚的研讀偶有關注，並未持續。2011年9月，北大高研院有關於李澤厚思想的研討會，當時自己提交論文《經驗變先驗何以可能？》，這次對李澤厚有著系統研讀，尤其是「三句教」，另外本次研討會彼此爭論對自己也多有觸發。晚宴時李先生有參會，這是我與李先生第三次會面。會後趙士林老師來電說李先生對我論文感興趣，讓我寄一份過去；出於誠意，我直接送過去了，有些冒昧，適逢李先生外出取藥，我在樓下徘徊，正巧李先生回來，這是我與李先生第四次會面。看完文章後，晚上李澤厚又打電話過來討論了半個小時，內容記不清了，筆記找不到了，但是那份感動忘不掉。印象中，我與李先生僅有四次會面一次長時間通話，我在北大讀博期間李先生有去北大交流，但是，我並不知道，可見自己消息閉塞。

2011年7月北大畢業後，我找工作多有不順，鄭大兩次上校會才通過，因此畢業後第一學期是在河大上的課，好像是講莊子；年底入職鄭大。2013年申請教育部後期資助項目立項。又陸續研讀李先生論著，大約是第二次集中研讀，盡可能全的搜集研讀。2015年《仁愛與聖愛》在輔仁大學出版，隨後才集中精力處理本書主題。2018年9月入職上海師大哲學系，2019年2月才完稿，印象中還是在鄭大511研究室完稿的。集中寫作大約是2017、2018、2019年，就這樣近47萬字的書稿終於完成。自己很少參加聚會，照顧家庭之餘大約多都用在了研讀與寫作上。印象中2019年年初（2018年陰曆年底），盧盈華博士請客，他新婚之喜後的請客，幾位好友聚餐，我還是遲到了，大約是故意晚去；當時沒其他事，就是在研究室寫這本書，大雪紛飛，堵車，迷路，找到地方，發現就在鄭大老校區不遠的地方。在鄭州7年，在老鄭大住了3年，還是照迷不悟。由此可見，當時自己的狀態以及想寫好本書的決心。或許，仍是功力有限，但是，盡力了。

如今2022年8月才納入花木蘭文化事業有限公司出版，可見此書從2005年確定選題至今，已是17年了。這大約是不可思議之事。寫下來，立此存照。2013年本書稿立項，距今也近10年了，許多過往如同煙雲，然而總有些人和事，無法遺忘。

害怕遺忘的，往往忘不掉。牽掛至深，擔心遺忘；遺忘之境，無憂無慮。人事亦然，希望、意義、尊嚴，亦然。

可怕的是贗品，比如以歷史故事代替真實情景且信以為真，比如以想像幻

覺代替現實處境且熱忱讚揚。由此以來的敬佩、希望、尊嚴、意義、信仰等等似乎都居於自以為是的境地。所以，追問歷史與追問現實一樣變得重要，信仰、希望、意義、尊嚴亦然；若不接受贗品，個體的探究追問便是必要的，恰恰是此種不可替代的「探問」，確立了個體的尊嚴、希望與意義。

這些以「探問」為志業的人是令人致敬的。

二、致敬

2004 年 9 月我去中央民族大學攻讀碩士，師從趙士林教授；此前有聯繫趙老師，他多有鼓勵。趙老師是我學術生涯的領路人。尤為要者，他對中國現代化進程保持了某種異乎尋常的敏感與堅守，這是令人敬佩的。我對中國近現代思想演進多有關注，命運之多舛反覆令人驚異，由此更突顯趙老師堅守的分量。

正是在趙老師引導下，我選擇李澤厚先生「巫史論」為碩士論文選題。李澤厚先生的令人敬重在於他對「既中國又現代之路」的探索。李先生對於中國近現代的思想歷程是下過苦工夫的，再加之他又是現當代中國歷史的見證人，所以他的探索、追問警醒便尤其值得關注。

作為李澤厚的高足，趙汀陽先生對我也多有協助、影響甚大。他在發掘中國傳統思想資源納入國際知識譜系的創造性詮釋令人敬仰，他探討問題的能力是非凡的。若對其知名理論「天下」體系不做庸俗式解讀，可以看出其政治哲學理論對於中國之路與李先生一脈相承。

2007 年 9 月我進入北大哲學系師從胡軍教授讀博。原來我也以為胡老師主要是研究知識論的，但是，慢慢發現，老師生命後二十年關注的問題恰恰是「中國現代化之路」問題；無論是他對馮友蘭、胡適的批判還是對於現代科學方法的弘揚，最終都落實到了「新人生論」上，因為現代化國家建基於「個體人格」。沒有獨立的人，便沒有獨立的國。

2014 年 11 月我赴輔仁大學做博士後研究，在此期間對臺灣學界多有觀察，尤其是讀到沈清松先生論著有振聾發聵之感。適逢其《從利瑪竇到海德格》出版，他休假從多倫多回來在輔仁大學開課一學期，我躬逢其盛，受益匪淺。其探索的可貴在於對中國現代化之路的「信仰」維度予以發掘建構，自然他對於傳統思想資源亦多有發掘闡釋，然而其特質歸於「個體人格」的超越維度。

上面五位老師是對我學術生涯有重大且持續影響的，印象中北大讀書期間也曾追隨張祥龍老師，他的《哲學導論》課程我聽了兩輪；專門選修了他的《中國哲學專題》，他的著作也多有研讀，多有敬佩。但是，慢慢地，漸行漸遠。依然保持敬意，但是，對他的學術路向，我沒有持續跟進的理由了。說白了，感覺他的路是走不通的。

三、感謝

這本書稿持續了近二十年，要感謝的人太多了，反而無所適從。

感謝上面五位老師多年來鼓勵與支持，趙士林老師引導我走上學術之路，趙汀陽老師的探問方法與致思深度激人奮進，李澤厚先生的睿智、深沉、韌性令人敬仰，胡軍老師細緻、敏銳、深邃以及「雖千萬人吾往矣」的決絕震撼人心，沈清松先生慷慨、博學、虔誠以及謙卑令人神往。

感謝鄭州大學師生同仁的支持。這部書稿是在鄭州大學完成的，由於疫情的原因，我在鄭大的研究室遲至 2020 年暑期才退。如今想來，出版的幾本書都是在鄭大期間完工的，《經驗與先驗》為博士論文（2012 年出版）之外，其餘四本書：《天人之際》（2015 鄭州大學出版社）、《仁愛與聖愛》（2015 輔大書坊）、《比較視域下儒家思想的現代困境及其轉型問題研究》（2020 光明日報出版社）、《生命與尊嚴》（2020 華齡出版社）主題書稿都在鄭大寫成。感謝鄭州大學公共管理學院及哲學系同仁的種種支持，尤其是感謝鄭州大學哲學系的學生、國學班的學生、讀書會的學生，在鄭大 7 年，似乎與學生接觸更多，受他們鼓勵更多。

感謝家人的支持。這部書稿寫作期間，大約是自己比較艱難的時期。印象中妻子 2016 年赴中國人大讀博，2018 年還有去臺灣輔仁大學交流；家裏兩個孩子，多有辛苦，在母親協助下就那樣慢慢過來；這部書稿，斷斷續續，終於完工。其實，這部書稿，寫起來很難，李澤厚的書好讀，但是不好寫，他的思想很難研究；因為他的原文許多時候就已經很清楚了，不知如何下筆。涉及文獻又多，頗感為難。這期間還要感謝郜向平博士的鼓勵與協助，關於考古學、文字學文獻他多有推薦。

感謝花木蘭文化事業有限公司編輯同仁對拙稿的審閱、校對與編輯。這部書稿 47 萬字，對於編輯來講是比較辛苦的，而且有大量的注釋引用。所以，一方面是感謝編輯的工作，另一方面也因編輯辛苦表示歉意。以前寫後記時，

自己說，有時候自己過於專注，讀書研讀過於勤奮，反而會愧疚，因為顧家的時間自然就少了。如今，還是有類似的心理。學術類書出版多有不易，寫這麼厚，似乎給別人帶來更多麻煩，編輯或是閱讀，出版成本也高。慢慢感覺，學者的心思，不能僅僅在書上。

感謝學界同仁的支持。感謝陸建猷教授邀約，關於明清之際亞里士多德文獻的梳理有參加湖南大學嶽麓書院的「四庫學」研討會；感謝盧盈華博士邀約，關於「巫史論」和「軸心說」的對比主題有在華東師範大學做主題演講（以 2018 年提交世界哲學大會的論文為底稿）；感謝鄧輝老師的鼓勵，關於李澤厚儒學評判的論文有在《東方哲學》發表。其他種種，一併感謝。說實話，本書書稿，發表的不多；儘管以碩士論文為底稿，但是，只用了一小部分；碩論總計四萬多字，本書稿是 47 萬字，可見一斑。

感謝是說不完的，後記總要有個結尾。

本書獻給 Echo。

2022 年 10 月 6 日星期四 11：27

上海師範大學哲學系 505 研究室